Cows, Cobs & Corner Shops

Y Lôn Laeth i'r Ddinas

Dedicated to the memory of my parents, Dan and Eliza Jane Lloyd, and all who followed the milk trail

Cyflwynedig er cof am fy rhieni, Dan ac Eliza Jane Lloyd, a phawb a wnaeth ddilyn y llwybr llaethog

Cows, Cobs & Corner Shops
The Story of London's Welsh Dairies

Y Lôn Laeth i'r Ddinas
Hanes Llaethdai Cymry Llundain

MEGAN HAYES

Cover design: Y Lolfa
Cover photograph: Aerona Evans
Back cover photographs: Tegwen Epstein & Eirlys Tomsett (left),
Ifor & Myfanwy Lloyd (right)

ISBN: 978 1 78461 526 0

Published and printed in Wales
on paper from well-maintained forests by
Y Lolfa Cyf., Talybont, Ceredigion SY24 5HE
e-mail ylolfa@ylolfa.com
website www.ylolfa.com
tel 01970 832 304
fax 832 782

Cynllun y clawr: Y Lolfa
Llun clawr blaen: Aerona Evans
Lluniau'r clawr ôl: Tegwen Epstein & Eirlys Tomsett (chwith),
Ifor & Myfanwy Lloyd (dde)

Rhif Llyfr Rhyngwladol: 978 1 78461 526 0

Cyhoeddwyd ac argraffwyd yng Nghymru
ar bapur o goedwigoedd cynaliadwy gan
Y Lolfa Cyf., Talybont, Ceredigion SY24 5HE
e-bost ylolfa@ylolfa.com
gwefan www.ylolfa.com
ffôn 01970 832 304
ffacs 01970 832 782

Contents
Cynnwys

I. Ymadael

'Roedd crafanc y nawdegau
Yn turio at fêr y tir;
Eidionnau'n mynd am ganu
Cyn brigo o flewyn ir,
A chorddi'r 'menyn cymell
Ar feddal hafddydd hir.

Fe droes Dai bach, bentymor
I'r stryd o'r crinllyd lain,
Gan gamu'n esgus-dalog
Dros riniog bwth ei nain,
Yn llanc â da ei logell
Ond sofren felen, fain.

II. Dychwelyd

Hanner canrif ym mwrllwch Soho,
A chloes y siop am yr olaf dro;
Dringodd binaclau ei alltud werin –
Plas yn y faesdref a blaensedd yn Jewin.

Yng ngwydd y dyrnaid o hynafgwyr syn,
Yn eu brethyn du a'u coleri gwyn,
Rhyw uchel Fehefin, drwy bersawr gwair hadau
Aed â Dai'r gwas bach yn ôl at ei dadau.

John Roderick Rees
Cerddi John Roderick Rees
Gomer

7

Introduction

Migration is a familiar concept: the movement of individuals and families from their native countries for a variety of reasons – often economic or religious – in search of a better life.

This book relates the migration of people, in the main from Cardiganshire in Wales, to work in London's milk trade and attain a more prosperous life than that available in their homeland: a search for a life that would lift them out of the poverty in their home counties.

This movement could be said to sequel the old tradition of droving animals by foot to London. Cow keeping in the metropolis developed in order to supply its citizens with short shelf-life fresh milk. Eventually, dairies retailing milk and other dairy goods became well established – most firmly in the hands of émigrés from Cardiganshire.

This tale is well rooted in the memories of people from many counties which were the original homes of those who went to London. However, the stories are now rapidly disappearing into myth and, worse, misconception. This book does not aim to be an academic treatment of the topic, though such sources have been drawn upon in the early chapters.

Cyflwyniad

Mae ymfudo economaidd yn gysyniad cyfarwydd: symudiad unigolion a theuluoedd o'u gwledydd brodorol am amryw resymau – yn aml rhai economaidd neu grefyddol – wrth chwilio am fywyd gwell.

Mae'r gyfrol hon yn ymwneud â mudo pobl – yn bennaf o Sir Aberteifi yng Nghymru – i weithio ym masnach laeth Llundain, gyda'r bwriad o sicrhau bywyd brasach na'r un a oedd i'w gynnig gan eu mamwlad: ceisio bywoliaeth a wnâi eu dyrchafu goruwch tlodi yn eu siroedd brodorol.

Gellid dadlau fod y mudo hwn yn ganlyniad i'r hen draddodiad o gerdded creaduriaid i Lundain. Datblygodd hyn o'r arferiad o gadw gwartheg yn y brifddinas ar gyfer cyflenwi'r trigolion â llaeth ffres nad oedd iddo fywyd hir ar y silff. Yn raddol daeth llaethdai oedd yn gwerthu llefrith a chynnyrch llaeth yn sefydliadau cyffredin – y mwyafrif yn sefydlog yn nwylo mewnfudwyr o Sir Aberteifi.

Mae'r hanes hwn wedi ei wreiddio'n ddwfn yng nghof pobl o wahanol siroedd lle'r oedd cartrefi'r rheiny a ymfudodd i Lundain. Erbyn hyn, er hynny, mae'r hanesion yn cyflym ddiflannu gan droi'n rhan o fytholeg, a gwaeth fyth yn gamddehongliad. Ni

Rather, its aim is to capture the story of the lives – the difficulties and expectations – of those who made the transition.

It is hoped that it is not too late to capture and relate the experiences of those who left to seek a better life in a 'far country', and it is in this spirit that this volume is offered.

fwriedir i'r gyfrol hon anelu at fod yn ymdriniaeth academaidd o'r pwnc, er i rai ffynonellau o'r fath gael eu crybwyll yn y penodau cynharaf. Y bwriad, yn hytrach, yw ail-greu hanes eu bywyd – anawsterau a gobeithion y rheiny a fu'n rhan o'r trawsnewid.

Gobeithio nad yw'n rhy hwyr i adrodd a chrynhoi profiadau'r rheiny a adawodd eu cynefin er mwyn chwilio am fywyd gwell mewn 'gwlad bell'. Ac yn yr ysbryd hwnnw y bwriedir y gyfrol hon.

Two mid Wales drovers
National Library of Wales

Dau borthmon o ganolbarth Cymru
Llyfrgell Genedlaethol Cymru

1 The Drovers
Y Porthmyn

The droving of cattle from Wales to London is an important part of the history of marketing and selling milk in the English capital. As the historian R.J. Colyer records in several articles and books, there is evidence that the cattle trade between the two places has existed since the middle of the thirteenth century.

On examining the history of droving in the nineteenth century, one is aware not only of the drovers' marketing skills but also of their many other attributes. They certainly were entrepreneurs but they also enjoyed wider interests. Some established schools, while others became ministers of religion or composers of hymns which are today very much part of the Welsh religious canon. Others were responsible for setting up the first local banks which were later taken over by national businesses.

There is so much more to the story of the drovers than simply driving cattle from Wales to England. The Welsh have always had cattle to export. The climate and terrain in west Wales ensured that cattle rearing was one of the earliest dominant occupations. By the middle of the nineteenth century driving cattle to London on foot

Mae hebrwng gwartheg o Gymru i Lundain yn rhan bwysig o hanes marchnata a gwerthu llaeth ym mhrifddinas Lloegr. Fel y cofnoda'r hanesydd R.J. Colyer mewn amrywiol erthyglau a chyfrolau, ceir tystiolaeth fod y fasnach wartheg rhwng y ddau le wedi bodoli ers canol y drydedd ganrif ar ddeg.

O edrych ar hanes porthmona yn y bedwaredd ganrif ar bymtheg, daw rhywun yn ymwybodol, nid yn unig o sgiliau marchnata'r porthmyn, ond hefyd eu mynych ddoniau eraill. Yn sicr, roeddynt yn fentergarwyr, ond mwynhaent hefyd ddiddordebau ehangach. Fe sefydlodd rai ysgolion, tra aeth eraill i'r weinidogaeth, a rhai'n emynwyr sydd â'u gwaith heddiw yn rhan anhepgorol o'r canonau crefyddol Cymreig. Bu eraill yn gyfrifol am sefydlu'r banciau lleol cyntaf, a lyncwyd yn ddiweddarach gan fusnesau cenedlaethol mawr.

Mae llawer mwy i hanes y porthmyn na dim ond hebrwng gwartheg o Gymru i Lundain. Bu gan y Cymry wartheg i'w hallforio erioed. Fe wnaeth yr hinsawdd a'r dirwedd yng ngorllewin Cymru sicrhau mai bridio gwartheg oedd un o'r prif weithgareddau cynharaf. Erbyn canol y bedwaredd ganrif ar ddeg,

to be sold was an important trade. It is estimated, in total, that some 300,000 beasts went from Wales to southern England, including London. As well as cattle, sheep, pigs, horses, geese and turkeys were driven on this long and hazardous journey. But here, as the milk trade is our concern, we will concentrate on cattle alone.

Cattle fairs were held in various centres throughout Wales. In Cardiganshire the marketplaces were numerous, and included Tregaron and Cardigan. Across the border in Pembrokeshire there were markets in Cilgerran and Eglwyswrw. These were convenient places for farmers to sell their spare cattle to dealers. The bargaining entailed lengthy haggling until the deal was settled by striking the palms of hands.

E.O. James, in an article about the county's drovers in the first issue of *The Carmarthen Historian*, quotes from a poem, 'Hen Borthmyn' [Old Drovers], by David Evan Davies (Ap Lewis), Llanycrwys. A section is here, with a translation of the poem in its entirety in the Appendix:

From the Pembrokeshire fairs, cows all fat and gross,
Their horns mostly measured a full yard across,
From Narberth, Letterstone and Haverfordwest,
From Crymych, Maenclochog and Whitland, the best.

From Llanarth and Lampeter, Talsarn and Ffair Rhos,
From Lledrod, Llanddalis, in rows upon rows,
Llanybydder, Penuwch and Cross Inn, what a sight
Some blacks and some blues, and one or two whites.

roedd hebrwng gwartheg i Lundain i'w gwerthu wedi dod yn fasnach bwysig. Amcangyfrifir i gyfanswm o 300,000 o greaduriaid gael eu cerdded o Gymru i dde Loegr, yn cynnwys Llundain. Yn ogystal â gwartheg, câi defaid, moch a cheffylau, gwyddau a thyrcwn hefyd eu hebrwng ar y teithiau hir a pheryglus hyn. Ond yma, gan mai'r fasnach laeth yw'r testun, canolbwyntiwn ar wartheg yn unig.

Cynhelid ffeiriau gwartheg mewn gwahanol ganolfannau ledled Cymru. Yn Sir Aberteifi roedd y marchnadoedd yn niferus, gan gynnwys Tregaron ac Aberteifi. Dros y ffin yn Sir Benfro ceid marchnadoedd yng Nghilgerran ac Eglwyswrw. Roedd y llefydd hyn yn fannau cyfleus i ffermwyr a oedd am werthu eu gwartheg sbâr i brynwyr. Ceid bargeinio hirfaith cyn dod i gytundeb, y fargen yn cael ei selio gan drawiad cledrau dwylo'r gwerthwr a'r prynwr.

Mewn erthygl gan E.O. James ar borthmyn Sir Gaerfyrddin yn rhifyn cyntaf *The Carmarthen Historian*, mae'r awdur yn dyfynnu rhan o gerdd, 'Hen Borthmyn' gan David Evan Davies (Ap Lewis), Llanycrwys. Dim ond dwsin o linellau a ddyfynnir yma. Fe geir y gerdd yn ei chyfanrwydd yn yr Atodiad:

O ffeiriau Sir Benfro da mawrion i gyd,
A'u cyrnau gan mwyaf yn llathen o hyd
O Hwlffordd, Treletert a Narberth rhai braf,
O Grymych, Maenclochog a Thŷ Gwyn ar Daf.

O Lannarth, o Lambed, Ffair Rhos a Thal-sarn,
O Ledrod, Llandalis, y delent yn garn;
O ffeiriau Llan'bydder, Pen-uwch a Chross Inn,
Da duon, da gleision ac ambell un gwyn.

From the fairs of Carmarthen, fine cows in a flow,
And one or two barrens from further below,
From Newcastle Emlyn and Cynwil, in throng,
To the Vale of the Tywi, they all came along.

The cattle to be sold were herded and collected at various locations to prepare for the journey. Tregaron was popular with west Wales' drovers as it was the last low-lying place on the journey out of Wales. Before setting off, the chief drover would ensure that every animal had been shod. The Tregaron drovers had their own blacksmiths, with the shoes made from small pieces of metal and each one firmly fixed on hooves using three nails; the metal was also smeared with butter to prevent rust. For a long journey, such as the one to London, the cattle would be shod front and rear. For shorter journeys only the front hooves were shod. One of the key members of the droving team was the man responsible for felling the animal about to be shod. Shoeing was a difficult task, as described by R.T. Jenkins in his book *Y Ffordd yng Nghymru* [The Road in Wales]:

> A rope was tied around the cow's leg and tightened, causing the animal to topple. Its head was kept down, causing it to fall on its head. Then the feet were tied together and a stick placed between them to keep them firm. Following the throwing and the tying, the smith, or two smiths, would quickly fix the shoes.

E.O. James quotes another poem that describes this work in detail:

O ffeiriau Caerfyrddin, da perton ac ir
Ac ambell fyswynog o waelod y sir.
Doi da Castellnewydd a Chynwyl i'r lan
At dda Dyffryn Tywi i gyd i'r un man.

Câi'r gwartheg oedd i'w gwerthu eu crynhoi a'u casglu mewn gwahanol leoliadau a'u paratoi ar gyfer y siwrnai. Roedd Tregaron yn ganolfan boblogaidd gan borthmyn gorllewin Cymru, gan mai dyna'r lleoliad olaf ar lawr gwlad cyn yr ymdaith allan o Gymru. Cyn cychwyn ar y daith byddai'r pen porthmon yn sicrhau bod pob creadur wedi'i bedoli. Roedd gan borthmyn Tregaron eu gofaint eu hunain, gyda'r pedolau wedi eu llunio o ddarnau bychain o fetel, pob darn yn cael ei sicrhau ar y carnau gan dair hoelen; câi'r metel hefyd ei iro â menyn i atal rhwd. Ar gyfer taith hir, fel honno i Lundain, pedolid y carnau ôl a blaen. Yn achos teithiau byrrach, dim ond y carnau blaen a bedolid. Un o aelodau allweddol y criw fyddai'r sawl a oedd â'r gwaith o gwympo'r creaduriaid ar gyfer eu pedoli. Roedd pedoli'n waith anodd, fel y disgrifia R.T. Jenkins yn *Y Ffordd yng Nghymru*:

> Gwaith anodd oedd y pedoli, rhoi rhaff am goes y fuwch a'i baglu, a chadw ei phen i lawr nes iddi syrthio ar ei phen. Yna clymu ei thraed ynghyd a rhoi rhyw fath o ffon rhyngddynt i'w dal yn solet. Wedi'r taflu a'r clymu, dyma'r gof, neu ddau, yn ei phedoli yn gyflym.

Mae E.O. James yn dyfynnu pennill arall sy'n disgrifio'r gwaith hwn yn fanwl:

After the fair I see a host
Of steers in a grassy field
Near Twrch Bridge to be shod,
A task undertaken with much purpose.
The first to set about the task
Is Deio from Chapel House, Esgairdawe.
He first grabs the creature's horn
And runs with it a further yard;
Suddenly, the horn he twists
And the creature drops like a child.
Others arrive with a rope
To tie the legs to stop them kicking.
And now it's all go, the smith with tackle
Speedily secures the shoes,
And very soon the final steer
Has its shoes among the grass.

In Tregaron the cattle were herded below Pen Pica, a hill behind the Talbot and Bush taverns. They were then driven across Tŷ Gwyn fields towards Cwm Berwyn. This place would be used as an overnight station by Dafydd Isaac, a prominent drover in his day. The cattle would then be driven at a pace of some two miles an hour, covering between 15 and 20 miles a day. The drovers' pay varied between one to three shillings a day, with a bonus usually at journey's end. To enhance their earnings, drovers sold milk along the way.

It was from the uplands of Cwm Berwyn that another drover, Jenkin Williams, Deri-Garon, was inspired to write a verse that was not wholly complimentary to Tregaron!

Wedi'r ffair mi welaf dyrfa
O fystechi mewn cae porfa
Ger Pont Twrch, ac i'w pedoli
At y gwaith yr eir o ddifri.
Deio Hendy Cwrdd 'Sgerdawe
Ydyw'r cyntaf un i ddechre.
Cydio wna yng nghorn y bustach,
A rhed ganddo gam ymhellach,
Fe rydd dro i'r corn yn sydyn
A'r anifail syrth fel plentyn.
Gyda rhaff daw arall ato
I glymu'r pedair coes rhag cicio.
Nawr mae off, y gof a'r offer
Yn pedoli ar ei gyfer,
A chyn hir, y bustach ola
Sydd â'i bedol yn y borfa.

Yn Nhregaron câi'r gwartheg eu crynhoi islaw Pen Pica, bryn y tu ôl i dafarnau'r Talbot a'r Bush. Caent wedyn eu gyrru ar draws caeau Tŷ Gwyn fyny i gyfeiriad Cwm Berwyn. Defnyddid y lle hwnnw yn arhosfan dros nos gan Dafydd Isaac, porthmon amlwg yn ei ddydd. Câi'r gwartheg eu cerdded wedyn ar gyflymdra o tua dwy filltir yr awr, gan deithio rhwng 15 ac 20 milltir y dydd. Byddai cyflog y porthmyn yn amrywio rhwng swllt a thri swllt y dydd, gyda bonws fel arfer ar ben y daith. I atgyfnerthu eu henillion, byddai'r porthmyn yn gwerthu llaeth ar hyd y daith.

O'r ucheldir yng nghyffiniau Cwm Berwyn yr ysgogwyd porthmon arall, Jenkin Williams, Deri-Garon, i gyfansoddi rhigwm nad oedd yn rhyw ganmoliaethus iawn o Dregaron!

Dear Tregaron town is smoking
It matters not should it be starving,
Should there be any bad news around,
It's in Tregaron it will be found.

Tregaron is siuated at the southern end of
the Abergwesyn pass. The road to Abergwesyn
was known as the Drovers' Road and its greatest
advantage at that time was that it was not a toll
road. Avoiding turnpike roads and their attendant
tollgates was important because it could cost up to
a shilling a head to take cattle through these gates.
This, of course, was per journey, and not the toll
for every individual gate. Even so, a shilling a head
was a considerable sum when a herd could consist of
hundreds of animals.

The head drover ensured that the drovers
were adequately clad. According to Professor
E.G. Bowen, an authority on the social history
of Cardiganshire, drovers were attired in farm
servants' smocks; they wore long woollen stockings
and strong leggings of Bristol Brown Paper. Wide
brimmed hats protected them from the seasonal
elements. Every drover carried soap and brown
paper; the soap was rubbed into the woollen
stockings as waterproofing, and the brown paper
served as a water-repellent vest when they slept
outdoors. Only the head drover slept indoors.

The road from Tregaron via Abergwesyn passed
through Cwmdulas, Newbridge-on-Wye, Radnor
and Kington and onwards across the border towards
Leominster. At Southam, near Stratford-upon-
Avon, the drovers chose either the road towards

Mae Tregaron fach yn mwgi,
Nid oes fater tai hi'n llwgi;
Os bydd newydd drwg ar gered,
Yn Nhregaron cewch ei glywed.

Saif Tregaron ar derfyn deheuol bwlch
Abergwesyn. Câi'r ffordd i Abergwesyn ei hadnabod
fel Ffordd y Porthmyn, a'i phrif fantais y pryd
hwnnw oedd y ffaith ei bod hi'n ffordd ddi-
doll. Roedd osgoi ffyrdd tyrpeg a'u tollbyrth yn
bwysig, gan y gallai gostio i fyny at swllt y pen i
yrru gwartheg drwy'r tollbyrth. Hynny yw, swllt y
siwrnai yn hytrach na swllt am bob tollborth. Hyd
yn oed wedyn, byddai swllt y pen yn swm sylweddol
pan fyddai buches yn cynnwys cannoedd o wartheg.

Byddai'r pen porthmon yn sicrhau y byddai
ei gyd-borthmyn wedi eu gwisgo'n addas. Yn
ôl yr Athro E.G. Bowen, awdurdod ar hanes
cymdeithasol Sir Aberteifi, gwisgai'r porthmyn
smociau gweision fferm; gwisgent hefyd sanau gwlân
hirion ynghyd â legins Papur Brown Bryste. Byddai
hetiau a chantelau llydan yn eu hamddiffyn rhag
tywydd garw. Cariai pob porthmon sebon a phapur
brown. Câi'r sebon ei rwbio i mewn i'r sanau i atal
dŵr, tra byddai'r papur brown yn dyblu fel fest a
gadwai allan ddŵr pan gysgai'r porthmyn allan yn yr
awyr agored. Dim ond y pen porthmon a gâi gysgu
dan do.

Byddai'r ffordd o Dregaron drwy Abergwesyn
yn mynd ymlaen drwy Gwmdulas, Y Bontnewydd
ar Ŵy, Maesyfed a Cheintun a thros y ffin tuag at
Lanllieni. Yn Southam, ger Stratford-upon-Avon,
fe wnâi'r porthmyn ddewis naill ai'r ffordd am

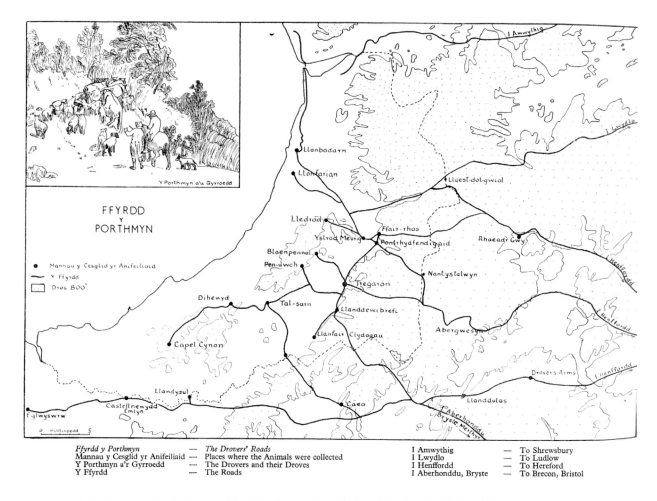

FFYRDD
Y
PORTHMYN

- Mannau y Cesglid yr Anifeiliaid
— Y Ffyrdd
☐ Dros 800'

Ffyrdd y Porthmyn	—	The Drovers' Roads
Mannau y Cesglid yr Anifeiliaid	—	Places where the Animals were collected
Y Porthmyn a'r Gyrroedd	—	The Drovers and their Droves
Y Ffyrdd	—	The Roads

I Amwythig	—	To Shrewsbury
I Lwydlo	—	To Ludlow
I Henffordd	—	To Hereford
I Aberhonddu, Bryste	—	To Brecon, Bristol

Drovers' routes in Cardiganshire, showing the assembly point at Tregaron, from W.J. Lewis' *Cardiganshire Historical Atlas*
Llwybrau'r porthmyn yn Sir Aberteifi, gyda phawb yn ymgynnull yn Nhregaron, o lyfr W.J. Lewis, *Ceredigion Atlas Hanesyddol*

Gomer

Northampton or turned southwards in the direction of London and, in particular Barnet.

Herds varied in size and could amount to between 200 and 300 head of cattle; similarly,

Northampton neu droi tua'r de i gyfeiriad Llundain ac, yn arbennig, Barnet.

Byddai'r buchesi'n amrywio o ran niferoedd o rhwng 200 a 300 pen o wartheg; yn yr un modd,

the number of drovers escorting them. Rhys Morgan from Tregaron, known also as the King of Northampton, employed 12 drovers to herd 300 cattle. One of five drover brothers, he was a head drover and he continued droving until the beginning of the twentieth century. According to Evan Jones in his book *Cerdded Hen Ffeiriau* [Following Old Fairs], he was the first to use cheques for payment.

There were shoeing centres, or smithies, along the way, as well as taverns providing sustenance for drovers and lodgings for the head drover. The location of such taverns in Wales was marked by three Scotch Pines growing outside. In England, it was more usual to see three yew trees. These were symbols that noted that drovers were welcome for the night, rather than indications of tavern sites. Whilst the head drover slept indoors, the others slept in nearby fields. Frequently, the younger ones slept with the cattle in order to be close enough to attend to them during the night. Lying in such close proximity to the cattle was also a means of keeping warm.

According to Professor Richard Colyer, the price of lodging remained constant throughout the nineteenth century, at a groat (four pence) per head in summer, and sixpence in winter.

The head drover, on reaching London, would normally stay in Shepherd's Bush to the west, and that for threepence a night with an additional threepence paid for breakfast. Shepherd's Bush had common land where cattle and other animals were put out to pasture before being driven on to Smithfield.

amrywiai niferoedd y porthmyn â'u hebryngent. Byddai Rhys Morgan o Dregaron, a gâi ei adnabod fel Brenin Northampton, yn cyflogi 12 o borthmyn ar gyfer hebrwng 300 o wartheg. Yn un o bump o frodyr, y pump yn borthmyn, roedd Rhys yn ben porthmon a pharhaodd i hebrwng gwartheg hyd at ddechrau'r ugeinfed ganrif. Yn ôl Evan Jones yn ei gyfrol *Cerdded Hen Ffeiriau*, Rhys oedd y cyntaf erioed i dalu drwy ddefnyddio sieciau.

Byddai canolfannau pedoli, neu efeiliau, ar hyd y ffordd yn ogystal â thafarnau'n darparu cynhaliaeth i'r porthmyn a lletty i'r pen porthmon. Nodwyd lleoliadau'r tafarnau yng Nghymru gan dair coeden pinwydd Albanaidd yn tyfu wrth eu hymyl. Yn Lloegr, mwy arferol fyddai tair ywen. Symbolau o groeso i borthmyn dreulio'r nos yno oedd y rhain, yn hytrach nag arwyddion yn nodi fod yno dafarn. Tra cysgai'r pen porthmon dan do, cysgai'r porthmyn cyffredin mewn caeau cyfagos. Byddai'n arferiad i rai o'r porthmyn ifanc gysgu gyda'r gwartheg fel y byddent wrth law pe bai eu hangen. Gorweddent yng nghanol y gwartheg hefyd er mwyn cadw'n gynnes.

Yn ôl yr Athro Richard Colyer, arhosodd cost lletty yn sefydlog gydol y bedwaredd ganrif ar bymtheg, sef grôt (pedair ceiniog) y pen yn yr haf, a chwe cheiniog yn y gaeaf.

Byddai'r pen porthmon, o gyrraedd Llundain, yn lletya fel arfer yn Shepherd's Bush ar gyrion gorllewinol y ddinas, ar gost o dair ceiniog y noson, ynghyd â thair ceiniog ychwanegol am frecwast. Yn Shepherd's Bush roedd tir comin lle câi gwartheg

Most of the cattle were Welsh Blacks of around three years of age. They were known as 'Welsh Runts', and were the same size as Belted Galloway cattle. They could survive on poor grazing in cold, wet weather. E.O. James believes that the herds were reinforced with breeds such as the Castlemartin or the Brecon Border white-headed cattle, precursors of Hereford Cattle. According to some historians, among them Cledwyn Fychan of Llanddeiniol, these were semi-wild cows, like the old 'Da Gleision Glanteifi' (The Teifiside Blues), also known as 'The Old Breed', descendants of the original Strata Florida Abbey cattle. They were very productive milkers, and buyers from London would also travel to Cardiganshire to purchase them.

The drovers were regarded suspiciously by town dwellers, even with some trepidation. In the *Farmers' Magazine* of 1856, there is an interesting account, if rather prejudiced, of the drovers seen at Barnet fair.

Imagine some hundreds of bullocks like an immense forest of horns, propelled hurriedly towards you amid the hideous and uproarious shouting of a set of semi-barbarous drovers who value a restive bullock far beyond the life of a human being, driving their mad and noisy herds over every person they meet if not fortunate enough to get out of their way; closely followed by a drove of unbroken wild Welsh ponies, fresh from their native hills, all of them loose and unrestrained as the oxen that preceded them; kicking, rearing and biting each other amid the unintelligible anathemas of their human attendants… the noisy 'hurrahs' of lots of 'un-English speaking' Welshmen who may have just sold

a chreaduriaid eraill eu troi allan i bori cyn cael eu hebrwng ymlaen i Smithfield.

Gwartheg Duon Cymreig tua theirblwydd oed oedd y mwyafrif ohonynt. Caent eu hadnabod fel 'Welsh Runts', a byddent o'r un maint â'r 'Belted Galloway'. Medrent fodoli ar borfa wael mewn tywydd oer a gwlyb. Credai E.O. James fod y gwartheg hyn wedi eu hatgyfnerthu gan fridiau fel Castellmartin neu wartheg penwyn 'Brecon Border', rhagflaenwyr Gwartheg Swydd Henffordd. Cred rhai haneswyr, Cledwyn Fychan o Landdeiniol yn eu plith, mai gwartheg lled wyllt oedd y rhain fel y brid hynafol Da Gleision Glanteifi, neu'r 'Hen Frîd', disgynyddion gwartheg gwreiddiol Abaty Ystrad Fflur. Roedd y rhain yn nodedig am faint eu cynnyrch llaeth, a deuai delwyr yr holl ffordd o Lundain i'w prynu.

Ystyrid y porthmyn gydag amheuaeth gan bobl y trefi, yn wir gyda chryn anesmwythyd. Yn y *Farmers' Magazine* yn 1856, ceir adroddiad diddorol, os rhagfarnllyd, am y porthmyn a welwyd yn ffair Barnet. Mae'n werth ei gynnwys yn y Saesneg gwreiddiol:

Imagine some hundreds of bullocks like an immense forest of horns, propelled hurriedly towards you amid the hideous and uproarious shouting of a set of semi-barbarous drovers who value a restive bullock far beyond the life of a human being, driving their mad and noisy herds over every person they meet if not fortunate enough to get out of their way; closely followed by a drove of unbroken wild Welsh ponies, fresh from their native hills, all of them loose and unrestrained as the oxen that preceded them; kicking, rearing and biting each other amid the unintelligible anathemas of their

some of their native bovine stock whilst they are to be seen throwing up their long-worn, shapeless hats high in the air, as a type of Taffy's delight, uttering at the same time a trade [sic] of gibberish which no-one can understand but themselves.

This kind of scene, perhaps, may have led to the founding of the Welsh Calvinistic Methodist Chapel in Cock Lane, Smithfield, in 1772, the first Welsh house of worship established in London. Cock Lane Chapel later became the famous Jewin Chapel.

The fairs of the Midlands and London were not the only termini for drovers. According to R.J. Colyer herds were also driven to the Home Counties. Records show that the aforementioned Jenkin Williams of Deri-Garon drove cattle to Blackwater in Kent, while David Jonathan from Dihewyd sold cattle as far as Romford, Brentford, East Grinstead, Horsham and Kingston. David Jonathan has left us a treasure-trove of documents about the life of a drover; he kept accounts of all his business deals and expenses incurred during his various journeys between Cardiganshire and south-east England, and one is to be seen in the Appendices.

Droving was dangerous work, especially when one considers that the money earned in the cattle trade was transported home by the head drover. Drovers were vulnerable to highway robbers, which eventually resulted in drovers establishing a banking system. Some drovers became very wealthy; for example David Jones, who set up Banc yr Eidon Du (The Bank of the Black Ox) in Llandovery in 1799

human attendants… the noisy 'hurrahs' of lots of 'un-English speaking' Welshmen who may have just sold some of their native bovine stock whilst they are to be seen throwing up their long-worn, shapeless hats high in the air, as a type of Taffy's delight, uttering at the same time a trade [sic] of gibberish which no-one can understand but themselves.

Hwyrach mai'r math hwn o ddigwyddiad a wnaeth arwain at sefydlu Capel Methodistaidd Calfinaidd Cock Lane, Smithfield, yn 1772, yr addoldy Cymraeg cyntaf i'w sefydlu yn Llundain. Trodd Capel Cock Lane yn ddiweddarach yn Gapel Jewin.

Nid ffeiriau Canolbarth Lloegr a Llundain yn unig fyddai i'r porthmyn. Yn ôl R.J. Colyer, hebryngid gwartheg hefyd i'r Siroedd Cartref. Dengys cofnodion y byddai Jenkin Williams o Dderi-Garon, y cyfeiriwyd ato eisoes, yn hebrwng gwartheg i Blackwater yng Nghaint, tra byddai David Jonathan o Ddihewyd yn gwerthu gwartheg mewn mannau cyn belled â Romford, Brentford, East Grinstead, Horsham a Kingston. Gadawodd David Jonathan drysorfa o gofnodion yn adlewyrchu bywyd a gwaith porthmon; cadwai gyfrifon o'i holl drafodion busnes ynghyd â'i gostau teithio rhwng Sir Aberteifi a de-ddwyrain Lloegr, a gwelir un o'r rheiny yn yr Atodiadau.

Gallai porthmona fod yn waith peryglus, yn arbennig o ystyried y câi'r enillion o'r fasnach wartheg eu cludo adref gan y pen porthmon. Byddent yn dargedau i ladron pen-ffordd, a hynny wnaeth arwain at y porthmyn yn mynd ati i sefydlu cyfundrefn fancio. Daeth rhai porthmyn yn gyfoethog iawn; er enghraifft,

and then in Lampeter and Llandeilo. In 1909 this bank was bought by Lloyds Bank. David Jones was of farming stock and began working as a drover when only 15 years old. He married into money and that enabled him to set up the bank. When he died in 1879 he was worth £140,000.

Similar banks were located in other towns, notably the Aberystwyth and Tregaron Bank, or Banc y Ddafad Ddu (The Bank of the Black Sheep). It ceased trading in 1814.

It is fitting that the first such bank was established in Llandovery, as it was directly on the drovers' road between Cardigan and Brecon. Vicar Rhys Prichard (1579–1644) composed a poem to the drovers. Here is a translation of the first verse:

> If you are a drover, deal honestly
> Pay a fair price for what you get
> Keep your word, do not break promises;
> Better than gold is a code of ethics.

There were many temptations on the road as drovers lodged in or near taverns, or in London at

Plaque on wall of the Old Bank, Llandeilo
Plac ar wal yr Hen Fanc, Llandeilo

Rhiannon Lewis

David Jones, a sefydlodd Fanc yr Eidion Du yn Llanymddyfri yn 1799 ac yna yn Llanbedr Pont Steffan (Llambed) a Llandeilo. Yn 1909 prynwyd y busnes gan Fanc Lloyds. Mab fferm oedd David Jones, a chychwynnodd hebrwng gwartheg yn llanc 15 oed. Priododd i mewn i arian, a hynny a'i galluogodd i sefydlu'r banc. Pan fu farw yn 1879, roedd yn werth £140,000.

Sefydlwyd banciau tebyg mewn trefi eraill, yn arbennig Aberystwyth a Thregaron, sef Banc y Ddafad Ddu, a fu'n masnachu tan 1814.

Mae'n briodol mai yn Llanymddyfri y sefydlwyd y banc cyntaf o'i fath, gan fod y dref yn sefyll yn union ar ffordd y porthmyn rhwng Aberteifi ac Aberhonddu. Fe wnaeth un o enwogion Llanymddyfri, y Ficer Rhys Prichard (1579–1644), gyfansoddi cerdd o gyngor i'r porthmyn. Dyma'r pennill cyntaf:

> Os wyt borthmon dela'n onest,
> Tâl yn gywir am a gefaist;
> Cadw d'air, na thor addewid;
> Gwell nag aur mewn cod yw credid.

A one-pound note issued by Banc y Ddafad Ddu, one of the drovers' banks

Papur punt o Fanc y Ddafad Ddu, un o fanciau'r porthmyn

the end of the journey. These became the subject of many a sermon in the chapels and churches of Wales. Perhaps it was this that resulted in the occasional drover becoming a minister of religion. R.J. Colyer, in *The Welsh Cattle Drovers*, refers to three such men. Benjamin Evans, a drover from Pembrokeshire, was ordained a minister in Llanuwchllyn. William Jones from Trawsfynydd heard a sermon by the evangelist William Romaine (1714–95) while on one of his journeys and became a minister. The best known was Dafydd Jones from Caeo (1711–77). According

Deuai'r porthmyn wyneb yn wyneb ag aml i demtasiwn ar y ffordd gan y byddent yn lletya mewn tafarndai, yng nghyffiniau tafarndai, neu yn Llundain ar ddiwedd taith. Byddai'r mynych demtasiynau'n destun i aml bregeth yn addoldai Cymru. Hwyrach mai dyma fu'n gyfrifol am i rai porthmyn droi at y weinidogaeth. Fe wna R.J. Colyer, yn *The Welsh Cattle Drovers*, gyfeirio at dri ohonynt. Ordeiniwyd Benjamin Evans, porthmon o Sir Benfro, yn weinidog yn Llanuwchllyn. Fe drodd William Jones o Drawsfynydd at y pulpud wedi iddo glywed

to Gomer M. Roberts, who wrote a biography of Dafydd Jones, he learnt English well enough while on his journeys between Caeo and London to be able to translate several of Isaac Watts' hymns into Welsh. On his journeys he also heard some of John Wesley's open-air sermons and they influenced him greatly. Dafydd Jones' hymns are full of symbolism connected with droving:

> They all came from the East,
> West, North and South,
> To unlimited Seion,
> Nevertheless there is plenty of room for still more.

In his most famous hymn, 'Wele cawsom y Meseia' [Behold we got the Messiah], we see allusions to his trade as a cattle dealer:

> The sum of our great debt he pays
> And he crossed the bills of heaven;

And then:

> Purchasing our life, paying our debt,
> And cleansing us with his own blood.

His hymns abound with references to his life on the road. He writes, 'He bringeth me to the good places / Where the heavenly pastures grow'. Then, 'Lord, lead me with Thy hand / Don't let me wander aimlessly'. And also, 'Should I foolishly wander from His paths / He will recall my soul'.

Evan Jones, in his book on the old fairs, refers

pregeth gan yr efengylwr William Romaine (1714–95) tra oedd ar un o'i deithiau. Yr enwocaf oedd Dafydd Jones o Gaeo (1711–77). Yn ôl Gomer M. Roberts, cofiannydd Dafydd Jones, dysgodd hwnnw Saesneg mor drwyadl ar ei deithiau rhwng Caeo a Llundain fel iddo lwyddo i gyfieithu nifer o emynau Isaac Watts i'r Gymraeg. Ar ei deithiau hefyd, fe glywodd rai o bregethau awyragored John Wesley, a chawsant ddylanwad mawr arno. Mae emynau Dafydd Jones yn llawn symbolaeth sy'n gysylltiedig â phorthmona:

> Fe ddeuant oll o'r Dwyrain,
> Gorllewin, Gogledd, De,
> At Seion yn ddiatal,
> Mae digon eto o le.

Yn ei emyn enwocaf, 'Wele cawsom y Meseia', gwelwn gyfeiriadau at ei alwedigaeth yn borthmon:

> Swm ein dyled fawr a dalodd
> Ac fe groesodd filiau'r Ne';

Ac yna:

> Prynu'n bywyd, talu'n dyled
> A'n glanhau a'i waed ei hun.

Mae ei emynau'n doreithiog o gyfeiriadau at ei fywyd ar y ffordd fawr. Meddai, 'Fe'm dwg i'r lleoedd da / Lle tyf y borfa Nefol'. Wedyn cawn, 'Arglwydd, arwain fi'n dy law / Na'd fi grwydro

to David (Dafydd) Morris (1744–91), a drover from Lledrod who became a minister in Twr-gwyn, Troed-yr-aur. He was the author of the hymn, 'Os gwelir fi, bechadur' [If I am seen, a sinner].

Many of the drovers developed a fluency in English which would be of great advantage as they bargained across the border. There are at least two instances of drovers who became schoolteachers. In 1845 a school was opened in Pumsaint by a drover. William Harris, who was headmaster of Ffaldybrenin School (1871–8), had spent some of his early years as a drover.

Not only did the drovers establish markets and the means for supplying meat and milk, they also established smooth transit routes for exiles from rural Wales looking for employment in London. It could be said that it was the drovers who kept the heart of rural Wales in direct contact with the city.

Walking alongside the drovers on their journeys were maids, some from the same districts as the drovers themselves. They helped out in markets on the way to London, and also tended market gardens. They would also look out for domestic work. Their gardening skills included weeding. As a result, they were known as *chwynwyr* (weeders) and were referred to as such by the poet Daniel Ddu o Geredigion (Daniel Evans; 1792–1846):

> How I wish I was a pigeon
> On St Paul's in the heart of London
> So I could see the girls from Wales
> Kneeling as they weed the gardens.

yma a thraw'. Ac, 'Os af o' â i ffyrdd yn ffôl / Fy enaid 'nôl a eilw'.

Yn ei gyfrol *Cerdded Hen Ffeiriau*, cyfeiria Evan Jones at David (Dafydd) Morris (1744–91), porthmon o Ledrod a aeth ymlaen i fod yn weinidog yn Nhwr-gwyn, Troed-yr-aur. Ef oedd awdur yr emyn 'Os gwelir fi, bechadur'.

Mantais amlwg oedd i rai o'r porthmyn ddod yn rhugl yn yr iaith Saesneg gan y byddai hynny'n ddefnyddiol wrth fargeinio dros y ffin. Cawn o leiaf ddau achos o borthmyn yn mynd yn athrawon. Yn wir, agorwyd ysgol ym Mhumpsaint, yn 1845, gan William Harris, prifathro Ysgol Ffaldybrenin (1871–8), ar ôl treulio blynyddoedd yn porthmona.

Gwnaeth y porthmyn, nid yn unig sefydlu marchnadoedd a dulliau cyflenwi cig a llaeth, ond llwyddasant hefyd i hwyluso teithiau allfudwyr o'r Gymru wledig a oedd yn awyddus i chwilio am waith yn Llundain. Gellid mynnu mai'r porthmyn fu'n gyfrifol am y cysylltiad uniongyrchol rhwng calon y Gymru wledig a'r ddinas.

Yn cydgerdded â'r porthmyn ar eu siwrneiau byddai morwynion, amryw yn dod o'r un ardaloedd â'r porthmyn eu hunain. Byddent yn cynorthwyo drwy roi help llaw yn y marchnadoedd ar hyd y ffordd, gan dendio hefyd y gerddi masnachol. Byddent yn barod hefyd i ymgymryd â gwaith domestig. Byddai eu sgiliau garddio'n cynnwys chwynnu. O ganlyniad caent eu hadnabod fel 'chwynwyr'. Yn wir, ceir cyfeiriad atynt gan y bardd Daniel Ddu o Geredigion (Daniel Evans; 1792–1846):

John Williams-Davies gives an account of the garden girls in an issue of *Folk Life: Journal of Ethnological Studies* in 1977. During the eighteenth century and beginning of the nineteenth century, women prepared to do such work often came from Tregaron and nearby villages. They were looked upon as tough and honest ladies, more so than their London counterparts. The gardening employment season in London extended from April to October, and the Welsh girls had to compete for work with those from other parts of England and also Ireland. While some of them stayed permanently in London, many returned home at the end of the season, returning to London year after year. It is said that one, from Llanddewibrefi, did so for 21 years in succession. Most were daughters of smallholders; they brought back earnings which were a great help in maintaining those smallholdings. According to Williams-Davies, even married women travelled to London to work for six months of each year.

These stories of garden girls have contributed to modern Welsh literature. Mari Rhian Owen, in her drama production *Merched y Gerddi* with Cwmni'r Arad Goch, describes a journey undertaken by two of them who aspired to marry into wealth. The play gives us an impression of their work and wages. They earned three shillings an acre for hoeing, and three shillings and sixpence for weeding by hand.

Weavers and knitters would also walk with the drovers, with woollen socks from Wales being a very popular commodity. These socks were sold from stalls that later developed – with Welsh names – into

O na bawn i fel colomen
Ar ben Sant Paul yng nghanol Llunden
I gael gweled merched Cymru
Ar eu gliniau'n chwynnu gerddi.

Mewn rhifyn o'r cylchgrawn *Folk Life: Journal of Ethnological Studies* gan John Williams-Davies yn 1977, cawn gyfeiriad at ferched y gerddi. Yn ystod y ddeunawfed a dechrau'r bedwaredd ganrif ar bymtheg, byddai llawer o'r merched hyn yn dod o Dregaron a phentrefi cyfagos. Fe'u hystyrid yn ferched gwydn a gonest, yn fwy felly na merched Llundain. Byddai'r tymor garddio yn Llundain yn ymestyn o fis Ebrill i fis Hydref, a byddai'n rhaid i ferched Cymru gystadlu am waith â merched o wahanol rannau o Loegr a hefyd o Iwerddon. Tra arhosai rhai ohonynt yn Llundain, fe ddychwelai eraill adref ar ddiwedd pob tymor, gan fynd yn ôl i Lundain flwyddyn ar ôl blwyddyn. Ceir sôn am un o Landdewibrefi a wnaeth hynny am 21 mlynedd yn ddi-dor. Merched y tyddynnod oedd y mwyafrif. Byddai'r enillion a gyrchwyd adref yn gymorth mawr i gynnal y tyddynnod bach hyn. Yn ôl John Williams-Davies, byddai menywod priod, hyd yn oed, yn teithio i Lundain i weithio am chwe mis o'r flwyddyn.

Cyfrannodd y straeon hyn am ferched y gerddi i lenyddiaeth Gymraeg fodern. Yn ei chynhyrchiad dramatig *Merched y Gerddi,* fe wnaeth Mari Rhian Owen gyda Chwmni'r Arad Goch ddarlunio siwrnai a wnaed gan ddwy ferch a oedd â'u bryd ar briodi i mewn i gyfoeth. Yn y cyflwyniad cafwyd darlun o'u hamodau gwaith a'u cyflog. Byddent yn ennill

well-known businesses in London. Among them was Peter Jones in Sloane Square, Chelsea, established in 1877 but now under the John Lewis label. D.H. Evans also went to London and opened a drapers' shop; it's now part of the House of Fraser chain.

All this travelling, particularly the droving, could cause considerable concern regarding Sunday observance. As late as 1896, John Evans, a drover from Anglesey, worrying about starting his journey on a Sunday, wrote in a letter:

> I could not tell my children that I was going to London last Sunday, it would sadden their hearts. It would be no good telling my wife. It would only cause her to worry about how unlucky she had been in tying herself to such an ungodly man.

Even a year later, in the *Gloucester Journal* of 4 August 1897, we read of two drovers found guilty of:

> … defiling the Sabbath by driving cattle through the village of Mordiford in the County of Hereford. It is hoped that such illegal action will tend to stop such practices that have recently been too common and have proved to be very unpalatable to the keepers of the Sabbath.

Thus there were laws prohibiting droving on a Sunday. But times were changing, largely due to the coming of the railways in the middle of the nineteenth century. A railway from Shrewsbury to Aberystwyth was opened in 1864, creating a

tri swllt yr erw am hofio a thri swllt a chwe cheiniog am chwynnu â llaw.

Cydgerddai gwehyddion a nyddwyr hefyd gyda'r porthmyn a byddai sanau gwlân o Gymru'n boblogaidd iawn. Fe'u gwerthid o stondinau, rheiny'n datblygu'n ddiweddarach i fod yn fusnesau enwog yn Llundain, amryw gydag enwau Cymreig. Yn eu plith roedd Peter Jones yn Sloane Square, Chelsea, a sefydlwyd yn 1877 ond sydd erbyn hyn o dan yr enw John Lewis. Aeth D.H. Evans yntau i Lundain gan agor siop ddillad sydd bellach yn rhan o gadwyn House of Fraser.

Byddai'r holl deithio, yn arbennig ymhlith porthmyn, yn creu cryn broblemau o ran sancteiddrwydd y Sabath. Mor ddiweddar ag 1896 ysgrifennodd John Evans, porthmon o Sir Fôn, ag yntau ar fin cychwyn taith ar y Sul, ei bryderon mewn llythyr:

> Fedrwn i ddim dweud wrth fy mhlant fy mod i'n mynd i Lundain ar y Sabath, fe wnâi dristáu eu calonnau. Ni wnâi unrhyw ddaioni dweud wrth fy ngwraig. Ni wnâi hynny ddim byd ond gwneud iddi boeni pa mor anffodus y bu yn cael ei hieuo wrth y fath ŵr annuwiol.

Hyd yn oed flwyddyn yn ddiweddarach, yn y *Gloucester Journal* ar 4 Awst 1897, cawn hanes dau borthmon a gaed yn euog o:

> … defiling the Sabbath by driving cattle through the village of Mordiford in the County of Hereford. It is hoped that such illegal action will tend to stop such practices that have recently been too common and have

communication vein between Cardiganshire and the heart of London. This simplified the task of transporting livestock and lowered costs substantially. It was also the line between Aberystwyth and Paddington which facilitated the huge exodus from Cardiganshire on the 'milky way' to London.

David Jones of Llanddewibrefi, who started working as a servant as an eight year old, experienced droving cattle as well as moving them by train to London. In a local community newspaper, *Y Barcud* (Issue 7, 1976), some of his memories were recorded by his daughter, Jane Davies of Llwyn-y-groes.

He drove the cattle of his employer, D. Griffiths of Y Ffrwd, Lampeter, a dealer who bought barren cows in Cardiganshire and Pembrokeshire markets. David Jones drove the herds to 'Gwlad y Gwair' (The Land of Grass), his name for Middlesex. He made the journey four times a year. In London he lodged at Shepherd's Bush, paying the usual threepence a night and the same sum for a breakfast of bread, cheese and tea. He said he could buy sufficient ale for four pence a quart. He recalled walking from Tregaron to Abergwesyn, heading then for Hereford and onwards towards Middlesex. He was accompanied by blacksmiths carrying metal shoes, as well as nails and ropes to enable shoeing while on the road. On one occasion there was an outbreak of foot and mouth disease in Middlesex, and he and the others were confined there for six weeks.

With the railway becoming more popular in the 1870s, he paid 18 shillings for a ticket for the

proved to be very unpalatable to the keepers of the Sabbath.

Yr oedd yna, felly, ddeddfau yn gwahardd porthmona ar y Sul. Ond roedd newid ar droed, hynny'n bennaf yn sgil dyfodiad y rheilffordd ganol y bedwaredd ganrif ar bymtheg. Agorwyd y lein rhwng Amwythig ac Aberystwyth yn 1864 gan greu gwythïen gysylltiol rhwng Sir Aberteifi a Llundain. Fe wnaeth hyn hwyluso'r dasg o symud da byw gan ostwng y gost yn sylweddol. Y rheilffordd rhwng Aberystwyth a Paddington hefyd a hwylusodd y mudo mawr o Sir Aberteifi ar hyd y 'llwybr llaethog' i Lundain.

Fe gafodd David Jones o Landdewibrefi, a gychwynnodd weithio yn was bach wyth oed, brofiad o borthmona yn ogystal â hebrwng gwartheg ar y trên i Lundain. Ym mhapur bro *Y Barcud* (rhifyn 7, 1976), cofnodwyd rhai o'i atgofion gan ei ferch, Jane Davies o Lwyn-y-groes.

Ei gyflogwr oedd D. Griffiths, Y Ffrwd, Llambed, a brynai wartheg hysb mewn marchnadoedd yn siroedd Aberteifi a Phenfro. Hebryngai David Jones y gwartheg i 'Wlad y Gwair', ei enw ef am Middlesex. Âi ar y siwrnai bedair gwaith y flwyddyn. Yn Llundain lletyai yn Shepherd's Bush, gan dalu'r tair ceiniog y nos arferol, a swm tebyg am frecwast o fara, caws a the. Gallai, meddai, brynu'r hyn a fynnai o gwrw am bedair ceiniog y chwart. Cofiai gerdded o Dregaron i Abergwesyn, ac i gyfeiriad Henffordd ac ymlaen am Middlesex. Ymhlith y criw byddai gofaint yn cludo

cattle but he was allowed to travel with them free of charge. The coming of the railways enabled cattle to be transported in one day, rather than the two months by droving. This meant that there was no need to fatten the herds before taking them to the London markets. He spent his last working years accompanying sheep rather than cattle, and died in 1950 aged 96.

Although the railways eventually brought an end to droving, the droving roads remain, and there are appropriate names to record their existence. The drovers had regular calling places, and there are still taverns called Drovers' Arms and Drovers' Inn to this day. Dafydd Jones of Caeo, the drover who became a minister, named his home Llundain Fach (Little London), and a nearby stream, Tafwys (Thames). There are other London-based names surviving, such as Temple Bar, Chancery, Hyde Park and many a Smithfield.

As for the areas used for shoeing animals, close to Strata Florida, near Pontrhydfendigaid, there exists the remains of an old cottage called Pantcarnau (Hollow of the Hooves) where cattle were shod on their way over the mountain. And close to Llanbadarn Fawr, Aberystwyth, there is a field still referred to as Cae Pedoli (Shoeing Field).

Even today, the former drovers' way near Southam is known as the Welsh Road. It was so-called as far back as 1755, and it is also noted on the old Tithe maps from the mid-nineteenth century. There is a Welshman's Hill near Castle Bromwich, and Welsh Meadow some three miles

pedolau metel, ynghyd â hoelion a rhaffau fel y medrent bedoli ar hyd y daith. Un tro, wedi i glwy'r traed a'r genau daro Middlesex, ynyswyd ef a'r criw yno am chwech wythnos.

Pan gynyddodd y rheilffordd mewn poblogrwydd yn yr 1870au, talai 18 swllt am docyn i'r gwartheg ond câi ef deithio am ddim. Fe wnaeth dyfodiad y rheilffordd hefyd alluogi cludo gwartheg i Lundain mewn diwrnod, yn hytrach na threulio dau fis yn cerdded. Golygai hyn na fyddai angen tewhau'r fuches cyn ei gyrru i farchnadoedd Llundain. Treuliodd David Jones ei flynyddoedd olaf yn hebrwng defaid yn hytrach na gwartheg. Bu farw yn 1950 yn 96 oed.

Er i'r rheilffyrdd ddod â diwedd i'r arfer o borthmona, erys ffyrdd y porthmyn a cheir enwau perthnasol sy'n cadw eu bodolaeth ar gof. Roedd ganddynt fannau galw rheolaidd a cheir o hyd enghreifftiau o dafarnau ag enwau fel Drovers' Arms a Drovers' Inn. Enwodd Dafydd Jones o Gaeo, y porthmon a drodd yn weinidog, ei gartref yn Llundain Fach, ac enwodd nant gyfagos yn Tafwys. Erys hefyd enwau Llundeinig fel Temple Bar, Chancery, Hyde Park ac aml i Smithfield.

Ceir hen enwau, hefyd, sy'n dwyn ar gof y gofaint. Fry uwchlaw Ystrad Fflur ceir murddun bwthyn a elwid yn Bantcarnau, lle gynt y pedolid gwartheg ar eu ffordd dros y mynydd. Ac yn ymyl Llanbadarn Fawr, Aberystwyth, ceir cae a elwir o hyd yn Gae Pedoli.

Hyd yn oed heddiw, gelwir hen ffordd y porthmyn ger Southam yn 'The Welsh Road'. Dyna

Drovers' Inn, Stockbridge, Hampshire, which includes the Welsh inscription on the wall
Tafarn Drovers' Inn, Stockbridge, Hampshire, gyda'r geiriau Cymraeg ar y wal: 'Gwair tymherus porfa flasus cwrw da a gwâl cysurus.'

from Halesowen. Between Offchurch and Priors Hardwick there is Welsh Road Farm, Welsh Road Bridge, Welsh Road Meadow and Welsh Road Gorse.

oedd ei henw nôl yn 1755, ac fe'i nodir hefyd ar hen Fapiau'r Degwm cyn belled yn ôl â chanol y bedwaredd ganrif ar bymtheg. Ceir Welshman's Hill ger Castle Bromwich, a Welsh Meadow tua thair

It's quite apparent that the drovers' contribution is still remembered in many ways. One of the most lasting and interesting is displayed on the wall of a private house which was once the Drovers' Inn in Stockbridge, Hampshire. It dates from the seventeenth century. The listed building carries a sign which reads:

Gwair tymherus porfa flasus cwrw da a gwâl cysurus
Tempered hay, tasty grass, good ale and comfortable beds

Yes, the drovers must have played an important part in all this. According to Professor Emrys Jones in *The Welsh in London*, with the arrival of the railways the drovers had to adjust themselves to great changes – they became pioneers of the milk trade as cow keepers.

milltir o Halesowen. Rhwng Offchurch a Priors Hardwick ceir Welsh Road Farm, Welsh Road Bridge, Welsh Road Meadow a Welsh Road Gorse.

Mae'n amlwg y caiff cyfraniad y porthmyn ei gofio o hyd mewn gwahanol ffyrdd. Un o'r arwyddion mwyaf diddorol, sydd wedi para'n weledol, yw hwnnw a welir ar wal tŷ preifat a fu gynt yn dafarn The Drovers' Inn yn Stockbridge, Hampshire. Mae'n dyddio o'r ail ganrif ar bymtheg. Dywed yr arwydd ar yr adeilad sydd wedi'i restru:

Gwair tymherus porfa flasus cwrw da a gwâl cysurus

Do, bu'r porthmyn yn flaenllaw iawn yn hyn oll. Yn ôl yr Athro Emrys Jones yn *The Welsh in London*, gorfododd dyfodiad y rheilffordd y porthmyn i addasu a gwneud newidiadau mawr. Daethant yn arloeswyr yn y diwydiant llaeth fel ceidwaid gwartheg.

2 The Cow Keepers
Y Ceidwaid Gwartheg

As the railway network between Wales and England expanded during the second half of the nineteenth century, so traditional cattle trading continued and the demand for milk increased as London's population grew. The market also became more selective and knowledgeable, and this brought new difficulties.

The main problem was the short shelf life of milk. Refrigeration did not exist then and milk soon soured. The only way of extending the life of milk was to keep it in cool places such as cellars. So cattle had to be kept close at hand in order to secure an adequate and regular supply.

Some cow keepers held grazing rights on common land near their homes but the majority of animals were kept in places varying from cellars to lofts. Some were kept in garrets, with the cattle hoisted up and down by rope. The cows were kept until they ceased producing milk or until their yield became too scant to be of value. Then they were slaughtered and replaced with fresh animals.

By 1871, as much as 72 per cent of London's milk was supplied from the city's cowsheds and, according to David Taylor in his article 'London's

Wrth i'r rhwydwaith rheilffyrdd rhwng Cymru a Llundain ehangu yn ystod ail hanner y bedwaredd ganrif ar bymtheg, parhau wnaeth y farchnad wartheg draddodiadol a chynyddu wnaeth y galw am laeth wrth i boblogaeth Llundain dyfu. Fe ddaeth y farchnad hefyd yn fwy deallus a dewisol, hynny'n esgor ar anawsterau newydd.

Y broblem fwyaf oedd oes fer llaeth ar y silff. Doedd offer trydan ar gyfer cadw llaeth yn oer ddim yn bod, a buan iawn y gwnâi llaeth suro. Yr unig ffordd i ymestyn bywyd llaeth ar y silff oedd ei gadw mewn mannau oer fel seleri. Rhaid felly fyddai cadw gwartheg o fewn cyrraedd hawdd er mwyn sicrhau cyflenwad digonol a rheolaidd.

Daliai rhai ceidwaid gwartheg hawliau pori yn agos i'w cartrefi ar dir comin, ond cedwid y mwyafrif mewn mannau'n amrywio o seleri i lofftydd. Cedwid rhai mewn croglofftydd, a'u codi a'u gostwng ar raffau. Fe'u cadwyd yno nes iddynt fynd yn hesb neu nes i'w cynnyrch ddisgyn yn rhy isel i fod o unrhyw werth. Yna fe'u lleddid a phrynid gwartheg eraill i gymryd eu lle.

Erbyn 1871, cyflenwid cymaint â 72 y cant o laeth Llundain o feudai'r ddinas ac, yn ôl David

Milk Supply 1850–1900', there were as many as 24,000 cows in the capital at that time. He adds that one milkman, a Mr Rhodes of Islington, kept on average 400 milking cows. Most dairymen held some 50 to 80 animals on farms within reach of the city, though the smaller farms usually kept no more than a dozen or so milking cows.

It is impossible to gauge exactly how many of London's cow keepers were Welsh during the seventeenth and eighteenth century. However, Welsh surnames in parish registers indicate that the Welsh were there in numbers. Between 1840 and 1892, around the Whitechapel area alone, a number of Welsh people and their relatives are listed as having connections with keeping cows and selling milk. For example, in Black Lion Yard, Commercial Road, there are: Hugh Evans of Bethania, his wife Jane from Penuwch and daughter Elizabeth; Magdalene James, Llangwyryfon; John Evans, Llanfihangel-y-Creuddyn and his wife Mary Jane; Morgan Griffiths, nephew; William Evans, Llangeitho; Margaret Morris, Pennant; and George Gregory, Llanddeiniol. It is believed that this Evans family had connections with the milk trade until the First World War. The next owner of the premises was another Welshman, William Jones from the Aberystwyth area; he kept between 20 and 40 cows there. The business reverted then to another Evans, Joshua Evans. He continued to run the business until 1949.

Another way of assessing the number of Welsh in London, not necessarily though from Cardiganshire, is by tracing the number and

Taylor yn ei erthygl 'London's Milk Supply 1850–1900', roedd cymaint â 24,000 o warteg yn y brifddinas ar y pryd. Cadwai un dyn llaeth, rhyw Mr Rhodes o Islington, ar gyfartaledd 400 o warteg godro. Fe wnâi'r mwyafrif o ddynion llaeth gadw rhwng 50 ac 80 o warteg ar ffermydd o fewn cyrraedd i'r ddinas, er na chadwai'r ffermydd llai ond tua dwsin o warteg godro.

Amhosib yw amcanu'n union faint o geidwaid gwarteg Llundain oedd yn Gymry yn ystod yr ail ganrif ar bymtheg a'r ddeunawfed ganrif. Er hynny, dengys y cyfenwau Cymreig ar y cofrestri plwyf fod yno gryn niferoedd. Rhwng 1840 ac 1892, yn ardal Whitechapel yn unig, rhestrwyd nifer o Gymry a'u perthnasau fel rhai oedd â chysylltiad â chadw gwarteg a gwerthu llaeth. Er enghraifft, yn Black Lion Yard, Commercial Road, roedd: Hugh Evans, Bethania, ei wraig Jane o Ben-uwch a'u merch Elizabeth; Magdalene James, Llangwyryfon; John Evans, Llanfihangel-y-Creuddyn a'i wraig Mary Jane; Morgan Griffiths, nai; William Evans, Llangeitho; Margaret Morris, Pennant; a George Gregory, Llanddeiniol. Credir i'r teulu hwn, yr Evansiaid, fod â chysylltiad â'r fasnach laeth i fyny at y Rhyfel Mawr. Fe'u holynwyd yn y busnes gan Gymro arall, William Jones o ardal Aberystwyth; cadwai rhwng 20 a 40 o warteg yno. Yna aeth y busnes yn eiddo i Evans arall, Joshua Evans. Fe wnaeth hwnnw redeg y busnes tan 1949.

Dull arall o asesu'r niferoedd o Gymry yn Llundain, er nad o reidrwydd o Sir Aberteifi, fyddai drwy olrhain y niferoedd a'r canran o'r cyfenwau

percentage of the relevant surnames as the nineteenth century progressed. The following statistics were supplied by Peter Atkins, Professor of Geography at Durham University:

Date	Cow Keeper	Welsh Surname	Percentage
1881	998	240	24
1890	285	116	41
1900	168	82	49
1910	102	47	46

The decrease in numbers over 30 years can be attributed to changes in the way milk was marketed, as keeping cows and milking on the premises was done less often and milk was transported by train more often. But the Welsh more than held their own during this time of change, as the near doubling of their presence – in terms of percentage – clearly shows.

The Welsh were the backbone of the industry. In 1904 Charles Booth published *Life and Labour of the Poor in London 1896–1903*. What he has to say about the milk trade is very interesting:

> The Welsh alone from among the United Kingdom's inhabitants are able to make keeping cattle in London pay; or rather they alone are able to accept the conditions under which cattle keepers are compelled to live and work under in order to make a living. They are, in the majority, of low education; have an imperfect grasp of English… They are frugal and self-denying, living under harsh conditions, working extremely hard for unusually long hours and for very little financial return.

perthnasol wrth i'r bedwaredd ganrif ar bymtheg fynd yn ei blaen. Cyflenwyd yr ystadegau isod gan Peter Atkins, Athro Daearyddiaeth ym Mhrifysgol Durham:

Dyddiad	Ceidwad	Cyfenw Cymreig	Canran
1881	998	240	24
1890	285	116	41
1900	168	82	49
1910	102	47	46

Gellir priodoli'r cwymp yn y niferoedd dros y 30 mlynedd i'r newidiadau yn y modd y câi llaeth ei farchnata, sef llai o gadw gwartheg a godro ar y safle, ond mwy o gludo llaeth ar drenau. Daliodd y Cymry eu tir – a mwy – yn ystod y cyfnod hwn o newid gan ymron ddyblu eu presenoldeb – fel y gwelir – o ran canran.

Y Cymry oedd asgwrn cefn y diwydiant. Yn 1904 cyhoeddodd Charles Booth *Life and Labour of the Poor in London 1896–1903*. Mae'r hyn sydd ganddo i'w ddweud am y fasnach laeth yn hynod ddiddorol:

> Cymry yw'r unig bobl i fedru llwyddo. Hwy yn unig o blith trigolion y Deyrnas Unedig all wneud i gadw gwartheg yn Llundain dalu; neu'n hytrach hwy yn unig sy'n fodlon derbyn yr amodau y bydd y ceidwaid gwartheg yn byw danynt ac yn cael eu gorfodi i weithio ar gyfer gwneud bywoliaeth. Maent, yn y mwyafrif, o safon addysgol isel; siaradant Saesneg yn amherffaith… maent yn gynnil ac yn hunanymwadol, yn byw mewn amgylchiadau gwael, yn gweithio'n eithafol o galed am oriau anarferol o hir ac am gyflog fach iawn.

During the early part of the nineteenth century it was customary to milk in public – and straight into a bowl or jug! The cattle were kept in common cow-houses and led out to public areas for milking, thus taking the milk directly to the buyer.

For example, in St James' Park there were places where dairy cattle could be tethered and milked directly into the customer's vessel on the spot. During the 1860s eight cows were kept in the park during the summer and four in winter, as was the custom for this method of direct milking.

All milk not sold in this way was distributed by milkmaids who carried 15 gallons of it in open buckets hung from yokes on their shoulders. They could be heard shouting: 'Milko! Milko!' Customers would bring their jugs with them and the milkmaids would ladle the milk into these jugs. This method was, of course, subject to contamination. Below is a detailed description from 1818:

> The milk in tin buckets was carried mainly by strong and sturdy Welsh girls… These are the girls who also sell the milk on the city streets and it is unbelievable seeing the labour and tiredness suffered by these girls and the jollity and cheerfulness that is typical of them that tends, in a strange way, to lighten their heavy work… The weight they are used to carrying on their yokes, for example, over a distance of three miles is between 100 and 130 pounds. By mid-day they would have returned to the cow keepers to collect more milk before returning to the street until six o'clock. For this they would be paid nine shillings a week and their breakfast.
>
> The milkmaid would have a regular round of

Yn ystod cyfnod cynnar y bedwaredd ganrif ar bymtheg, yr arferiad oedd godro'n gyhoeddus, a hynny'n syth i fowlen neu jwg! Cedwid y gwartheg mewn beudai cyffredin ond caent eu harwain allan i fannau cyhoeddus ar gyfer eu godro, gan fynd â'r llaeth yn uniongyrchol at y cwsmeriaid.

Er enghraifft, yn St James' Park ceid mannau pwrpasol ar gyfer clymu'r gwartheg, a'r llaeth yn cael ei odro'n uniongyrchol i'r llestri yn y fan a'r lle. Yn ystod yr 1860au cedwid wyth buwch yn y parc yn ystod yr haf a phedair yn y gaeaf ar gyfer y dull hwn o odro uniongyrchol.

Câi'r holl laeth na werthid drwy'r dull hwn ei ddosbarthu gan forynion llaeth yn cario 15 galwyn mewn bwcedi agored yn hongian oddi ar ieuau ar draws eu hysgwyddau. Fe'u clywid yn gweiddi: 'Milko! Milko!' Deuai'r cwsmeriaid â'u jygiau gyda nhw a'r morynion yn codi'r llaeth â lletwad a'i arllwys i'r jygiau hynny. Byddai'r dull hwn, wrth gwrs, yn agored i aflendid. Dyma ddisgrifiad manwl o 1818:

> Cariwyd y llaeth mewn bwcedi tun a'u cludo'n bennaf gan ferched Cymreig cryf a chadarn… Dyma'r merched hefyd sy'n gwerthu'r llaeth ar strydoedd y ddinas ac mae'n anhygoel gweld y llafur a'r blinder a ddioddefa'r merched hyn a'r hwyl a'r sirioldeb sy'n gyffredin yn eu plith ac sy'n tueddu, mewn dull rhyfeddol, i ysgafnhau eu cyflogaeth lafurus… Mae'r pwysau maent yn gyfarwydd â'i gario ar eu hieuau, er enghraifft, dros bellter o dair milltir, yn pwyso rhwng 100 a 130 pwys. Erbyn canol dydd byddant wedi dychwelyd at y ceidwaid gwartheg am fwy o laeth cyn dychwelyd i'r stryd tan chwech o'r gloch. Am hyn fe'u talwyd naw swllt yr wythnos ynghyd â'u brecwast.

customers, or her 'milk walk'… Some would be travellers who would shout their wares whilst looking for customers. Their calls of 'Milk below' sounded like 'Mio'.

Byddai gan y forwyn laeth ei rownd reolaidd o gwsmeriaid, neu 'wâc laeth'… Byddai rhai yn deithwyr, yn cyhoeddi eu nwyddau wrth chwilio am gwsmeriaid. Byddai eu galwadau o 'Milk below' yn swnio fel 'Mio'.

The cows were fed grain from nearby breweries, and hay for them often came from Wales. 'Williams y Gwair', a native of Cardigan, would purchase ricks of hay which he had compressed into bales using a hay press, and then had transported to London. Cows were also provided with clean straw and vegetables from the markets. One can only imagine what was done with their excrement! We have at least one explanation. Ieuan Parry from Blaenplwyf recalls his father telling him that it was carried on the Thames in open barges drawn by horses, and then used as fertilizer in Surrey gardens. Many of the girls referred to earlier, the 'weeders', worked in those gardens.

Because of competition between some of the milk sellers, advertising was crucial. We find adverts using flowery language to promote their products. A typical advert, by E.J. Walker of 40 Sloane Street, can be seen in *Kelly's Directory* in 1910. It maintains that it could supply milk from its cow herds to its customers' doorsteps within three hours of milking. It also claimed that the milk was free of TB and, therefore, particularly suitable for babies and the sick. Another claim was that the ventilation, the lighting and the hygiene arrangements for the cows were perfect. It implies no smell of cow manure!

In 1865 herds were infected with *rinderpest*

Press used to compress hay for transportation from Cardiganshire to London
Teclyn i wasgu gwair cyn ei gludo o Sir Aberteifi i Lundain

Casgliad Geler Jones Collection, The National Trust / Yr Ymddiriedolaeth Genedlaethol, Llanerchaeron

disease, or cattle plague. In fact, the sickness was a mixture of *rinderpest* and *pleuropneumonia*, combined with a strain of foot and mouth disease. This was not the result of poor hygiene but a viral

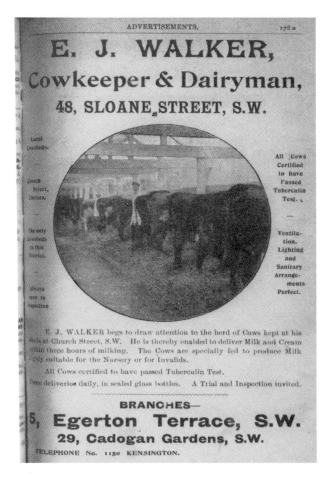

Cow keeping advert, with claims of purity and cleanliness
Hysbyseb yn honni purdeb a glanweithdra y rhai'n cadw gwartheg godro

Câi'r gwartheg eu bwydo â grawn o fragdai cyfagos, a deuai'r gwair yn aml o Gymru. Byddai 'Williams y Gwair', brodor o Aberteifi, yn prynu tasau o wair wedi eu cywasgu'n fyrnau mewn gwasg wair a'u cludo i Lundain. Darperid gwellt glân a llysiau o'r marchnadoedd ar gyfer y gwartheg. Ni ellir ond dychmygu beth ddigwyddai i'r tail! Cawn o leiaf un esboniad. Cofiai Ieuan Parry o Flaenplwyf ei dad yn dweud sut y câi'r tail ei gludo ar gychod agored ar yr afon Tafwys, rheiny'n cael eu llusgo gan geffylau. Câi'r tail ei ddefnyddio fel gwrtaith yng ngerddi Surrey. Byddai amryw o'r merched, y cyfeiriwyd atynt yn gynharach fel 'chwynwyr', yn gweithio yn y gerddi hynny.

Oherwydd y gystadleuaeth rhwng rhai o'r gwerthwyr llaeth, byddai hysbysebu'n hollbwysig. Ceid hysbysebion blodeuog ar gyfer hybu eu cynnyrch. Gwelir hysbyseb nodweddiadol gan E.J. Walker, 40 Sloane Street, yn *Kelly's Directory* yn 1910. Mynnai y gallai gyflenwi llaeth ei wartheg i garreg drws unrhyw un o'i gwsmeriaid o fewn teirawr i odro. Broliai hefyd fod y llaeth yn rhydd o TB ac, o'r herwydd, yn addas iawn ar gyfer babanod neu gleifion. Mynnai hefyd fod yr awyru, y goleuo a'r trefniadau glanweithdra ar gyfer y gwartheg yn berffaith. Awgrymai hynny absenoldeb arogl tail gwartheg!

Yn 1865 heintiwyd buchesi â chlefyd *rinderpest*, neu bla'r gwartheg. Mewn gwirionedd roedd yr haint yn gyfuniad o *rinderpest* a *pleuropneumonia*, ynghyd â straen o glwy'r traed a'r genau. Nid canlyniad diffyg glanweithdra oedd hyn ond, yn

infection. Despite the losses of dairy cattle, it led to the cleansing of the milk industry. Basic hygiene standards were established and also certificated inspections that could be used to promote milkmens' businesses. Licensing cow-keeping centres limited the number of animals that could be kept. These qualifications were shown on official documents such as billheads, indicating that the company was under the supervision of London County Council. One business that demonstrated this on its billheads was Jones Bros Dairy in Spitalfields. It recorded the number of cattle the establishment was entitled to keep.

Rinderpest proved to be a turning point in the development of dairying, and consequently in the provision of daily milk in London. Heavy losses from this disease would have meant a severe shortage of milk were it not for the consignments that arrived in London by train. It is estimated that some seven million gallons of milk were transported to London by train during 1886 to fill the gap in production from city dairies affected by disease. Caroline Thomas remembers her mother telling her how her grandfather used to take milk, in the late 1920s and 1930s, from his farm to Pontyberem railway station in Carmarthenshire to catch the milk train to London.

The emergence of Express Dairies is noteworthy. It was established directly as a result of an incidence of *rinderpest* disease. George Barham started the new milk supplying business, and the very fact that the milk was transported to London

hytrach, heintiad gan feirws. Er gwaethaf colledion ymhlith gwartheg, arweiniodd hyn at lanhau'r diwydiant. Sefydlwyd safonau glanweithdra ynghyd ag archwiliadau trwyddedol y gellid eu defnyddio i hybu busnesau llaeth. Fe wnaeth trwyddedu canolfannau cadw gwartheg gyfyngu ar y nifer o wartheg y gellid eu cadw. Câi'r gwahanol gymwysterau eu cyhoeddi ar ddogfennau swyddogol yn filiau a derbynebau, rheiny'n cadarnhau fod y cwmni o dan oruchwyliaeth Cyngor Sir Llundain. Ymhlith y busnesau a wnâi hynny roedd Jones Bros Dairy yn Spitalfields. Cofnodai'r dogfennau hyn nifer y gwartheg y byddai'n gyfreithlon i'w cadw.

Profodd *rinderpest* i fod yn drobwynt yn hanes datblygiad llaethyddiaeth, ac yn ganlyniad i'r busnes o gyflenwi llaeth yn ddyddiol yn Llundain. Byddai'r colledion trwm o ganlyniad i'r haint wedi arwain at brinder dybryd o laeth oni bai am y cyflenwadau a oedd yn cyrraedd Llundain ar drenau. Amcangyfrifir i tua saith miliwn galwyn o laeth gael eu cludo i Lundain yn 1886 i ateb y galw, wrth i gyflenwadau'r llaethdai dinesig gael eu heffeithio gan bla'r gwartheg. Medrai Caroline Thomas gofio'i mam yn adrodd sut y byddai ei thad-cu, ddiwedd y 1920au a'r 1930au, yn mynd â llaeth o'i fferm i orsaf reilffordd Pontyberem yn Sir Gaerfyrddin i'w gludo ar y trên llaeth i Lundain.

Mae'n werth nodi ymddangosiad cwmni Express Dairies. Fe sefydlwyd y busnes cyflenwi llaeth newydd hwn gan George Barham yn ganlyniad uniongyrchol i'r haint *rinderpest*, a'r ffaith i'r llaeth gael ei gludo i Lundain ar drên fu'n

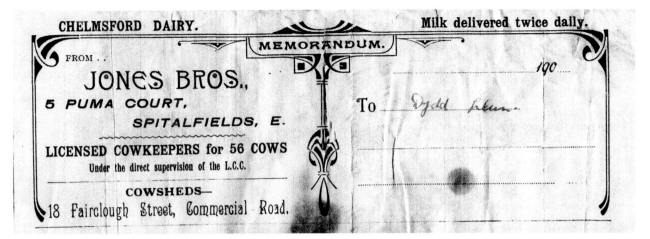

CHELMSFORD DAIRY.

MEMORANDUM.

Milk delivered twice daily.

FROM ..

JONES BROS.,
5 PUMA COURT,
SPITALFIELDS, E.

LICENSED COWKEEPERS for 56 COWS
Under the direct supervision of the L.C.C.

COWSHEDS—
18 Fairclough Street, Commercial Road.

To Dydd Sadwrn

190

Llaethdy Jones Bros Dairy, Spitalfields
– a memo showing its licence to keep 56 cows
– cofnod yn dangos ei drwydded i gadw 56 o wartheg

Emyr Humphreys

Milk churns at Paddington railway station
Buddeiau llaeth yng ngorsaf drên Paddington
STEAM Museum of the Great Western Railway

by rail led to the venture being called Express Dairies. Then there were United Dairies, The Independent Milk Suppliers and the Co-op. In 1959, United Dairies and Cow & Gate merged to form Unigate.

Despite all these changes, the supply of milk from local city cowsheds continued. However, the different sources led to a variation in supply and price. As a result of the 1933 Agricultural Marketing Act, the Milk Marketing Board was established. Its aim was to regulate milk marketing and prices through the Board buying all the milk produced and then selling it to consumers, or for the making of various milk products. All income was then dispersed fairly among producers, based on the amounts sold to the Board.

The business of cow keeping in London dwindled as the nineteenth century progressed but enjoyed a revival with the advent of Jewish immigration into the East End between 1881 and 1914. The Jews had their own *kosher* dietary rules. As part of these customs it was necessary for cows to be milked in the presence of someone from the Jewish community, a *Rabbi* or *Shomer Emunim*. To ensure purity, it was also required that cows be milked directly into the customer's personal container. Those of strict Jewish faith queued for their supply of milk, and this carried a premium of tuppence a pint.

A new generation of cow keepers appeared in London, many from west Wales, people driven from the land by financial exigences. They brought with

gyfrifol am enwi'r cwmni'n Express Dairies. Wedyn sefydlwyd United Dairies, The Independent Milk Suppliers a'r Co-op. Yn 1959, unodd United Dairies a Cow & Gate i ffurfio Unigate.

Er gwaetha'r newidiadau mawr hyn, parhau wnaeth y cyflenwadau llaeth o'r beudai dinesig. Gwelwyd, er hynny, gryn amrywio o ran prisiau a chyflenwadau o ganlyniad i sefydlu'r ffynonellau newydd hyn. Yn sgil llunio Deddf Marchnata Amaethyddol 1933, sefydlwyd y Bwrdd Marchnata Llaeth. Y bwriad oedd rheoleiddio'r farchnad a'r prisiau marchnata drwy i'r Bwrdd brynu'r holl laeth a gynhyrchid a'i werthu naill ai i'w yfed, neu ar gyfer ei droi'n wahanol gynnyrch llaeth. Câi'r holl incwm wedyn ei ddosbarthu'n deg ymhlith y cynhyrchwyr, y pris wedi ei seilio ar faint y cynnyrch a werthwyd ganddynt i'r Bwrdd.

Edwinodd y busnes o gadw gwartheg yn Llundain wrth i'r bedwaredd ganrif ar bymtheg fynd rhagddi. Ond mwynhaodd rywfaint o adferiad gyda chychwyn y mewnfudo Iddewig i'r East End rhwng 1881 ac 1914. Roedd gan yr Iddewon eu deddfau dietegol *kosher* eu hunain. Golygai hyn yr angen i wartheg gael eu godro ym mhresenoldeb rhywun dylanwadol o'r gymuned Iddewig, boed *Rabbi* neu *Shomer Emunim*. Er mwyn sicrhau purdeb, mynnid y câi'r gwartheg eu godro'n uniongyrchol i lestr personol y cwsmer. Fe wnâi cwsmeriaid oedd yn arddel y ffydd Iddewig giwio wrth ddisgwyl am eu cyflenwadau, a golygai hyn dalu premiwm o ddwy geiniog y peint.

Ymddangosodd cenhedlaeth newydd o

A *Rabbi* supervising the milking of cows at the dairy of Mr Jos Evans, Whitechapel Road, January 1944
Rabbi yn goruwchwylio godro gwartheg yn llaethdy Mr Jos Evans, Whitechapel Road, Ionawr 1944

Jos Evans at his dairy

Jos Evans yn ei laethdy

Jewish women waiting for *kosher* milk at Jos Evans' dairy

Menywod Iddewig yn disgwyl am laeth *kosher* yn llaethdy Jos Evans

them their husbandry skills, as earlier immigrants had done of course. One of the better known was William Jones, Black Lion Yard, Stepney. He was able to converse with his customers in Yiddish, but spoke Welsh to his sons. He conscientiously kept and respected the Jewish customs, and thus gained the admiration of the community. He owned a herd of 40 dairy cattle which were milked for six months before being slaughtered. His successor in the business, Jos Evans, milked the herd in the presence of a *Rabbi* until the end of the Second World War, finally leaving London in 1949. According to an article in the 11 January 1944 edition of *Farmer and Stockbreeder*, he reckoned to replace five cows every month as soon as their yield was down to two gallons a day.

However, as the Jewish population of the East End moved on, the demand for *kosher* milk subsided. By 1936, only 36 cow keepers remained, looking after 151 cows; by 1940 there were 16 keepers and, by 1950, only two. One of those, John Jordan, who represented the fourth generation of cow keepers in Peckham (although not officially in the East End) remained until 1967, keeping between 30 and 40 cows. If demand exceeded supply, it would be necessary to buy from a wholesaler.

But there was a renewed call for *kosher* milk between 1939 and 1945 as Jews fled from Nazi persecution in Europe. Evan Jones, now of Llanddewibrefi, whose parents came from Cellan and Lampeter before leaving for London in 1931

geidwaid gwartheg yn Llundain, llawer ohonynt o orllewin Cymru. Ymfudwyr oedd y rhain a yrrwyd o'u tyddynnod gan y wasgfa ariannol. Daethant i Lundain â'u sgiliau hwsmonaeth gyda hwy, fel y gwnaethai mewnfudwyr cynharach. Un o'r amlycaf oedd William Jones, Black Lion Yard, Stepney. Medrai hwnnw sgwrsio â'i gwsmeriaid Iddewig mewn Hebraeg, ond yn Gymraeg y sgwrsiai â'i feibion. Parchai a chadwai'r defodau Iddewig yn ffyddlon, gan ennill edmygedd y gymuned. Perchnogai ddiadell o 40 o wartheg. Caent eu godro am chwe mis cyn eu lladd a chael eu holynu gan wartheg iau. Bu ei olynydd ef, Jos Evans, yn godro'r buchesi ym mhresenoldeb *Rabbi* tan ddiwedd yr Ail Ryfel Byd, gan adael Llundain yn 1949. Yn ôl erthygl yn y cylchgrawn *Farmer and Stockbreeder*, 11 Ionawr 1944, byddai'n amnewid pum buwch bob mis cyn gynted ag y byddai eu cynnyrch lawr i ddau alwyn pob dydd.

Ond wrth i gymuned Iddewig yr East End symud ymlaen i ardaloedd eraill, edwinodd y galw am laeth *kosher*. Erbyn 1936, dim ond 36 o geidwaid gwartheg oedd ar ôl, rheiny'n gofalu am 151 o wartheg; erbyn 1940 doedd yno ddim ond 16; ac erbyn 1950, dim ond dau oedd ar ôl. Arhosodd un o'r rheiny, John Jordan, a gynrychiolai y bedwaredd genhedlaeth o geidwaid gwartheg yn Peckham (er nad yn swyddogol yn yr East End) tan 1967, gyda rhwng 30 a 40 o wartheg. Petai'r galw'n fwy na'r cynnyrch, rhaid fyddai prynu oddi wrth gyfanwerthwr.

Ond daeth galwad o'r newydd am laeth *kosher* rhwng 1939 ac 1945 wrth i Iddewon ffoi rhag

(and Staines in 1938), recalled his parents supplying a population of strictly Orthodox Jews. Some of them ventured to return to their homelands after the war. Later, Hungarian Jews had to seek refuge from the Soviet forces in 1956, and Evan's parents met the need for *kosher* milk once more.

Following the Second World War bombing, the effects of TB regulations and difficult economic factors, the last cow left the East End in 1954. The last cow keeper was David Carsons, who kept dairy cattle near Tower Bridge.

★

Towards the end of the nineteenth century much of the milk produced by cows in London was advertised as high quality produce in an attempt to protect the city's cow keepers from a glut of milk reaching London by train. The decline in demand for city-produced milk and the increasing dependency on the 'milk train' sparked a lively debate in the press regarding their relative qualities. The *Aberdare Leader* in January 1870 maintained that the quality of the cream in city milk was superior, and the *County Observer and Monmouthshire Central Adviser* on 4 March 1876 insisted that the perils of dangerous impurities were far higher on country farms than in the old established cowsheds of London. Also, there was greater danger of adulteration by adding water. This can be compared to today's debate about genetic engineering. Whatever the argument

erlidiaeth y Natsïaid yn Ewrop. Gall Evan Jones, nawr o Landdewibrefi, a'i rieni o Gellan a Llambed cyn gadael am Lundain yn 1931 (a Staines yn 1938), gofio'i rieni'n cyflenwi poblogaeth o Iddewon Uniongred pybyr. Fe wnaeth amryw ohonynt fentro'n ôl i'w gwledydd eu hunain wedi'r rhyfel. Yn ddiweddarach, gorfodwyd Iddewon Hwngaraidd i chwilio am loches rhag lluoedd y Sofiet yn 1956, ac unwaith eto daeth rhieni Evan i'r adwy gyda'u cyflenwadau o laeth *kosher*.

Yn dilyn y bomio adeg yr Ail Ryfel Byd, ynghyd â rheoliadau TB a ffactorau economaidd anodd, fe adawodd y fuwch olaf yr East End yn 1954. Y ceidwad gwartheg olaf oedd David Carsons, a gadwai laethdy ger Tower Bridge.

★

Tuag at ddiwedd y bedwaredd ganrif ar bymtheg, câi cyfran sylweddol o laeth gwartheg Llundain ei hysbysebu fel cynnyrch o safon uchel, mewn ymgais i amddiffyn y ceidwaid gwartheg rhag y llifeiriant llaeth a gyrhaeddai ar y trên. Arweiniodd y gwanychiad yn y galw am laeth lleol a'r ddibyniaeth gynyddol ar y trên llaeth at sbarduno dadl bapur newydd fywiog ar eu rhagoriaethau perthnasol. Mynnai'r *Aberdare Leader* ym mis Ionawr 1870 fod ansawdd yr hufen yn y llaeth dinesig yn rhagori; tra mynnai'r *County Observer and Monmouthshire Central Adviser* ar 4 Mawrth 1876 fod peryglon amhureddau yn llawer uwch ar y ffermydd gwledig nag yn yr hen feudai Llundeinig. Yn ogystal, roedd mwy o berygl

for or against 'railway milk', the implementation of a progressive and stricter public health regime in the twentieth century ensured a supply of healthier and cleaner milk.

Some locations where cow keepers plied their trade can still be found. Buildings which housed dairy cattle frequently displayed a carving of a cow's head on their outer walls. It is thought that five of these have survived, including one on the corner of King's Road and Smith Street, Chelsea. Another can be seen in Old Church Street. An article published by Camden Council commemorates the home of Thomas Edwards at 61 Marchmont Street, Bloomsbury. He kept cattle there but today it is a café providing internet service.

Cattle in city cowsheds have even featured in paintings. Robert Hills (1769–1844) painted the watercolour, *A Cowhouse in Marylebone Park*, in 1822.

And further afield, on the outside wall of the KitKat restaurant in Toronto, Canada, there

Marchmont Street plaque
Plac ym Marchmont Street

Marchmont Street Association

i'r llaeth gael ei lastwreiddio drwy ychwanegu dŵr. Gellid cymharu'r ddadl â'r drafodaeth heddiw am gynhyrchu bwyd genetig. Beth bynnag oedd y ddadl dros neu yn erbyn 'llaeth rheilffordd', fe wnaeth gweithredu cyfundrefn iechyd cyhoeddus lymach yn yr ugeinfed ganrif sicrhau cyflenwad o laeth iachach a glanach.

Mae'n bosib gweld rhai o'r lleoliadau lle bu'r ceidwaid gwartheg yn cynnal eu busnesau o hyd. Ceid delw gerfiedig o ben buwch ar furiau allanol rhai o'r adeiladau lle cedwid gwartheg. Mae o leiaf bump ohonynt wedi goroesi, yn cynnwys un ar gornel King's Road a Smith Street, Chelsea. Gwelir un arall yn Old Church Street. Mewn erthygl a gyhoeddwyd gan Gyngor Camden, cyfeiriwyd at gartref Thomas Edwards yn 61 Marchmont Street, Bloomsbury. Cadwai wartheg yno. Heddiw mae'r adeilad yn gaffi sy'n darparu gwasanaeth rhyngrwydol. Fe fu gwartheg mewn beudai dinesig hyd yn oed yn destunau paentiadau. Fe wnaeth Robert Hills (1769–1844) baentio llun dyfrlliw, *A Cowhouse in Marylebone Park*, yn 1822.

Cow's head on Wright's Dairy, King's Road, Chelsea

Pen buwch ar Laethdy Wright, King's Road, Chelsea

Leighton Morris, photographer

Old Church Street, Chelsea

Leighton Morris, photographer

is a reminder of a time when that place too must have been a shop selling milk to locals. Customers nowadays are reminded of the way cattle were hoisted up into the attic for milking. Under the restaurant's sign there is a full-sized image of two cows, the rear end of one and the fore-end of another. They had certainly walked the walk!

Gryn bellter i ffwrdd, ar fur allanol tŷ bwyta KitKat yn Toronto, Canada, ceir atgof gweledol o'r cyfnod pan oedd y lle'n siop gwerthu llaeth. Heddiw atgoffir cwsmeriaid o'r modd y câi gwartheg eu codi fyny i'r atig i'w godro. O dan arwydd y tŷ bwyta ceir delwau llawn maint o ddwy fuwch, hanner blaen un a hanner ôl y llall. Fe wnaeth y rheiny, yn sicr, grwydro ymhell!

King's Road, Chelsea

Leighton Morris, photographer

3 Goodwill to All Milkmen
Ewyllys Da i Bob Dyn Llaeth

In the *Welsh Gazette* of 1 March 1928, there appeared an account of the wedding of a young couple from south Cardiganshire who had gone to London to join the milk trade. The report ended by noting:

> The young couple have started their own milk marketing business in London. We wish them the grace and favour that befalls all on the milky way.

The author of those words was Isfoel (David Jones; 1888–1968), one of the Cilie, Cwmtydu, poets – a family of farmers, sea captains and ministers of religion who contributed much to Welsh cultural life in the twentieth century. Isfoel was a farmer and poet. What is interesting is that his words are not mere sentimental wishing well, but rather a presumption of success. That is, if one became a part of the milk business, there would be no question of failure.

A few months' later the groom's father wrote:

> One is glad to hear that the new place has turned out well and that Leisa Jane has sold more than her predecessors. Also that you, Daniel, have retained all the

Yn y *Welsh Gazette*, 1 Mawrth 1928, ymddangosodd adroddiad am briodas pâr ifanc o dde Sir Aberteifi a oedd wedi ymfudo i Lundain i'r farchnad laeth. Y ddwy frawddeg olaf oedd:

> Mae y pâr ifanc wedi cychwyn masnach eu hunain yn y drafnidiaeth laeth yn Llundain. Dymunwn iddynt y ffafr a'r ffawd sy'n canlyn pawb ar y llwybr llaethog.

Awdur y geiriau hyn oedd Isfoel (David Jones; 1888–1968), un o feirdd y Cilie, Cwmtydu – teulu o ffermwyr, capteiniaid llong a gweinidogion a gyfrannodd lawer tuag at fywyd diwylliannol Cymru yn yr ugeinfed ganrif. Roedd Isfoel yn ffermwr a bardd. Yr hyn sy'n ddiddorol yw nad rhyw eiriau sentimental yn dymuno'n dda a geir ganddo, ond yn hytrach ragdybiaeth y gwnaent yn dda. Hynny yw, os âi rhywun i'r busnes llaeth, ni fyddai'r fath beth â methiant yn bod.

Ychydig wythnosau'n ddiweddarach fe ysgrifennodd tad y priodfab:

> Yr oedd yn dda gennyf glywed fod y lle newydd wedi troi maes yn ddymunol a bod Leisa Jane wedi gwerthu mwy na'r rhai o'i blaen. Fod tithau Daniel wedi cadw y

customers. Let us hope it continues thus and that the money will come in nicely.

The young couple were my future parents. Reading between the lines, one discovers references to a way of life in the old country: that is, the need to work hard and to be careful with money. One imagines that the first business, in common with all who ventured, was a terrace shop – although the aim would be for a corner shop, with more direct access to their customers.

Acquiring a business involved payment for the 'goodwill' of that business: an intangible asset based on the turnover of the business and the income which could be generated – the aim being to increase both. It would be based on profit and loss data prepared by an accountant. On the opposite page is an example of one pertaining to the business of D.R. and Miss E.E. Daniel. (The net profit today would be £28,600 with £47,000 gross profit.)

As there would be no collateral to persuade a bank to lend the money, the necessary loan would be made by a relative, more often than not a Cardi relative who had succeeded in business. This was typical of their fellow countrymen. Another means of obtaining collateral was by obtaining a friend's financial backing or by selling family possessions in Wales.

For instance, take the example of Iwan Jones from Lampeter. In 1931 his father borrowed £1,100 from the bank without a corresponding

cwsmeriaid i gyd. Gobeithio y parhaith hi yn y blaen a bod yr arian yn dod mewn yn neis.

Y pâr ifanc oedd fy narpar rieni. O ddarllen rhwng y llinellau, gellir canfod cyfeiriadau at ffordd o fyw nodweddiadol yn yr hen wlad: hynny yw, yr angen i weithio'n galed a bod yn ddarbodus ag arian. Gellir dyfalu mai'r busnes cyntaf, fel byddai'n gyffredin i bawb a fentrai, fyddai siop deras – er mai'r nod fyddai siop gornel, gyda chysylltiad uniongyrchol â'r cwsmeriaid.

Byddai prynu busnes yn golygu taliad am 'ewyllys da' y busnes: ased amhendant wedi ei seilio ar drosiant y busnes a'r incwm y medrid ei greu – y nod yn golygu cynyddu'r ddau. Dibynnai ar ddata wedi ei seilio ar elw-a-cholled wedi ei baratoi gan gyfrifydd. Ar y dudalen nesaf ceir esiampl o fanylion busnes D.R. and Miss E.E. Daniel. (Byddai'r elw net heddiw yn £28,600 gyda £47,000 yn elw gross.)

Gan na fyddai unrhyw warantau cyfochrog a berswadiai fanc i fenthyca'r arian, fe sicrheid y benthyciad oddi wrth berthynas llwyddiannus, hwnnw neu honno yn Gardi, yn amlach na pheidio. Byddai hyn yn nodweddiadol. Dull arall fyddai drwy sicrhau cefnogaeth ariannol gan ffrind neu ar ôl gwerthu eiddo teuluol nôl yng Nghymru.

Medrwn gymryd, yn esiampl, achos Iwan Jones o Lambed. Yn 1931 fe wnaeth ei dad fenthyca £1,100 o'r banc heb warant gyfochrog, ond gwarantwyd y benthyciad gan ffrind.

Trading and Profit Loss Account for the period 23 March 1931 – 2 April 1932

Dr.		Cr.	
To stock as at 23rd March 1931	£130.0.0	By Takings	£4,007.15.8
To Purchases	£3,265.12.10	By Stock as at 2nd April 1932	£190.8.10
To Gross Profit c/d	£802.11.8		
	£4,198.4.6		£4,198.4.6
To Rent	£60.0.0	By Gross Profit	£802.11.8
To Rates	£29.17.0		
To Lighting and Heating	£20.13.0		
To Telephone	£12.3.9		
To Wages	£120.18.0		
To Dairy Requisites	£18.10.8		
To Repairs	£24.2.2		
To Insurances	£11.17.3		
To Sundries	£19.3.3		
To Net Profit	£485.6.7		
	£802.11.8		£802.11.8

I certify that I have prepared the foregoing from the Books of Mr D.E. And Miss E.E. Daniel and that the same is correct and in accordance therein to the best of my knowledge and belief. Signed by certified accountant

warrant, but the loan was underwritten by a friend.

The parents of Dilys Scott from Felinfach had to sell their business, Cwmcarfan Mill, in order to purchase a milk business in Southall.

In my parents' case, they borrowed money from my father's brother; he was single and considerably older than my father. The money was borrowed on condition that the lender would receive a specific rate of interest on the loan. Should the venture fail, my father would only have to repay the sum he had borrowed.

Bu'n rhaid i rieni Dilys Scott o Felin-fach werthu eu busnes, Melin Cwmcarfan, er mwyn prynu busnes llaeth yn Southall.

Yn achos fy rhieni, benthyca arian wnaethon nhw oddi wrth frawd fy nhad; dyn sengl oedd ef, yn llawer hŷn na 'nhad. Benthycwyd yr arian ar yr amod y byddai'r benthyciwr yn derbyn graddfa benodol o log ar y swm a fenthycwyd. Petai'r fenter yn methu, ni fyddai gofyn i 'nhad ad-dalu mwy na'r swm a fenthycwyd.

Yr unig ffynhonnell arall o fuddsoddiad, petai'r

The only other source of investment, that is if the first two options failed, was to gain the support of one of the large wholesale milk companies. The disadvantage, of course, was that the lender would then be dependent upon the company for his or her milk supply. Then, if market conditions worsened, the wholesalers would cease supporting the individual milkman. According to Emrys Davies from Brynaman (originally from Cellan), that was the beginning of the end for the independent milk businesses of London.

Purchases would be administered by an agent, almost certainly a Welshman who specialised in this kind of work.

The following is a typical agreement showing the 'goodwill' needed to measure the value of a business.

In 1936, Llew and Jane Evans 'bought' the goodwill of a business in Fulham. The purchase price in the agreement was £750 (about £45,000 in today's money). It was noted that the business sold

T. R. THOMAS & Co.,
DAIRY AGENTS & VALUERS,
143, STRAND, LONDON, W.C.
Telegraphic Address—" CYMREIG, LON I ON
"THE WEST CENTRAL DAIRY AGENCY."

Cowkeepers' Businesses.
MILK. 90 gallons daily 4d., 10 Cows £1,400
MILK. S.E., 52 gallons 4d., 12 Cows £1,000
MILK. 74 gallons 4d., 9 Cows, Rent £42 ....£950
MILK. N., 46 gallons 4d., 4 Cows, trial......£650
MILK. S.W., 30 gallons 4d., 3 Cows, Rent £35, £420
MILK. E., 24 gallons 4d., 6 Cows, Rent £36, £390
MILK. N.E., 28 gallons 4d., 4 Cows, only....£350
Dairy Businesses.
MILK. 50 barns daily 4d., Shop £20 weekly £1,700
MILK. E.C., 36 barns, Shop trade £32 ....£1,100
MILK. W., 35 Barns and £30 Shop £900
MILK. N. 23 Barns, Shop £22. Rent £50....£700
MILK. W.C., 18 barns, Shop £23, 1 round ..£590
MILK. N. 18 barns 4d, Shop £14 ....£450
MILK. N.E., 15 barns 4d, £10 indoors £350
Indoor Milk Businesses.
MILK. 70 gallons 4d, takings £35 weekly....£175
MILK. S.E., takings £50, rent £40.........£150

Welsh agents T.R. Thomas & Co. advertise
dairy businesses for sale in London
Asiantiaid Cymreig T.R. Thomas & Co.
yn hysbysebu llaethdai ar werth yn Llundain

Celt Llundain, 4 May/Mai 1901

ddau opsiwn hwn yn methu, fyddai sicrhau cefnogaeth un o'r prif gwmnïau manwerthu llaeth. Yr anfantais, wrth gwrs, oedd y byddai'r benthycwyr yn ddibynnol ar y cwmni am eu cyflenwad llaeth. Yna, petai sefyllfa'r farchnad yn gwanychu, fe wnâi'r manwerthwr roi'r gorau i gefnogi'r gwerthwr unigol. Yn ôl Emrys Davies o Frynaman (yn wreiddiol o Gellan), dyma fyddai dechrau'r diwedd i fusnesau llaethwyr annibynnol unigol Llundain.

Câi pwrcasiadau eu gweinyddu gan asiant, bron yn sicr yn Gymro, a fyddai'n arbenigo ar y math hwn o waith.

Mae'r canlynol yn enghraifft o gytundeb nodweddiadol yn arddangos yr 'ewyllys da' fyddai ei angen er mwyn amcangyfrif gwerth busnes.

Yn 1936, 'prynodd' Llew a Jane Evans ewyllys da busnes yn Fulham. Y pris pwrcasu yn ôl y cytundeb oedd £750 (tua £45,000 yn ôl arian heddiw). Nodwyd fod y busnes yn gwerthu 25

25 gallons of milk per day for seven pence a quart, together with shop goods to the value of £25 per week (some £1,500 nowadays). The conditions of the sale necessitated that the seller undertook 'not to set up, exercise or be concerned in setting up or carrying the trade or business of a Retail Milk Vendor or provision dealer… within a radius of two miles of the premises for a period of ten years following the completion of the purchase'. The book debts (money on the slate) could be bought at a discount of 15 per cent. If they were not bought, the seller agreed not to press customers for payment of such debts for two months following the purchase. The purchase price also included the acquisition of business installations, such as the furniture and utensils.

Likewise, a business at 215 Acton Lane was sold by Mr E.R. Lloyd to Mrs E. Nicholas for £1,925. Once more, the agreement includes stock valuation as well as reference to outstanding debts.

It was also usual for the buyer to receive training in the seven days before and after the transfer of the business.

Business statements belonging to Owen Watkin's family are interesting. As will be seen in the 'Family Ties' chapter, Thomas Lewis Watkin went to London to join the milk trail. Over the years he bought a number of milk businesses ranging in price from £59 to £255 and £550. The prices may have reflected the length of the remaining lease, the extent of the business, its location, and the expected return on the undertakings. The first

galwyn o laeth y dydd am saith ceiniog y chwart, ynghyd â nwyddau siop gwerth £25 yr wythnos (gwerth tua £1,500 heddiw). Mynnai amodau'r gwerthu y gwnâi'r gwerthwr addunedu na wnâi: 'sefydlu, ymarfer neu ymwneud â sefydlu, ymarfer neu barhau'r fasnach neu'r busnes o Werthwr Llaeth neu werthwr nwyddau… o fewn cylch o ddwy filltir i'r lleoliad am gyfnod o ddeng mlynedd yn dilyn cwblhau'r pwrcasiad'. Gellid prynu'r dyledion llyfrau (arian ar y slât) ar ddisgownt o 15 y cant. Pan na chaent eu prynu, byddai'r gwerthwr yn cytuno i beidio â phwyso ar y cwsmeriaid i setlo'r taliadau dyledus hynny am ddau fis wedi'r pwrcasiad. Byddai'r pris pwrcasu yn cynnwys hefyd drosglwyddiad y cyfarpar perthnasol, fel y dodrefn a'r offer.

Yn yr un modd, gwerthwyd busnes yn 215 Acton Lane gan Mr E.R. Lloyd i Mrs E. Nicholas am £1,925. Unwaith eto, mae'r cytundeb yn cynnwys y prisiad stoc yn ogystal â chyfeirio at y dyledion ar y slât.

Byddai'n arferol hefyd i'r prynwr dderbyn hyfforddiant yn ystod y saith diwrnod cyn ac ar ôl trosglwyddo'r busnes.

Mae cyfrifon busnes oedd yn perthyn i deulu Owen Watkin yn ddiddorol. Fel y gwelir yn y bennod 'Clymau Teuluol', symudodd Thomas Lewis Watkin i Lundain i ddilyn y llwybr llaethog. Dros y blynyddoedd prynodd nifer o fusnesau yn amrywio o ran cost pryniant o £59 i £255 a £550. Mae'n bosibl i'r prisiau adlewyrchu hyd y les oedd yn weddill, maint y busnes, ei leoliad, ynghyd â'r

Statement of Settlement / Cytundeb Cyfrifon:
Edward Bertram Lewis Evans, Llewelyn & Jane Evans

Mary Bott

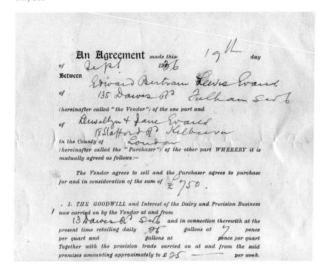

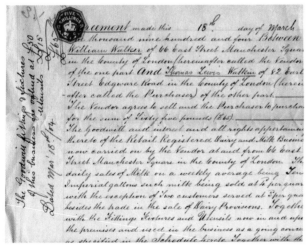

Statement of Settlement / Cytundeb Cyfrifon:
William Walker & Thomas Lewis Watkin

Owen Watkin

Statement of Settlement / Cytundeb Cyfrifon:
T.L. Watkins & Mrs Anne Morris

Owen Watkin

PHONE : Office Gerrard 1430.
Private Park 7117.

W. THOMAS,

Dairy Agent,

43, OXFORD STREET, W. 1.
Opposite Frascati's. Nr. Tottenham Crt Rd. Tube.

STATEMENT OF SETTLEMENT.

16th December, 1933.

Business at 215, Acton Lane, Chiswick, London. W.3. by Mr. E. R. Lloyd.

Purchased by Mrs. E. Nicholas, 94, High Street, Hornsey. N. 8.

Purchase Money		1925	0	0
Stock		69	4	4
Book Debts		44	10	1

Paid in Advance by Vendor :

Insurance & Plate Glass Insurance paid to 29th 1934 @ £2-5-0 p.a. - 287 days.	1	16	4	
General Rates Paid to 31st March 1934 = 105 days	7	2	2	
Insurance Fire & Workmen Compensation £1-00 Third Party, £1 Driving Risk 10/8 all paid to 25th March 1934 = 99 days	15	8		
			9	13	2
		2048	7	7

DEDUCTIONS :

Deposit	100	0	0	
Rent due from 29th Nov., to 16th Dec 1933. =21 dys	4	1	8	
General Rates due from 30th Sept to 16th Dec.	8	4	3	
Water Rates due from 29th Sept. to 16th Dec.	15	3		
Gas Account ... ... Settled by Vendor.				
Electric Light Account				
Property Tax				
		104	16	11
	£	1943	10	8

Statement of Settlement / Cytundeb Cyfrifon:
E.R. Lloyd & Mrs E. Nicholas

Ifor & Myfanwy Lloyd

Messrs. MORGAN JAMES & TRUSCOTT,

DAIRYMEN'S AGENTS, &c.,

11, BOND COURT, WALBROOK, E.C.

London, 21st February 1903

STATEMENT OF SETTLEMENT

of Dairy Business situate at 113. Crawford Street W

Between John Gowlett and Thomas L Watkins

Purchase Money... ...		50		
Stock		1	17	6

Rates, &c., paid in advance, viz. :—

Gen Rates paid to Lady day 1903	1	8	10			
Water "		3	9			
Fire Insurance paid to Michaelmas		4	3			
Plate Glass " " Midsummer		1	6			
£	1	18	4	1	18	4
				53	15	10

Deductions.

Rent to 21st February.	7	1	6			
Queen's Taxes		15	7			
Poor Rates						
General Rates						
Sewers, &c., Rates						
Water Rate						
Gas Account						
Tithes						
Land Tax						
Licence						
Deposit	5			12	17	1
				£ 40	18	9
To Solicitor for Assignment for Registration				1	1	
Stamp				1	1	
				£ 43	1	9

Received in full
Settlement by
21

Statement of Settlement / Cytundeb Cyfrifon:
John Gowlett & Thomas Watkins

Owen Watkin

Goodwill to All Milkmen   **53**   Ewyllys Da i Bob Dyn Llaeth

Ad Valorum Stamp Duty
Five Shillings

The Goodwill fittings and fixtures of this business as valued at £50 £15 £65 Utensils

Agreement made the 18th day of March one thousand nine hundred and four **Between** William Walker of 66 East Street Manchester Square in the County of London (hereinafter called the Vendor) of the one part **and** Thomas Lewis Watkin of 82 Earl Street Edgware Road in the County of London (hereinafter called the Purchaser) of the other part.

The Vendor agrees to sell and the Purchaser to purchase for the sum of Sixty five pounds (£65)..................

The Goodwill and interest and all rights and appertaining thereto of the Retail Registered Dairy and Milk Business now carried on by the Vendor at and from 66 East Street Manchester Square in the County of London. The daily sales of Milk on a weekly average being Ten Imperial gallons such milk being sold at 4d per quart with the exception of Two customers served at 3d per quart besides the trade in the sale of Dairy Provisions. Together with the Fittings Fixtures Utensils now in and upon the premises and used in the business as a going concern as specified in the Schedule hereto Together with the estate and interest of the Vendor in the said premises held under a quarterly tenancy at the weekly rent of One pound (£1) free of Rates and Taxes..............

The Purchaser having paid into the hands of Messrs H. Willings & Co as agents for the Vendor for the sum of Five pounds (£5) by way of deposit and in part payment of the purchase money shall pay the remainder of the purchase money on the premises in cash or Bank of England notes on or before the 18th March now next ensuing when the purchase shall be completed.

And in consideration of the above covenants the Vendor agrees as follows...........

1. That he will at the completion of the purchase pay clear up or allow for all Rent and other outgoings including gas up to that day..................

2. That he will allow the Purchaser to go into and upon the premises until the completion of the purchase and to investigate the Milk Round for the purpose of ascertaining the amount of trade done and that he will do all in his power to assist the Purchaser in his investigations and to prove that the above representations of the trade are correct.

3. That he will sell to the Purchaser all the good and saleable Stock in Trade if any at a valuation to be made between the parties.

4. That he will on the Purchaser supplying him with a book enter therein the names and addresses if known of all his outdoor customers in the form and order in which they may be served and will introduce and use his best endeavours to prevail on his customers to deal in future with the Purchaser and will remain with the purchaser Seven days after the completion of the purchase to instruct him in the ways of the business and in making out the Bills and Books

5. That he will if so desired sell to the Purchaser the Book Debts due and owing at the time of the completion of the purchase by bona fide customers then dealing with the said business at a discount of twenty five per centum. But should the Book Debts not be so bought by the Purchaser he (the Vendor) will not press for payment of any such debt within Two mnths from the completion of the purchase.

6. That he will not for a period of Ten years from thee completion of the purchase set up or be concerned directly or indirectly within One mile of the said premises in the trade or business of a Retail Dairyman or Cowkeeper or Purveyor of Milk Butter or Eggs under a penalty of Fifty pound (£50) to be recoverable as liquidated and assessed damages and not as a fine.

7. That he will procure the usual service hiring Agreements as recognised in the trade with all his employees.

8. That he will at the completion of the purchase execute Assignments of his interest in the said premises and of the said Employees' agreements and of any other Agreements and Contracts appertaining to the business to the Purchaser

(Signed) William Walker
Thos L. Watkin

Witness W Ash

H. Willings & Co
125 Fleet St. E. C. 4
Dairy Agents

Schedule referred to

Shop Outside Blind as fixed.
Long Arm.
Inside Blind as fixed.
Window Enclosure as erected.
Return Marble Top Counter as erected.
Shelves as erected.
Wood Butter Block and Pats.
Pair of Scales and Set of Weights.
1 Cake Globe.
3 Egg Stands.
China Counter Pan.
Brass Rimmed Counter Pan.
2 Gas Brackets.
Window Ornament (Hen).
5 Jardinieres.
3 Aspidistras in Pots.
3 Dummy Cheeses.
1 Hand Basket.
2 Baskets.

Outside 1 Perambulator
2 Churns (1 Half Brass).
2 Hand Cans.
1 Gauge Pail.
1 Strainer.
5 Measures
Sufficient Small Cans for Round.

Thos L. Watkin

Statement of Settlement / Cytundeb Cyfrifon: William Walker & Thomas Lewis Watkin

Owen Watkin

Statement of Settlement James Evans. Unusually, it has a plan of the premises.
Cytundeb Cyfrifon James Evans. Yn anarferol, mae yna gynllun o'r adeilad.

Jane Jones

business, bought in 1904, stipulated that the milk was to be retailed at 4*d.* a quart, with two customers, however, paying only 3*d.* a quart; all this yielded a gross weekly income from the sale of milk of 12 shillings. The business must have been dependent on the sale of other goods to bring in additional income, as outgoings would include rates and rent as well as forage for cattle.

As in the earlier statements, there would be conditions for the settlement and a full list of artefacts. Missing from this list is a plunger – a type of ladle for stirring milk before bottling to ensure that the milk and cream were thoroughly mixed.

Documents for the transfer of Jane Jones' grandparents' farm business, opposite, included a plan of the premises in which the cattle were housed – an unusual inclusion.

In his article 'The Land of Milk and Honey', which appeared in the *Western Mail* on 4 March 1987, Gwyn Griffiths claims that a typical London Cardi's reading consisted of three books: the Bible, the denominational hymn book, and *The Ready Reckoner*. Also, the businessman or woman had to be able to 'add up' when noting various sales at the end of the day – before calculators and barcodes had ever been heard of, of course!

★

When keeping and milking cows at a particular London location ended, milk was supplied from rural farms such as those in Cardiganshire. Produce

elw a ddisgwylid o'r fenter. Mynnai'r busnes cyntaf, a brynwyd yn 1904, y dylai'r llaeth gael ei werthu am bedair ceiniog y chwart, ond gyda dau gwsmer, am ryw reswm, yn talu tair ceiniog y chwart yn unig; golygai hyn dderbyniadau gros wythnosol o 12 swllt am werthiant llaeth. Rhaid felly fod y busnes wedi bod yn ddibynnol ar werthiant nwyddau eraill ar gyfer denu incwm ychwanegol, gan y byddai'r costau yn cynnwys y dreth a'r rhent yn ogystal â phris porthiant y gwartheg.

Fel yn y cyfrifon blaenorol, byddai amodau ar gyfer cytundeb yn cynnwys rhestr lawn o'r offer. Yn absennol o'r rhestr honno mae plymiwr, sef math ar letwad ar gyfer troi'r llaeth cyn ei botelu er mwyn cymysgu'r llaeth a'r hufen yn drwyadl.

Fe wnaeth dogfennau ar gyfer trosglwyddiad busnes fferm tad-cu a mam-gu Jane Jones, gyferbyn, gynnwys cynllun o'r adeilad lle cedwid y gwartheg – manylyn anarferol.

Yn ei erthygl 'The Land of Milk and Honey', a ymddangosodd yn y *Western Mail* ar 4 Mawrth 1987, nododd Gwyn Griffiths y byddai deunydd darllen Cardi Llundain nodweddiadol yn cynnwys tri llyfr: y Beibl, y llyfr emynau enwadol a'r *Ready Reckoner*. Hefyd, byddai'n ofynnol i ddyn busnes neu fenyw fusnes fedru 'adio fyny' wrth nodi gwahanol werthiannau ar ddiwedd y dydd – cyn bod sôn, wrth gwrs, am gyfrifiannell na chod bar!

★

Pan ddaeth cadw a godro gwartheg mewn lleoliadau

from cows milked twice a day was cooled and strained on the farm, and then poured into churns and transported to the end of the farm lane. There, the churns were placed on stands which were level to the beds of milk lorries which collected them, and then were taken to milk factories such as Pont Llanio in Cardiganshire. From there the milk would be transported on milk trains, part of the Great Western Railway network serving the agricultural countryside of west Wales.

At central creameries the milk was pasteurised, poured into 17-gallon churns, and distributed to retail dairy businesses. The early churns were cone-like in appearance to avoid tipping over; they had mushroom-shaped lids and strong bases to make them easier to tilt and roll. Once at the dairies the milk was bottled manually (or with the aid of a machine) into quart, pint or half-pint bottles which would then be capped. All would bear the dairy's logo.

Before bottling milk became common practice, milk would be dispensed straight from a churn, placed upright on the 'pram' or barrow, into containers of the required capacity. The churns were kept cool in hot weather with a canvas cover, as seen in the picture of Tudor Morgan's family business barrow in Caledonian Road, London.

The bulk of sold milk was pasteurised. Pasteurising entailed heating milk to a temperature of 75.5 degrees centigrade for between 15 and 20 seconds, thus killing the bacteria without having

arbennig yn Llundain i ben, cyflenwid llaeth o ffermydd gwledig fel rheiny yn Sir Aberteifi. Fe gâi cynnyrch gwartheg a gaent eu godro ddwywaith y dydd ei oeri a'i hidlo ar y fferm, ac yna ei arllwys i fuddeiau a gaent eu cludo i ben lôn y fferm. Yno, gosodid y buddeiau ar standiau a oedd ar yr un gwastad â'r lorïau llaeth a'u cludo i ffatrïoedd llaeth fel honno ym Mhont Llanio yn Sir Aberteifi. Oddi yno câi'r llaeth ei gludo ar drenau llaeth, rhan o rwydwaith y 'Great Western Railway' oedd yn gwasanaethu cefn gwlad amaethyddol gorllewin Cymru.

Mewn hufenfeydd canolog câi'r llaeth ei bastwreiddio, ei arllwys i fuddeiau mawr 17 galwyn a'i ddosbarthu i'r gwahanol fusnesau manwerthu. Roedd y buddeiau cynnar ar ffurf gonigol fel na fyddent yn dymchwel; roedd y caeadau ar ffurf madarchen a'r gwaelodion yn gadarn, hyn yn eu gwneud hi'n haws eu gogwyddo a'u rholio. Yn yr hufenfeydd câi'r llaeth ei dywallt â llaw (neu gyda chymorth peiriant) i boteli chwart, peint nau hanner peint a'u capio. Byddai logo'r hufenfa ar y poteli.

Cyn i'r arfer o botelu llaeth ddod yn gyffredin, câi'r llaeth ei arllwys yn uniongyrchol o'r buddai a fyddai'n cael ei gario ar ferfa neu 'bram', i lestri pwrpasol o fesuriadau penodol. Câi'r buddeiau eu cadw'n oer mewn tywydd twym gan orchudd cynfas, fel y gwelir yn y llun gyferbyn o ferfa busnes teuluol Tudor Morgan yn Caledonian Road, Llundain.

Câi swmp y llaeth a werthid ei bastwreiddio. Golygai hyn boethi'r llaeth i 75.5 gradd C am rhwng 15 ac 20 eiliad, hynny'n difa'r bacteria heb

an effect on the quality or taste of the milk. Sterilised milk, or 'ster' colloquially, was milk that had been preheated to 50 degrees centigrade, homogenised, bottled, sealed and then reheated to a higher temperature for between ten and 20 minutes. As a result, it changed taste and colour, but it was popular and had an extended shelf life. Grade 'A' milk was also available, as well as Channel Island milk with its richer cream. After the Second World War, milk arrived ready bottled from creameries.

Milk had to be on the doorstep before seven in the morning in time for breakfast. There was always a later second round, known by some as 'the pudding delivery', and in some instances even a third delivery. As noted, the milk was delivered in prams or carts (also known as barrows), pushed or pulled manually. Later these were battery powered. As well as milk, the carts carried a full complement of dry goods from the shop. On return the cart stock was counted back

Tudor Morgan's family business barrow, with a canvas cover on the churn to keep it cool, Caledonian Road, 1912
Berfa busnes teuluol Tudor Morgan, gyda gorchudd cynfas dros y buddai i'w gadw'n oer, Caledonian Road, 1912

Tudor Morgan

newid yr ansawdd na blas y llaeth. Roedd llaeth wedi'i sterileiddio, neu 'ster' ar lafar, wedi ei dwymo rhag blaen i 50 gradd C, ei homogeneiddio, ei botelu a'i selio ac yna'i aildwymo i wres uwch am rhwng deg ac 20 munud. O ganlyniad, newidiai ei flas a'i liw, ond byddai'n boblogaidd ac yn para'n hwy ar y silff. Ceid hefyd laeth Gradd 'A' yn ogystal â llaeth Ynysoedd y Sianel, gyda'i hufen mwy trwchus. Wedi'r Ail Ryfel Byd, cyrhaeddai'r llaeth eisoes wedi'i botelu yn yr hufenfeydd.

Byddai gofyn i'r llaeth fod ar garreg y drws cyn saith o'r gloch y bore mewn pryd i frecwast. Ceid ail rownd hefyd, un a elwid yn 'gyflenwad pwdin' ac mewn rhai achosion drydydd cyflenwad. Fel y nodwyd, eid â'r llaeth o gwmpas ar bram neu gert (a elwid hefyd yn ferfa). Câi'r cerbyd ei wthio neu ei dynnu. Yn ddiweddarach cafwyd rhai batri. Yn ogystal â llaeth, byddai'r cerbydau'n cario nwyddau sychion o'r siop. Ar ddiwedd rownd, câi'r stoc oedd heb ei werthu ei gyfrif gan wneud

An early milk dispensing machine

Dilys Scott

Peiriant dosbarthu llaeth cynnar

in, sales noted and the empty bottles washed and sterilised in hot water and soda and then placed bottoms up to drain.

A constant problem for small businesses was arranging a rota of delivery men for the rounds so that they could all have a day off a week, despite

cofnod o'r gwerthiant. Câi'r poteli gwag eu golchi a'u sterileiddio mewn dŵr poeth a soda a'u gadael ben i waered i ddraenio.

Problem barhaol i fusnesau bach fyddai trefnu rota o ddynion llaeth ar gyfer y rowndiau fel y caent ddiwrnod yr un yn rhydd bob wythnos, hynny

the demands of supplying milk. Bowen Williams, who had 50 years of experience in this line of work from 1932, describes a complicated plan he contrived in order to persuade customers to accept a two-day supply occasionally on set days. Furthermore, the business owner had to be on hand to replace a worker absent due to illness or another reason. At one business, one finds a roundsman from Wales prepared to work on Saturdays so that his Jewish fellow workers could observe their holy day. The Jews returned the favour so that the Welsh roundsmen could attend chapel on Sundays.

★

The shop was open seven days a week from early morning till late at night. There was early closing on Sundays, and on either Wednesdays or Thursdays. However, it was often necessary for the shopkeeper to answer a knock on the door from a forgetful customer. Goodwill had to be maintained.

The day's work didn't end when the shop door was closed. Stock had to be checked and shelves refilled. Unlike today, cheese did not arrive in tidy packages of various sizes. There were only two kinds, strong and mild. It arrived in large rolls, wrapped in cotton weave, and then had to be divided into convenient pieces. Pre-war, eggs arrived in oblong boxes from various countries; some were from England but others came from

er gwaetha'r galw diddiwedd. Roedd gan Bowen Williams 50 mlynedd o brofiad yn y gwaith, gan gychwyn yn 1932. Cofiai am gynllun cymhleth a luniodd er mwyn perswadio cwsmeriaid i fodloni ar dderbyn cyflenwad dau ddiwrnod weithiau ar gyfer dyddiau penodol. Rhaid hefyd fyddai i'r perchennog sicrhau y byddai rhywrai wrth gefn i gymryd lle dyn llaeth a fyddai'n absennol oherwydd salwch neu am ryw reswm arall. Mewn un busnes, cafwyd dyn llaeth oedd yn barod i weithio ar Sadyrnau fel y medrai cyd-weithwyr Iddewig barchu eu diwrnod sanctaidd nhw. Fe wnâi'r Iddewon yn eu tro dalu'r ffafr yn ôl gan alluogi'r dynion llaeth Cymreig i fynychu eu haddoldai ar y Sul.

★

Byddai'r siop yn agored saith diwrnod yr wythnos o'r bore cyntaf tan yn hwyr y nos. Byddai'n cau'n gynnar ar y Suliau, hefyd naill ai ar ddydd Mercher neu ddydd Iau. Er hynny, byddai disgwyl i'r siopwr, druan, ateb cnoc ar y drws gan gwsmer anghofus bob amser. Byddai'n rhaid cynnal ewyllys da.

'Fyddai gwaith y dydd ddim yn gorffen pan gâi drws y siop ei gloi. Byddai'n rhaid arolygu'r stoc ac ail-lenwi'r silffoedd. Yn wahanol i heddiw, ni fyddai caws yn cyrraedd mewn pecynnau bach twt o wahanol faint. Ni cheid ond dau fath – cryf a thyner. Cyrhaeddai ar ffurf cosynnau mawr, rheiny wedi eu lapio mewn gwe cotwm. Byddai'n rhaid torri'r cosyn yn ddarnau addas. Cyn y rhyfel, cyrhaeddai wyau mewn blychau hirsgwar o wahanol wledydd:

A slab on which butter was displayed
Llech ar gyfer arddangos menyn

Margaret Thomas

A scale to weigh the butter and lard
Tafol i bwyso menyn a lard

Margaret Thomas

James Brothers milk bottle
Potel laeth James Brothers

Aled Jones

Milk bowl
Bowlen laeth

Eirlys Tomsett

Half pint and gill milk measures
Mesurwyr hanner peint a chwarter peint

Dai Mathias

Dutch hands for packeting butter
Cyfarpar ar gyfer sypynnu menyn

Megan Hayes

Denmark, Holland and central Europe, with all advertised as being fresh eggs. Post war, they came from more local sources. Cambridgeshire supplied two Welsh dairies at least. Butter and lard came in half-hundredweight packs and then had to be divided into smaller packages of either a half- or a quarter-pound wrapped in greaseproof paper bearing the shop's logo.

At the end of the week every customer's bill was prepared. Some of these bills noted claims which we're unfamiliar with seeing today. For instance, Mayfield Farm Dairies asserted:

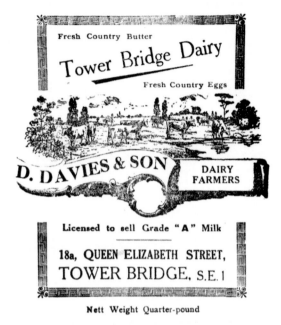

Butter wrapping paper
Papur lapio menyn

Amgueddfa Ceredigion Museum

rhai o Loegr, ond eraill o Ddenmarc, yr Iseldiroedd a chanol Ewrop, er eu bod yn cael eu hysbysebu yn wyau ffres. Wedi'r rhyfel deuent o fannau mwy lleol. Câi o leiaf ddau laethdy Cymreig eu caws o Swydd Caergrawnt. Cyrhaeddai menyn a lard fesul talpiau hannercan pwys a rhaid fyddai eu torri'n becynnau llai o hanner neu chwarter pwys yr un, wedi eu lapio mewn papur gwrthsaim yn arddangos logo'r siop.

Ar ddiwedd yr wythnos câi biliau pob cwsmer eu paratoi. Byddai rhai yn brolio nodweddion y cwmni, rhai honiadau'n ddieithr iawn i ni heddiw. Honnai Mayfield Farm Dairies, er enghraifft:

Scrupulous cleanliness. Rigorous punctuality.
Families waited on three times daily.
Under Medical supervision

On Dorset Dairy's bills, which boasted that they only sold pure milk, was:

Quality guaranteed and your recommendation respectfully solicited

Scrupulous cleanliness. Rigorous punctuality.
Families waited on three times daily.
Under Medical supervision

Ar filiau Dorset Dairy, a froliai na wnaent werthu dim ond llaeth ffres, ceid:

Quality guaranteed and your recommendation respectfully solicited

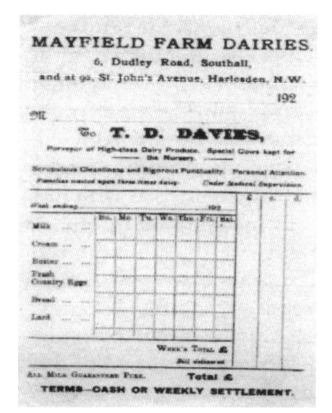

MAYFIELD FARM DAIRIES.

6, Dudley Road, Southall,
and at 92, St. John's Avenue, Harlesden, N.W.

192

To **T. D. DAVIES,**

Purveyor of High-class Dairy Produce. Special Cows kept for the Nursery.

Scrupulous Cleanliness and Rigorous Punctuality. Personal Attention.

Families waited upon three times daily. Under Medical Supervision.

Week ending		Su.	Mo.	Tu.	We.	Thu.	Fri.	Sat.	£	s.	d.
Milk											
Cream											
Butter											
Fresh Country Eggs											
Bread											
Lard											

Week's Total £

Bill delivered

All Milk Guaranteed Pure.   Total £

TERMS—CASH OR WEEKLY SETTLEMENT.

The bill of Mayfield Farm Dairies   Bil Llaethdy Mayfield

Eleri Davies

Dorset Dairy

M

To **W. MORGAN,**

Purveyor of Pure Milk
— and Dairy Produce —

**28 PONSONBY PLACE,
WESTMINSTER.**

Week Ending........................193......

		SUN.	MON.	TUE.	WED.	THU.	FRI.	SAT.	£	s.	d.
Amount Brought Forward ...								...			
Milk ...	...										
Cream	...										
Eggs...	...										
Butter	...										
Bread	...										
Lard ...	...										
Flour...	...										
Tea ...	...										
								Total £			

Quality Guaranteed and your recommendation respectfully solicited.

The bill of Dorset Dairy   Bil Llaethdy Dorset

Evana Lloyd

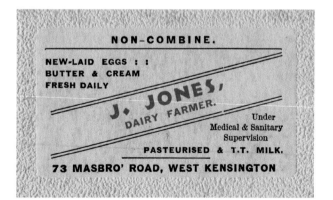

NON-COMBINE.

NEW-LAID EGGS : :
BUTTER & CREAM
FRESH DAILY

J. JONES,
DAIRY FARMER.

Under
Medical & Sanitary
Supervision

PASTEURISED & T.T. MILK.

73 MASBRO' ROAD, WEST KENSINGTON

The business card of Welsh dairy J. Jones
Cerdyn busnes llaethdy Cymreig J. Jones

Edwin Jones

NON-COMBINE.
Purveyor of High Class
Dairy Produce.

TELEPHONE:
VICTORIA 9384.

D. R. DANIEL
DAIRY FARMER.   **1, Morton Terrace,
VICTORIA, S.W.1.**

PUNCTUALITY, CLEANLINESS & PURITY.
A STRICTLY PRIVATE CONCERN.

The business card of Welsh dairy D.R. Daniel
Cerdyn busnes llaethdy Cymreig D.R. Daniel

Margaret Thomas

The family of Betty Davies from Aberporth worked in the East End. They kept eight cows in a shed in the yard behind their home, as well as chickens. This meant that they could claim in the local advertising sheet:

D. J. Williams, Dairyman
Purest milk money can buy
Best pure butter
New laid eggs from our own farm

The centre and heart of the business, where all the administration took place, was the room behind the shop, or the shop parlour. Here, the weekly bills were prepared, item by item. Any business which did not have an associated milk round was known as an 'indoor dairy'.

The appearance of the shop was of paramount importance. The shop window was dressed weekly, a common feature being an arrangement of tins in a pyramid shape. The decorations included Blackamoor figurines kneeling and holding baskets full of eggs. My parents had such a figurine and one could be seen in Gwen Manley's family shop in City Road as well. Today, of course, such figurines are not politically correct.

The lettering used on shop windows was particularly interesting. J. Evans' Manor Dairy gave information about the milking times of cows kept on the premises, in Yiddish as well as in English!

Other shop goods for sale were also advertised – Hovis Bread had to compete with Neville's Standard Bread and other foodstuffs on Dilys Scott

Bu teulu Betty Davies o Aberporth yn gweithio yn yr East End. Cadwent wyth o wartheg yn y clos y tu ôl i'w cartref, yn ogystal ag ieir. Golygai hyn y medrent hawlio mewn taflen hysbysebu:

D.J. Williams, Dairyman
Purest milk money can buy
Best pure butter
New laid eggs from our own farm

Calon a chanol y busnes, lle digwyddai'r gwaith gweinyddu, oedd y stafell wrth gefn y siop, sef y parlwr. Yma y paratoid y biliau wythnosol, eitem wrth eitem. Câi unrhyw fusnes nad oedd â rownd laeth gysylltiol ei adnabod fel 'indoor dairy'.

Byddai ymddangosiad y siop o'r pwysigrwydd mwyaf. Câi ffenestr y siop ei gosod yn wythnosol, gyda'r canolbwynt fel arfer yn drefniant o duniau ar ffurf pyramid. Byddai'r addurniadau'n cynnwys ffigurau Blackamoor yn dal llond basged o wyau. Roedd gan fy rhieni un, a gwelid un hefyd yn siop teulu Gwen Manley yn City Road. Heddiw, wrth gwrs, nid yw'r fath ffigurau yn wleidyddol gywir.

Byddai'r defnydd o hysbysiadau ar ffenestri siopau'n arbennig o ddiddorol. Yn ffenestr siop J. Evans's Manor Dairy, ceid gwybodaeth am amserau godro'r gwartheg a gedwid yno, mewn Iddeweg yn ogystal â Saesneg!

Câi gwahanol nwyddau'r siop eu hysbysebu. Byddai bara Hovis yn cystadlu â Neville's Standard Bread ynghyd â gwahanol fwydydd eraill yn ffenest siop teulu Dilys Scott. Byddai achos i amau'r broliant am wyau ffres o ystyried i lawer ohonynt

The Morgan family's Royal Welsh Dairy, with Blackamoor figurines in the window
Royal Welsh, llaethdy y teulu Morgan, gyda ffigurau Blackamoor yn y ffenest

Gwen Manley

Young Moses Morgan, Tudor Morgan's grandfather, standing outside the shop in Caledonian Road, 1912. Note the cardboard cut-outs in the window.
Moses Morgan ifanc, tad-cu Tudor Morgan, yn sefyll tu allan i'r siop yn Caledonian Road, 1912. Sylwer ar y lluniau cardfwrdd yn y ffenest.

Tudor Morgans

Mary Evans' shop in Westbourne Terrace, 1915. Her family came from Goginan and Llanon. Note the pelican models in the window.
Siop Mary Evans yn Westbourne Terrace, 1915. Deuai ei theulu o Oginan a Llanon. Sylwer ar y modelau o belican yn y ffenest.

Diana Rogers

Milking times in English and Yiddish at J. Evans' Manor Dairy
Amseroedd godro yn Saesneg ac Iddeweg-Almaeneg yn llaethdy Manor J. Evans

family's shop window. Claims about the freshness of the advertised eggs have to be questioned when one takes into consideration that they may have been laid on continental Europe, though a few did note that they kept their own hens. The assertations about the quality of milk are particularly interesting. What could be better than the 'Absolutely Pure Rich Milk' available from T.H. Jones' shop in Clapham Junction – it had to be better than the 'Pure Milk' available from the Royal Welsh Dairy! What exactly was meant by the words 'Special Cows Kept for the Nursey & Invalids'? W.H. Jones of Cranbrook Park claimed milk was 'Delivered Twice Daily' though, to be fair, this was the usual practice. But it was occasionally extended, as by B. James of Willesden, whose Oakhampton Farm Dairies claimed 'Pure Rich Milk Delivered Three Times a Day'. Above all this hubris, it has to be remembered that the ethos of all businesses was to provide personal service to their communities.

Relationships with customers could be said to be akin to those in a village community. Glyn James recalls his mother reminiscing how dockland wives would congregate in their shop to recount Saturday outings, sometimes quite luridly. There was pride and interest in the 'famous' people who frequented the shop. The brother of Arnold Weinstock, then head of General Electric Company, was a customer at the shop in Well's Street, near Oxford Street, run by John James' family. John James was awarded the contract to supply milk to some of the press offices in Fleet Street in the 1940s. This occasionally

gael eu dodwy yng ngwahanol wledydd cyfandir Ewrop, er bod rhai'n nodi eu bod yn cadw'u hieir eu hunain. Mae'r honiadau am ansawdd llaeth yn arbennig o ddiddorol. Beth allai fod yn well nag 'Absolutely Pure Rich Milk' yn siop T.H. Jones yn Clapham Junction? Rhaid ei fod yn well na'r 'Pure Milk' a oedd i'w gael yn y Royal Welsh Dairy! Beth yn union a olygid gan y geiriau 'Special Cows Kept for the Nursery & Invalids'? Fe wnâi W.H. Jones, Cranbrook Park, hawlio fod eu llaeth yn 'Delivered Twice Daily' er, â bod yn deg, roedd hynny'n arferiad digon cyffredin. Ond weithiau câi ei ehangu fel yn achos B. James o Willesden, gyda'i Oakhampton Farm Dairies yn hawlio 'Pure Rich Milk Delivered Three Times a Day'. Yng nghanol yr holl ryfyg, dylid cofio mai ethos pob busnes fyddai darparu gwasanaeth personol i'w cymunedau.

Gellid cymharu'r berthynas rhwng y siopwyr a'u cwsmeriaid â hynny a geid mewn cymuned bentrefol. Cofiai Glyn James ei fam yn sôn am wragedd y dociau yn crynhoi yn y siop gan drafod eu hanturiaethau Sadyrnol, hynny weithiau'n dra lliwgar. Byddai yna falchder mawr am rai o'r 'enwogion' a fynychai'r siop. Roedd brawd Arnold Weinstock, pennaeth y General Electric Company ar y pryd, yn gwsmer yn y siop yn Well's Street, ger Oxford Street, a gedwid gan deulu John James. Enillodd John James y cytundeb i gyflenwi llaeth i rai o swyddfeydd y wasg yn Fleet Street yn y 1940au. Arweiniai hyn weithiau at dderbyn ambell gildwrn fel tocynnau ffeinal cwpan pêl-droed yr FA.

O ran lifrai, byddai'r gweinyddwyr y tu ôl i'r

T.H. Jones' shop in Clapham Junction advertising 'Absolutely Pure Rich Milk'
Siop T.H. Jones yn Clapham Junction yn hysbysebu 'Absolutely Pure Rich Milk'

Hywel & Elinor Thomas

resulted in gifts of free FA Cup final football tickets.

As for uniform, those serving at the counters wore white starched overalls. Men on the milk rounds wore ankle-length aprons with lightly coloured horizontal stripes.

Great emphasis was placed on ensuring that customers' received their personal preferences at all times. This was possible, of course, because each one was known personally. For instance, a customer might wish to have his or her lard or butter in plain greaseproof paper so that the paper could be reused for making steamed puddings. Some dairies offered a Christmas present of cream to their customers – the amount being dependent on their custom and regularity in settling bills. If customers happened to be away, they could be forward enough to ask for the present to be delivered on their return!

Sometimes country practices proved useful for city work. Roscoe Lloyd and his wife Elin from south Cardiganshire went to London after their marriage in 1938 and started a business in Acton Lane before moving later to Chiswick. He

'Special Cows Kept for the Nursery & Invalids', Llaethdy J. Jones Dairy

Richard Evans

cownter yn gwisgo oferôls gwyn wedi'u startsio. Byddai'r dynion ar eu rowndiau yn gwisgo ffedogau hyd at eu pigyrnau gyda streips o liw ysgafn ar eu traws.

Gosodid pwyslais mawr ar fodloni anghenion personol y cwsmer bob amser. Roedd hyn yn bosibl, wrth gwrs, gan fod y siopwr a'i gwsmeriaid ar delerau cyfeillgar. Byddai ambell gwsmer, hwyrach, yn dymuno cael lard neu fenyn mewn papur gwrthsaim plaen fel y medrai ailddefnyddio'r papur i goginio pwdinau wedi eu stemio. Byddai ambell siop yn cynnig cildwrn o hufen yn rhodd Nadolig i'r cwsmeriaid – y maint yn amrywio yn dibynnu ar ffyddlondeb y cwsmeriaid hynny. Petai cwsmer yn digwydd bod oddi cartref, byddai rhai yn ddigon powld i ofyn am yr hufen wedi iddynt ddod adref!

Weithiau byddai arferion gwledig yn dod yn ddefnyddiol yn y ddinas. Fe ymfudodd Roscoe Lloyd a'i wraig, Elin, o dde Sir Aberteifi i Lundain wedi iddynt briodi yn 1938, gan gychwyn busnes yn Acton Lane, cyn symud yn ddiweddarach i Chiswick. Defnyddiai gert ar ei rownd, honno'n cael ei llusgo gan ddau gobyn Cymreig. Byddai Roscoe – tad y ddau unawdydd enwog Ifan ac Ifor Lloyd

delivered milk from a cart drawn by two Welsh cobs. Roscoe – father of well-known singers Ifan and Ifor Lloyd – could train a cob within a fortnight to traverse the round in such a way that the cobs would stop outside every house, to enable delivery, before proceeding and stopping outside the next house, and that without any bidding. Horses used in milk deliveries were almost invariably cobs from Cardiganshire. Beti Evans' father would purchase them at Ffair Dalis in Lampeter and at Llanybydder's monthly horse sales. Ann Roberts' father would always aim to be among the first in Tregaron mart to select the best foals. All would then be transported to London for the milk trade.

Not only were Welsh agents central to all transactions relating to the transfer of businesses, but the new purchasers would set about displaying signs, above the door and on the shop window, noting that the business continued to be run under Welsh ownership. Elgan Davies' father in Tottenham sold his business to a Morgan family. They sold the business to a family called Evans. All their names, in turn, were displayed with pride.

While shop owners' names were displayed proudly on windows, business names were, more often than not, in English. For instance, my parents' business in Clapham was known as Roseneath Dairy, and the Richmond business as Vicarage Farm Dairy. But some owners prided themselves in naming their businesses in Welsh. D.R. and E.E. Daniel's dairy in Pimlico was called Glasfryn Dairy. Roscoe Lloyd called his premises Aeron Dairy, while Jois Snelson's

– yn medru hyfforddi cobyn o fewn pythefnos ar gyfer cerdded y rownd gan eu dysgu i aros gyferbyn â phob tŷ ar gyfer gadael y cyflenwad llaeth cyn symud ymlaen a stopio y tu allan i'r tŷ nesaf heb unrhyw orchymyn. Byddai'r ceffylau a ddefnyddid gan laethwyr Llundain yn gobiau o Sir Aberteifi yn ddieithriad. Byddai tad Beti Evans yn eu prynu yn Ffair Dalis yn Llambed ac yn arwerthiannau misol Llanybydder. Byddai tad Ann Roberts yn gwneud yn siŵr bob amser i fod ymhlith y cyntaf yn arwerthiannau Tregaron er mwyn prynu'r ebolion gorau. Fe'u cludid wedyn i Lundain ar gyfer y diwydiant llaeth.

Roedd y cyswllt Cymreig mor bwysig fel mai Cymry fyddai'n ganolog i bob trafodaeth yn ymwneud â'r gwaith o drosglwyddo busnesau. Roedd hyn yn wir nid yn unig am yr asiantau. Byddai'r perchnogion newydd hefyd yn codi arwyddion uwchben drws y siop ac yn y ffenestr yn nodi fod y busnes yn dal mewn dwylo Cymreig. Fe wnaeth tad Elgan Davies yn Tottenham werthu ei fusnes i deulu o'r enw Morgan. Gwerthodd y rheiny'r busnes i deulu o'r enw Evans. Gwelwyd eu henwau, yn eu tro, yn cael eu harddangos gyda balchder.

Os mai cyfenwau Cymreig a fyddai'n addurno'r ffenestri, byddai enwau'r busnesau, fel arfer, yn Saesneg. Enw busnes fy rhieni yn Clapham, er enghraifft, oedd Roseneath Dairy, ac enw'r busnes yn Richmond oedd Vicarage Farm Dairy. Ond fe wnâi rhai ymfalchïo mewn enwi eu busnesau yn Gymraeg. Enw llaethdy D.R. ac E.E. Daniel yn

Roscoe Lloyd and colleagues with his Welsh cobs

Roscoe Lloyd a chyfeillion gyda'i gobiau Cymreig

Ifor & Myfanwy Lloyd

family kept the Garth Dairy in Bramley Road. One wonders whether these names were connected to the original Welsh owners. However, loyalty was not confined to their Welshness. Tegwen Epstein and Eirlys Tomsett's parents decorated their shop in

Pimlico oedd Glasfryn Dairy. Enwodd Roscoe Lloyd ei siop yn Aeron Dairy, tra cadwai teulu Jois Snelson y Garth Dairy yn Bramley Road. Tybed a oedd yr enwau hyn yn gysylltiedig â'r cyn-berchnogion gwreiddiol? Er hynny, nid Cymreictod oedd yr unig

The Evans Bros milk cart with a Welsh cob in Hampstead in the early 1930s
Cert llaeth a chob Cymreig y Brodyr Evans yn Hampstead yn nechrau'r 1930au

Rod Evans

a Welsh mode to celebrate the Coronation in May 1937.

The majority ventured to set up in the milk trade on their own after a period working at an already established concern. Even so, Evan and Carol Evans, today living in Tal-y-bont, Ceredigion, took the plunge without any prior experience immediately after their marriage in 1964. That took courage, but they benefited from a clause in their agreement which decreed that the vendor should support the purchasers for a set period. Thanks to hard work they succeeded and, after ten years, sold the business to a couple from Carmarthenshire.

reswm am ffyddlondeb cwsmeriaid. Fe wnaeth rhieni Tegwen Epstein ac Eirlys Tomsett addurno'u siop gyda thema Gymreig ar gyfer dathlu'r Coroni ym mis Mai 1937.

Fe wnâi'r mwyafrif fentro i'r busnes yn dilyn cyfnod yn gweithio mewn busnes a oedd yn bodoli eisoes. Er hynny, fe wnaeth Evan a Carol Evans, sy'n byw heddiw yn Nhal-y-bont, Ceredigion, neidio i'r dwfn heb unrhyw brofiad blaenorol yn dilyn eu priodas yn 1964. Roedd hwn yn gam dewr, ond fe wnaethant elwa o gymal yn eu cytundeb, ar ffurf addewid, y gwnâi'r gwerthwr gefnogi'r prynwr am gyfnod penodol. O ganlyniad i waith caled,

John Morgan's Silvester Dairy business and Welsh cob in Battersea early in the last century. John Morgan was born in Blaenpennal and his wife hailed from Tregaron. They are representative of the large contingent who went from that area to London at that time.

Llaethdy Silvester a chob Cymreig John Morgan yn Battersea yn nechrau'r ganrif ddiwethaf. Deuai John Morgan o Flaenpennal, a'i wraig o Dregaron. Maent yn gynrychiolwyr o'r fintai fawr a aeth o'r ardal i Lundain yr adeg honno.

Goronwy Evans

Peggy Beaven clearly remembers her parents' shop in Willesden. Her mother Margaret Jacob would wash the milk bottles in a tub, and the milk bottles were delivered on a bike or pram. She remembers the usual pint, half-pint and quart. Milk and butter were kept cold by being placed on a marble counter. Once, her father John decided to put the butter under a window above the shop doorway in order to keep it cool. Unfortunately, a thief broke in through the window and landed with his feet in the butter! Eggs were stored in a wooden box lined with straw. One of the most popular goods sold was broken biscuits.

In the 1920s Lewis Lloyd, son of Moss Lloyd, Esgair-garn, Llanddewibrefi, remembers his parents using a large wooden box as a cooler. Blocks of ice were delivered once a month and placed on the box to keep the goods within cool.

Maids and servants from the home area of the shop owners in Wales were chosen as staff. These could be girls who wished to take a year off before commencing their career, or older women wishing to spend a year in the big city before settling down. They would be recruited from adverts placed in the local paper or the national *Welsh Gazette* newspaper, or by the personal contact and recommendation of a friend or relative from home. They lived as family members, undertaking all the work and duties associated with running the business. Two such people working for my family were Norah Morgan from Caerwedros, who later worked as a health visitor in her native village, and

fe wnaethant lwyddo ac, ar ôl deng mlynedd, fe werthwyd y busnes ganddynt i bâr o Sir Gaerfyrddin.

Cofiai Peggy Beaven siop ei rhieni yn Willesden yn glir. Byddai ei mam, Margaret Jacob, yn golchi'r poteli mewn twba, a dosbarthid y llaeth ar feic neu bram. Cofiai'r poteli arferol, peint, hanner peint a chwart. Cedwid llaeth a menyn yn oer trwy eu gosod ar gownter marmor. Un tro, fe wnaeth John, ei thad, benderfynu gosod y menyn o dan ffenestr uwchben drws y siop i'w gadw'n oer. Yn anffodus, torrodd lleidr i mewn drwy'r ffenestr a glaniodd â'i draed yn y menyn. Cedwid yr wyau mewn bocs pren ar wely o wellt. Y nwyddau mwyaf poblogaidd oedd bisgedi wedi torri.

Cofiai Lewis Lloyd, mab Moss Lloyd, Esgair-garn, Llanddewibrefi, ei rieni, nôl yn y 1920au, yn defnyddio cist fawr bren fel oergell gyntefig. Cyrhaeddai blociau o rew unwaith y mis, a gosodid y rheiny yn y gist i gadw'r cynnwys yn oer.

Dewisid morynion a gweision, fel arfer, o ardal frodorol perchennog y busnes nôl yng Nghymru. Yn eu plith ceid merched a oedd am gymryd blwyddyn gap cyn cychwyn ar eu dewis yrfa, neu fenywod hŷn a oedd yn awyddus i dreulio blwyddyn yn y ddinas fawr cyn setlo. Caent eu recriwtio drwy hysbysebion yn y papurau lleol neu'r *Welsh Gazette*, drwy gyswllt personol, neu drwy argymhelliad ffrind neu berthynas yn yr henfro. Byddent yn byw fel aelodau o'r teulu, gan ymgymryd ag unrhyw waith yn ymwneud â rhedeg y busnes. Yn gwasanaethu gyda'n teulu ni roedd Norah Morgan o Gaerwedros, a fu wedyn yn ymwelydd iechyd yn ei phentref

Bet Davies from Cwmsychpant, Cardiganshire, who later farmed Blaenhirbant Uchaf in that village.

Mary Jones, now from Ammanford, tells how the owners of one business, Bonner's Dairy, Piccadilly, employed only maids from their home village of Cwmllynfell. As a result, several of Mary's family members worked there: her mother, her aunt, as well as friends from the area. They lived in – and under strict supervision which included regular compulsory chapel attendance. The employer was therefore operating *in loco parentis*, undertaking the parental care and duty of the girls' parents.

The milkmen created a loose business network. If it was known that a customer was leaving to live in an area outside the designated two-mile limit, a phone call would result in a pint of milk being

genedigol, a Bet Davies o Gwmsychbant, Sir Aberteifi, a fu wedyn yn ffermio Blaenhirbant Uchaf yn y pentref hwnnw.

Cofiai Mary Jones, nawr o Rydaman, sut y byddai perchnogion Bonner's Dairy, Piccadilly, ddim ond yn cyflogi merched o'u pentref genedigol, Cwmllynfell. O ganlyniad, fe wnaeth amryw o berthnasau Mary weithio yno: ei mam, ei modryb, ynghyd â ffrindiau o'r fro. Byddent yn 'byw mewn', ond o dan arolygiaeth lem, hynny'n cynnwys mynychu'r capel yn rheolaidd. Byddai'r cyflogwr felly yn gweithredu *in loco parentis*, gan ymgymryd â gofal a dyletswyddau rhieni'r merched.

Fe wnâi'r llaethwyr greu rhwydwaith llac. Pe clywid fod cwsmer y gadael i fyw mewn ardal y tu allan i'r dalgylch penodol o ddwy filltir, byddai galwad ffôn yn arwain at beint o laeth yn cael ei

Staff members at the author's parents' business in Clapham / Aelodau staff ym musnes rhieni'r awdur yn Clapham
Norah Morgan, Caerwedros; Bet Davies, Cwmsychpant; roundsmen / dynion llaeth Bert Gannaway & Stan Gannaway
Megan Hayes

placed on their new doorstep in order to gain their custom.

Pride was an important part of the milkman's being, and part of that pride was ensuring that, come what may, the milk would be delivered to the householder. During the General Strike of 1926, the delivery of milk to individual dairies ceased. Instead, there was a bulk delivery to Hyde Park. There, individual milk merchants collected their supply to be delivered to customers on their rounds. As Elizabeth Evans remembered, even during the severe winter of 1947, deliveries were made, often by using a sled instead of a cart.

Today, the ephemera of the milk trade are valued by individual collectors. One can purchase on the internet items such as milk bottles, and cardboard caps displaying the names and logos of various dairies.

The majority of milkmen belonged either to the Metropolitan Dairymen's Association or the Amalgamated Master Dairymen. These associations encouraged cooperation between the smaller businesses by organising various social events. In the early 1930s trips along the Thames were arranged by London Wholesale Dairies.

The general picture is one of a group of people wishing to escape the poverty of their home areas in Cardiganshire and elsewhere. They were prepared to work hard and to offer help to their fellow exiles, while remaining completely faithful to the land of their birth.

adael ar garreg eu drws gan sicrhau cwstwm newydd.

Byddai balchder yn rhan bwysig o fywyd llaethwr, a rhan o'r balchder hwnnw fyddai sicrhau, doed a ddelo, y gwnâi'r llaeth gyrraedd y cwsmer. Yn ystod Streic Gyffredinol 1926, fe ataliwyd cyflenwi llaeth i laethdai unigol. Yn hytrach, deuai cyflenwadau yn swmp i Hyde Park. Yno fe wnâi llaethwyr unigol gasglu eu cyflenwad ar gyfer ei ddosbarthu ar eu rowndiau. Fel y cofiai Elizabeth Evans, fe lwyddwyd i gyflenwi llaeth hyd yn oed adeg gaeaf llym 1947 gan ddefnyddio sled pan na ellid defnyddio cert.

Heddiw ystyrir effemera'r fasnach laeth yn werthfawr gan gasglwyr unigol. Gellir prynu gwahanol eitemau fel hen boteli llaeth a chapiau cardfwrdd yn arddangos enwau a logos y gwahanol laethdai ar y we.

Byddai mwyafrif y dynion llaeth yn aelodau naill ai o'r Metropolitan Dairymen's Association neu'r Amalgamated Master Dairymen. Fe wnâi'r sefydliadau hyn annog cydweithredu rhwng y busnesau llai trwy drefnu digwyddiadau cymdeithasol. Yn y 1930au cynnar, trefnid tripiau ar hyd yr afon Tafwys gan y London Wholesale Dairies.

Y darlun cyffredinol a gawn yw grŵp o bobl a oedd yn awyddus i ffoi rhag tlodi eu broydd yn Sir Aberteifi a mannau eraill. Roeddent yn barod i lafurio'n galed ac i estyn cymorth i'w cyd-alltudion gan bara'n gwbl driw i wlad eu geni.

A London Wholesale Dairies trip along the Thames for customers in the early 1930s
Taith ar y Tafwys ar gyfer cwsmeriaid London Wholesale Dairies yn nechrau'r 1930au

Megan Hayes

Metropolitan Dairymen's Association dinner in the early 1930s   Cinio mawreddog y Metropolian Dairymen's Association yn nechrau'r 1930au

Hywel & Elinor Thomas

4 Family Ties
Clymau Teuluol

The exodus to London tended to be family affairs. Many members of the same family followed each other and thus created a lineage of 'milk people'.

Families were large, particulary in the nineteenth century, and educational opportunities few. Some strove to ensure an education for their offspring at local quasi-preparatory schools and later, if possible, at teacher training or theological colleges. Alan Leech's biography of Dan Jenkins, Pentrefelin, Talsarn, clearly reflects the education situation in Cardiganshire at the time.

More frequently than not, education was the privilege of the eldest son and the education of younger members of these large families limited. So opportunites to earn a viable living were minimal for the younger children. For example, those raised in northern Cardiganshire, in the Pontrhydfendigaid and Ffair Rhos areas, were employed as *tyddynwyr*; that is, they farmed a few acres or worked as servants on larger farms. Many there had second occupations to make ends meet, such as working in the lead mining industry of Esgair Mwyn.

Others went south to the coalfields. In areas

Tueddai'r ymfudo i Lundain i fod yn fater teuluol. Byddai aelodau o'r un teulu yn dilyn ei gilydd gan greu llinach o bobl llaeth.

Byddai teuluoedd yn tueddu i fod yn niferus yn y bedwaredd ganrif ar bymtheg, a chyfleoedd addysgol yn brin. Fe wnaeth rhai ymdrechu'n galed dros sicrhau addysg i'w plant mewn ysgolion lleol ac yna, os yn bosibl, mewn colegau hyfforddi neu ddiwinyddol. Mae cofiant Alan Leech i Dan Jenkins, Pentrefelin, Talsarn, yn adlewyrchu y sefyllfa addysg ar y pryd yn Sir Aberteifi yn glir.

Yn amlach na pheidio, braint y mab hynaf fyddai addysg, tra byddai addysg aelodau iau o'r teuluoedd hyn yn gyfyngedig. Er enghraifft, tueddai trigolion ardaloedd Pontrhydfendigaid a Ffair Rhos yng ngogledd Sir Aberteifi i fod yn dyddynwyr; hynny yw, byddent yn ffermio ychydig erwau o dir eu hunain ac yn gweithio yn weision ar ffermydd mwy o faint. Byddai amryw ohonynt yn gorfod cymryd at ail orchwyl, fel mwynwyr yng ngweithfeydd mwyn plwm fel Esgair Mwyn.

Ymfudodd eraill i'r glofeydd. Mewn ardaloedd arfordirol, aeth amryw yn forwyr. Roedd llai o

close to the seashore, many went west for a life on the sea. Young women had fewer choices, many going into service until marriage. The result was that young people decided to venture to the big city and try their luck in the milk trade.

The attractions of London were tempting despite the fact that the exiles' knowledge of English was sparse. The great majority were monoglot, speaking Welsh only. Later, we will learn how Ann Jones from Bronant departed for London with her parents as a 12 year old having no English other than the odd phrase of greeting and thanks. And, she was by no means alone in this respect. Furthermore, however fluent the English, there was also the problem of mastering the local dialect. How on earth could a Welsh-speaking immigrant be expected to understand that 'three ha'pence' meant the same as the phrase for 'penny halfpenny'?

To ease such difficulties, families tended to work in family groups or, at least, send someone ahead to prepare the ground and await the others. Lampeter resident Mrs Olwen Jones' grandfather was one of 12 children – 11 of them headed for London! A family of ten from Pant-y-blawd Farm, Llanddewibrefi, saw six siblings go to London. Four members of the Cryncoed family, Derwen-gam, near Aberaeron, went to London. Five members of the family of Crynfryn-bychan, Llwynpiod, left home at the beginning of the twentieth century to work in the London milk trade, and later were successful as business owners in different areas of the city. They reflected what Gwyneth Francis-Jones describes

ddewis gan ferched ifanc, llawer yn gwasanaethu nes iddynt briodi. Y canlyniad oedd i bobl ifanc benderfynu mentro i'r ddinas fawr i geisio'u lwc yn y fasnach laeth.

Roedd atyniadau Llundain yn ddeniadol, er gwaetha'r ffaith fod gwybodaeth yr alltudion o Saesneg yn brin. Byddai'r mwyafrif mawr yn uniaith Gymraeg. Yn nes ymlaen cawn weld sut ffarweliodd Ann Jones â Bronant am Lundain gyda'i rhieni yn ferch 12 oed, heb unrhyw Saesneg ar wahân i ambell air o gyfarch neu ddiolch. Nid hi oedd yr unig un o'i bath, o bell ffordd. Ar ben hynny, pa mor rhugl bynnag yn y Saesneg y gellid bod, ceid y broblem ychwanegol o feistroli'r dafodiaith leol. Sut yn y byd fyddai disgwyl i alltud o Gymraes ddeall fod ystyr 'three ha'pence' yn golygu'r un peth a 'penny halfpenny'?

Er mwyn goresgyn y fath anawsterau, tueddai teuluoedd i weithio mewn grwpiau, neu o leiaf anfon rhywun rhag blaen i baratoi'r ffordd i'r rhai fyddai'n dilyn. Roedd tad-cu Mrs Olwen Jones o Lambed yn un o 12 o blant – 11 ohonynt wedi gadael am Lundain! Allan o deulu o ddeg ar fferm Pant-y-blawd, Llanddewibrefi, gadawodd chwech o'r plant am Lundain. Gadawodd pedwar o deulu Cryncoed, Derwen-gam, ger Aberaeron, am Lundain. A gadawodd pedwar o deulu Crynfryn-bychan, Llwynpiod, ar ddechrau'r ugeinfed ganrif i weithio yn y fasnach laeth yno. Daethant yn llwyddiannus fel perchnogion busnesau mewn gwahanol ardaloedd o'r ddinas. Fe wnaethant adlewyrchu'r hyn a ddisgrifiwyd yn fanwl gan

in detail in *Cows, Cardis and Cockneys*. Those individuals or married couples who took the plunge found ready support from those immigrants who had already flourished. There cannot be one long-established Cardi family without at least one relative who went to work in the milk trade in London.

The story of the Morgan family shows the extent to which all members of one family could be involved in the London milk trade. Dafydd and Leisa Morgan, both from large families, had eight children. All, in their turn, worked in the family dairy in Willesden. All but two of the eight had milk or grocery businesses later. Other relatives had businesses in the area and all were members of the nearby Willesden Green Welsh chapel. There they were collectively known as 'Y Morganiaid'.

The following story of three households from Cardiganshire will suffice to demonstrate family and inter-family connections and the way in which many of them returned to farming or, later, progressed to other professions.

The story of Anne Thomas, now of Watford, reflects clearly the network of family connections within the milk trade in London. Her maternal grandparents, Joshua and Anne Davies, were from Cryncoed, Derwen-gam. They had four children, David, Jack, Bess and Hettie, and all established successful milk businesses in London. The family moved to London due to the poverty they experienced in rural Cardiganshire, and also because of the initiative shown by two of Anne Thomas' mother's sisters who had married and settled there.

Gwyneth Francis-Jones yn *Cows, Cardis and Cockneys*. Canfu'r unigolion neu'r parau priod hyn, o fentro, gefnogaeth barod gan fewnfudwyr a oedd eisoes wedi llwyddo. Amhosib meddwl am un hen deulu o Sir Aberteifi sydd heb o leiaf un perthynas a aeth i Lundain i weithio yn y fasnach laeth.

Mae hanes y teulu Morgan yn adlewyrchu i ba raddau y medrai pob aelod o un teulu fod yn rhan o fasnach laeth Llundain. Roedd gan Dafydd a Leisa Morgan, y ddau o deuluoedd mawr, wyth o blant. Fe wnaeth y cyfan, yn eu tro, weithio yn llaethdy'r teulu yn Willesden. Bu gan y cyfan, ond dau ohonynt, fusnesau llaeth neu groser yn ddiweddarach. Roedd gan berthnasau eraill fusnesau yn yr ardal, a phawb yn aelodau o gapel Cymraeg Willesden Green. Caent eu hadnabod yn dorfol fel 'Y Morganiaid'.

Fe wna'r hanes sy'n dilyn am dri theulu o Sir Aberteifi adlewyrchu'r cysylltiadau teuluol a rhyngdeuluol, ynghyd â'r ffordd y gwnaeth nifer ohonynt ddychwelyd at ffermio neu, yn ddiweddarach, fynd ymlaen i ymgymryd â galwedigaethau amgen.

Mae hanes Anne Thomas, nawr o Watford, yn adlewyrchu'n glir rwydwaith y cysylltiadau teuluol o fewn y fasnach laeth yn Llundain. Roedd ei thad-cu a'i mam-gu ar ochr ei mam, Joshua ac Anne Davies, wedi symud o'r Cryncoed, Derwen-gam. Roedd ganddynt bedwar o blant, David, Jack, Bess a Hettie, ac fe sefydlodd y pedwar fusnesau llaeth llwyddiannus yn Llundain. Fe ymfudodd y teulu o

Son David Davies married Gwladys Evans and, after some years in a dairy shop in London, they moved to farm in Buckinghamshire. Their daughter and son followed careers outside the milk trade.

His brother Jack married Sarah Ann (Sally) Hopkins and had a dairy shop in Kentish Town. The shop and house were destroyed by a Second World War bomb which fell near them. They were lucky to survive, as the front wall of the house fell out rather than in on them while they were sleeping. They returned to Wales, farming successively near Lampeter and Sarnau. They had three sons, Glanville, Emlyn and Gwyn. Glanville still farms in Ceredigion; Emlyn returned to London to open a dairy and shop in Kensington when his father Jack died, and was accompanied by his mother and brother Gwyn. Later, Gwyn broke with tradition completely, becoming a prosthetics engineer and eventually moving to Glynneath.

David and Jack's sister, Bess Davies (who was Anne's mother), married Daniel Morgan. His mother was from Cardiganshire and his father came from Llywel, Brecon. They had a dairy in Camden Town, and later one in Barking, but left in 1939 at the outbreak of the Second World War.

The other sister, Hettie, worked in a dairy in Kentish Town throughout the Second World War. She married Vincent Edwards. They had shops in Shepherd's Bush and then in Holloway and later retired to Swansea.

A second family worthy of our attention is that of Esgair-garn, Llanddewibrefi, for the reason that

ganlyniad i dlodi gwledig Sir Aberteifi. Cymhelliad ychwanegol oedd y fenter a ddangosodd ddwy o chwiorydd mam Anne drwy briodi a setlo yno.

Fe wnaeth David Davies, y mab, briodi Gwladys Evans, ac ar ôl rhedeg siop a llaethdy yn Llundain, symudodd y ddau i Swydd Buckingham gan droi at ffermio. Fe drodd eu mab a'u merch at weithio y tu allan i'r fasnach laeth.

Fe briododd ei frawd, Jack, â Sarah Ann (Sally) Hopkins, gan redeg siop gwerthu llaeth yn Kentish Town. Dinistriwyd y siop gan fom adeg y rhyfel. Glaniodd gerllaw'r siop tra oedd y ddau'n cysgu, a buont yn ffodus i'r wal allanol ddisgyn allan yn hytrach nag i mewn. Dychwelwyd i Gymru gan fynd ati i ffermio ger Llambed ac yna Sarnau. Ganwyd iddynt dri mab, Glanville, Emlyn a Gwyn. Mae Glanville yn parhau i ffermio yn y sir; dychwelodd Emlyn i Lundain gyda'i frawd Gwyn a'i fam i agor llaethdy a siop yn Kensington pan fu ei dad farw. Ond, yn ddiweddarach, torrodd Gwyn â'r traddodiad yn llwyr drwy fynd yn beiriannydd prosthetig a symud ymhen amser i Lyn-nedd.

Fe wnaeth chwaer David a Jack, sef Bess Davies (mam Anne) briodi Daniel Morgan. Cardi oedd ei fam, a'i dad yn dod o blwyf Llywel, Sir Frycheiniog. Roedd ganddynt laethdy yn Camden Town, ac yn ddiweddarach yn Barking, ond gadawsant yn 1939 ar doriad y rhyfel.

Bu'r chwaer arall, Hettie, yn gweithio mewn llaethdy yn Kentish Town gydol yr Ail Ryfel Byd. Priododd â Vincent Edwards. Roedd ganddynt siopau yn Shepherd's Bush ac yna yn Holloway cyn

a large number from the same family migrated to London. Lewis (1864–1939) and Sarah Jane Lloyd (1864–1951) had 16 children, four of whom died in infancy. To support the family, the father worked in the coalfields during the winter. From among the 12 surviving children, nine worked in the London milk trade, four of them returning to farm in Cardiganshire afterwards. This family's history illustrates our theme perfectly.

Daniel was the first to go to London in 1911. His brother, Moses (Moss), followed in the 1920s to work initially with his brother, thus following the tradition of learning the trade from a relative. He married Laura Mary Jones from Llanberis and, with his brother's help, bought the lease of a shop in Islington.

One of the daughters of Esgair-garn was Mary, and she married Evan Edwards who was himself one of 12 children and the descendant of a drover. After working in various occupations in Wales, he left for London to start a business in Tufnell Park. Later, they had a business in Finsbury Park and were there until they retired and returned to Tregaron. In the meantime, they had helped Sam Jones, a neighbouring farmer back in Wales, to undertake a business in Tufnell Park. This again was typical of the tradition of offering a helping hand. Later, Sam was joined by a brother who started a business in Peckham.

Thomas, the maternal grandfather of Helen Jones from Aberaeron, was the fifth child of Esgair-garn. Helen is also descended from another large

ymddeol yn ddiweddarach a symud i Abertawe.

Ail deulu sy'n haeddu sylw yw teulu Esgair-garn, Llanddewibrefi; hynny am fod nifer helaeth ohonynt wedi ymfudo i Lundain. Ganwyd i Lewis (1864–1939) a Sarah Jane Lloyd (1864–1951) 16 o blant, pedwar yn marw'n fabanod. Er mwyn cynnal y teulu, byddai'r tad yn treulio'r gaeaf yn gweithio yn y meysydd glo. O blith y 12 o blant wnaeth oroesi, fe aeth naw i weithio i'r fasnach laeth yn Llundain. Dychwelodd pedwar yn ddiweddarach i ffermio yn Sir Aberteifi. Mae eu hanes teuluol yn darlunio ein thema yn berffaith.

Daniel oedd y cyntaf i adael am Lundain yn 1911. Dilynwyd ef gan ei frawd Moses (Moss) yn y 1920au i weithio'n gyntaf gyda'i frawd, gan ddilyn y traddodiad o ddysgu'r grefft oddi wrth berthynas. Priododd â Mary Jones o Lanberis a chyda chymorth ei frawd, prynodd les ar siop yn Islington.

Un o ferched Esgair-garn oedd Mary, honno'n priodi ag Evan Edwards, yntau'n un o 12 o blant ac yn ddisgynnydd i borthmon. Ar ôl gweithio mewn amrywiol swyddi yng Nghymru, gadawodd am Lundain i gychwyn busnes yn Tufnell Park. Wedyn buont yn rhedeg busnes yn Finsbury Park nes iddynt ymddeol a dychwelyd i Dregaron. Yn y cyfamser, roedd y ddau wedi cynorthwyo Sam Jones, cymydog o ffermwr gartref yng Nghymru, i gymryd at fusnes yn Tufnell Park. Roedd y cam hwn eto'n nodweddiadol o'r traddodiad o estyn llaw o gymorth. Yn ddiweddarach daeth brawd Sam i Lundain i gymryd busnes yn Peckham.

Thomas, tad-cu Helen Jones o Aberaeron ar

Tom Lloyd, one of the Esgair-garn family
Tom Lloyd, un o deulu Esgair-garn

Helen Jones

Jenno, an Esgair-garn daughter, with her husband Will, and his brother
Martin, outside their corner shop
Jenno, merch Esgair-garn, gyda'i gŵr Will, a'i frawd yntau Martin, y tu
allan i'w siop gornel

Helen Jones

Llanddewibrefi family, the Pant-y-blawd Farm
family. As noted earlier, six of the ten children left
for London, with Jenno, the eldest, being the first to
leave. She and her husband Will took over a business
in west London and, after seven years, they returned
to Llanddewibrefi.

Jenno's four brothers, Martin, Bert, Gordon and

ochr ei mam, oedd pumed plentyn Esgair-garn. Mae
Helen yn ddisgynnydd hefyd i deulu mawr arall o
Llanddewibrefi, sef teulu fferm Pant-y-blawd. Fel y
nodwyd yn gynharach, gadawodd chwech o'r deg
plentyn am Lundain. Jenno'r plentyn hynaf oedd
y cyntaf i adael. Fe ymgymerodd hi a'i gŵr Will
â busnes yng ngorllewin Llundain ac, ar ôl saith

Tudor, followed her to London, as did their sister Megan. She and her husband Elwyn ran a business in Chelsea. Gordon had a business in Drury Lane, while Tudor ran a sandwich bar in Shaftesbury Avenue. Martin married a daughter of Thomas Lloyd from the Esgair-garn family. They were Helen's parents.

Gareth Davies lives in Cardiff but his father, John, was from Capel Madog near Aberystwyth and was one of eight children. John moved to London to work with his two brothers, William and Tom, at their dairy in Harlesden. William moved to another shop in the north of the city. Gareth's mother was born in Tre-Taliesin, Cardiganshire, and had left school at 14 years of age. Two years later she went to London to work for a Welsh family who kept a shop in Brixton. She met her future husband at the Olympia Dairy Show and they were married at the Welsh chapel in Clapham in 1938. They continued with the business in Harlesden. Gareth remembers how his father started work every morning at four, ready to receive the milk delivery from a farm in Harrow. He used hand-carts and horse-drawn carts before the days of electrical floats and bottled milk. At the back of the shop were stables and a hay-loft, an echo of days gone by. They had a bottle-washing machine which used boiling water and soda.

Another example of multiple members of the same family going to London is that of John Stephen Jones, born in 1907 at Felinfach Farm, Tal-y-bont, Cardiganshire. The family moved to farm at Ynystudur, Tre'r-ddôl. There were seven children

mlynedd fe ddychwelodd y ddau i Landdewibrefi.

Dilynwyd Jenno i Lundain gan bedwar brawd, sef Martin, Bert, Gordon a Tudor, yn ogystal â'i chwaer Megan. Bu hi a'i gŵr, Elwyn, yn rhedeg busnes yn Chelsea. Roedd gan Gordon fusnes yn Drury Lane, tra bu Tudor yn cadw bar brechdanau yn Shaftesbury Avenue. Priododd Martin â merch Thomas Lloyd o deulu Esgair-garn. Dyma oedd rhieni Helen.

Mae Gareth Davies yn byw yng Nghaerdydd ond hanai ei dad, John, o Gapel Madog, ger Aberystwyth, yn un o wyth o blant. Symudodd John i Lundain i weithio gyda'i ddau frawd, William a Tom, yn eu llaethdy yn Harlesden. Symudodd William i siop arall yng ngogledd y ddinas. Ganwyd mam Gareth yn NhreTaliesin, Sir Aberteifi, gan adael yr ysgol yn 14 oed. Ddwy flynedd yn ddiweddarach aeth i Lundain i weithio i deulu o Gymry oedd yn cadw siop yn Brixton. Cyfarfu â'i darpar ŵr yn Sioe Laeth Olympia. Priodwyd hwy yng nghapel Cymraeg Clapham yn 1938. Fe barhaodd y ddau barhau â'u busnes yn Harlesden. Gall Gareth gofio sut y byddai ei dad yn dechrau gweithio bob bore am bedwar, yn barod i dderbyn y cyflenwad llaeth o fferm yn Harrow. Defnyddiai gerti llaw a cherti ceffylau, hynny cyn dyddiau'r certi trydan a llaeth wedi'i botelu. Roedd y stablau a'r llofft storio gwair y tu ôl i'r siop, adlais o'r hen ddyddiau. Roedd ganddynt beiriant ar gyfer golchi poteli mewn dŵr berwedig a soda.

Enghraifft arall o aelodau niferus o'r un teulu yn symud i Lundain oedd teulu John Stephen Jones, a

in the family, and the four girls worked as maids at various farms. Their mother's sister lived in King's Cross and she persuaded three of the four girls to go to work in London. Bessie, the eldest daughter, married Jack Williams and kept a shop in Stratford Road, Kensington. The eldest son, John, was entitled by tradition to inherit the farm; however, he showed little interest in farming and decided as a 17 year old to go to London to work in his sister's shop. Meanwhile, another brother and sister left for London, leaving behind only two of the seven.

Another Welsh family that ventured into the dairy business in London was that of Darren Fawr, Llandysul. Firstly, two brothers departed and founded a business near the Elephant and Castle. They were followed by a third brother who established a business in the East End. The fourth of the six children, Margaret, married a Lampeter man in 1938. They inherited Margaret's aunt's business. At the outbreak of the Second World War, the husband was called up, leaving his wife to run the business. In a later chapter, 'The Shadow of the War', we will read how she lost everything during the bombing and was forced to return to Wales.

As well as the exodus of whole families to London, we hear of couples venturing to the big city too. An early example of a couple facing such a challenge is that of Edward and Mary Jones who left Talgarreg in 1870. In the local paper *Y Gambo*, some 20 years ago, E. Lloyd Jones traced the family's story. Edward was one of the family of Henbant, Talgarreg, and Mary originated from

anwyd yn 1907 ar fferm Felinfach, Tal-y-bont, Sir Aberteifi. Symudodd y teulu i ffermio Ynystudur, Tre'r-ddôl. Roedd yna saith o blant, y pedair merch yn gwasanaethu ar wahanol ffermydd. Roedd chwaer eu mam yn byw yn King's Cross, a llwyddodd i berswadio tair o'r merched i symud yno. Fe wnaeth Bessie, yr hynaf, briodi Jack Williams, gyda'r ddau'n rhedeg siop yn Stratford Road, Kensington. Roedd gan y mab hynaf, John, yn ôl traddodiad, yr hawl i etifeddu'r fferm; ond, gan nad oedd ganddo fawr ddim diddordeb mewn ffermio, penderfynodd, yn hytrach, yn 17 oed, fynd i Lundain i weithio yn siop ei chwaer. Yn y cyfamser, gadawodd brawd a chwaer arall am Lundain gan adael dim ond dau o'r saith plentyn ar ôl.

Teulu arall o Gymru a fentrodd i'r busnes llaeth yn Llundain oedd teulu Darren Fawr, Llandysul. Yn gyntaf, gadawodd dau frawd gan gychwyn busnes yn ardal Elephant and Castle. Dilynwyd hwy gan drydydd brawd a sefydlodd hwnnw fusnes yn yr East End. Priododd Margaret, y pedwerydd o'r plant, â gŵr o Lambed yn 1938 gan etifeddu busnes modryb i Margaret. Pan dorrodd y rhyfel y flwyddyn ganlynol, galwyd y gŵr i'r fyddin gan adael y busnes yn nwylo'i wraig. Mewn pennod arall, 'Cysgod y Rhyfel', cawn weld sut y collodd hi'r cyfan adeg y bomio gan orfodi'r teulu i ddychwelyd i Gymru.

Yn ogystal ag ymfudiad teuluoedd cyfan i Lundain, cawn enghreifftiau o gyplau yn mentro i'r ddinas fawr hefyd. Enghraifft gynnar o gwpl yn wynebu her o'r fath oedd Edward a Mary Jones, a adawodd Dalgarreg yn 1870. Ym mhapur bro *Y*

Pontrhydygroes. Edward went to work in the David Evans shop in Oxford Street; he later had his own milk business in Highgate. He kept Welsh Black cattle for milking and, as he was close by to the Caledonian Market, he did a lot of business there. He kept in touch with his roots back in Wales. For years he sent a cask of beer by train to Llandysul to celebrate the hay harvest at Henbant. He died in London in 1927 and was buried in Highgate Cemetery. Today, the old dairy serves as a warehouse for a businessman from Pakistan and is used to keep and sell imported goods.

As noted, succession was important for those who left for London. Gwilym Thomas Jenkins from Devil's Bridge, father of Gwenllian Jenkins of Llanfabon, Caerffili, represented the third generation to undertake dairying in the city. Evan Jenkins, Gwenllian's great-grandfather, was born in 1829. He was a lead miner who died when only 46 years old. His widow and two sons moved to London. In the 1881 Census she was described as the owner of a dairy in Clerkenwell. Their two sons, Thomas and John, followed her into the milk trade. Thomas had a dairy in Bermondsey according to the 1891 Census, and later ones in Stoke Newington and Battersea. In an obituary in the *Welsh Gazette* he was described as a poet of standing and a skilful *englynwr* (an *englyn* being a stanza in the strict metre) who wrote under the bardic name of 'Didymus Gyfarllwyd', winning eisteddfod chairs in Wales and London.

The second son, John, was a milkman

Gambo tuag 20 mlynedd yn ôl, fe wnaeth E. Lloyd Jones olrhain hanes y teulu. Roedd Edward yn aelod o deulu Henbant, Talgarreg, a Mary yn hanu o Bontrhydygroes. Aeth Edward i weithio i siop David Evans yn Oxford Street; wedyn cychwynnodd ar ei liwt ei hun yn rhedeg busnes llaeth yn Highgate. Cadwai Wartheg Duon Cymreig ar gyfer eu godro, a chan nad oedd ymhell o'r Caledonian Market, byddai'n masnachu llawer yno. Nid anghofiodd ei wreiddiau nôl yn ei henfro. Am flynyddoedd, anfonai gasgen o gwrw ar y trên i Landysul ar gyfer dathlu diwedd y cynhaeaf ŷd yn Henbant. Bu farw yn Llundain yn 1927 a'i gladdu ym Mynwent Highgate. Heddiw mae'r hen laethdy'n stordy ar gyfer busnes mewnforio ac allforio gŵr busnes o Bacistan.

Fel y nodwyd eisoes, roedd olyniaeth yn bwysig i'r alltudion Cymreig. Roedd Gwilym Thomas Jenkins o Bontarfynach, tad Gwenllian Jenkins o Lanfabon, Caerffili, yn cynrychioli'r drydedd genhedlaeth i ymgymryd â'r fasnach laeth yn Llundain. Ganwyd Evan Jenkins, hen dad-cu Gwenllian, yn 1829. Roedd yn fwynwr plwm a fu farw'n ifanc yn 46 oed. Symudodd ei weddw a'i ddau fab i Lundain. Yng Nghyfrifiad 1881, disgrifiwyd hi fel perchennog llaethdy yn Clerkenwell. Dilynwyd hi i'r busnes llaeth gan y meibion, Thomas a John. Yn ôl Cyfrifiad 1891, roedd gan Thomas laethdy yn Bermondsey, ac yn ddiweddarach fusnesau yn Stoke Newington a Battersea. Mewn adroddiad angladdol yn y *Welsh Gazette* disgrifiwyd ef fel bardd o bwys ac yn

throughout his working life from 1895 to 1949. He ran businesses in Battersea, Willesden and Southwark. He was one of the founders of Clapham Junction Chapel in 1895, and in his 80s travelled regularly to Griffs Welsh-language bookshop at 4 Cecil Court, just off Charing Cross Road, and to Westminster whenever Welsh Questions' sessions were held in the chamber. His son Gwilym (Gwenllian's father) helped his father at the Usk Road Dairy and loved telling her how he once saw Gwilym Lloyd George, David Lloyd George's son, being bathed in a zinc bath when he was delivering milk to the family.

One notable Welshman who used to call at her grandfather's shop was the poet Dewi Emrys. Some believed that Dewi was unpopular among his fellow Welsh in London, but according to Gwenllian that was not so.

Gwenllian, like her father before her, rejoices in her Welsh roots. What is particularly interesting about the family is that their story not only shows business history over three generations, but also illustrates those literary and religious interests which were brought from Wales and succeeded in being sustained in a foreign environment.

A further example is Owen Davies, a native of Llanarth, who had a dairy in Tottenham, but he retained his interest in Welsh culture by gaining membership of the Gorsedd of Bards, adopting the bardic name 'Delynog'.

Other examples of family commitment to the London Welsh milk trade are provided by Tegwen

englynwr medrus a ysgrifennai o dan y ffugenw 'Didymus Gyfarllwyd', gan ennill cadeiriau yng Nghymru a Llundain.

Llaethwr fu John, yr ail fab, gydol ei fywyd gwaith o 1895 tan 1949, gyda busnesau yn Battersea, Willesden a Southwark. Roedd yn un o sefydlwyr Capel Clapham Junction yn 1895, ac yn ei 80au ymwelai'n rheolaidd â siop lyfrau Cymraeg Griffs yn 4 Cecil Court, ger Charing Cross Road, a mynychai San Steffan, hefyd, bob tro y cynhelid sesiynau'r Cwestiynau Cymreig yn y siambr. Fe wnâi ei fab Gwilym (tad Gwenllian) helpu ei dad yn Usk Road Dairy, a byddai'n aml yn adrodd sut y byddai'n cyflenwi llaeth i deulu David Lloyd George, gan weld Gwilym Lloyd George, y mab, unwaith yn cael ei ymolchi mewn padell sinc.

Ymhlith rhai o'r Cymry amlwg a alwent yn siop ei dad-cu roedd y bardd Dewi Emrys. Yn ôl rhai, nid oedd Dewi'n boblogaidd gan ei gyd-Gymry alltud, ond yn ôl Gwenllian, doedd hynny ddim yn wir.

Mae Gwenllian, fel ei thad o'i blaen, yn ymhyfrydu yn ei thras Cymraeg. Yr hyn sy'n hynod ddiddorol am y teulu yw bod eu hanes, nid yn unig yn amlygu eu traddodiadau busnes dros dair cenhedlaeth, ond hefyd yn adlewyrchu'r diddordebau llenyddol a chrefyddol a ddaeth gyda nhw o Gymru gan eu cynnal mewn amgylchfyd a oedd yn ddieithr iddynt.

Enghraifft ychwanegol yw Owen Davies, brodor o Lanarth, oedd â busnes llaeth yn Tottenham, ond a ymlynodd wrth ei ddiddordeb mewn diwylliant Cymraeg drwy ymaelodi â Gorsedd

Tegwen Epstein and Eirlys Tomsett's paternal family shop in Chiswick, c.1915
Siop tad Tegwen Epstein ac Eirlys Tomsett yn Chiswick, tua 1915

Tegwen Epstein & Eirlys Tomsett

Epstein and Eirlys Tomsett. Both their grandparents had shops in London. Their maternal grandparents, Benjamin and Dorothy James, traded in Kensal Rise and the paternal family, Evan and Mary Ann Jones, had a shop in Chiswick. The shop was taken

y Beirdd, gan fabwysiadu'r enw barddol 'Delynog'.

Ceir enghreifftiau o ymrwymiadau teuluol i fasnach laeth Llundain gan Tegwen Epstein ac Eirlys Tomsett. Cadwai tad-cu a mam-gu'r ddwy siopau yno. Masnachai eu tad-cu a'u mam-gu, Benjamin a

Tegwen Epstein and Eirlys Tomsett's maternal family shop in Kensal Rise, c.1916

Siop teulu mam Tegwen Epstein ac Eirlys Tomsett yn Kensal Rise, tua 1916

Tegwen Epstein & Eirlys Tomsett

over by their son, John (JP), in the 1930s and run by his family. It received a direct bomb hit in 1940. John Jones and the shop survived but the living quarters were destroyed. His wife, Gwen, was in Wales with their daughters at the time. The shop was kept open until 1988, with Siân Jones, the third daughter, working with her mother until its closure.

★

Dorothy James, yn Kensal Rise, tra cadwai'r tad-cu a'r fam-gu ar ochr eu tad, Evan and Mary Ann Jones, siop yn Chiswick. Cymerwyd at y busnes gan eu mab, John (JP), a'i deulu yn y 1930au. Difrodwyd yr adeilad gan fom yn 1940. Goroesodd John Jones a'r siop ond chwalwyd y stafelloedd byw. Yn ffodus roedd ei wraig, Gwen, a'r merched yn ddiogel yng Nghymru ar y pryd. Bu'r siop mewn busnes tan 1988, gyda Siân Jones, y drydedd ferch, yn ei rhedeg gyda'i mam nes iddi gau.

★

My own parents were exceptions among those families which left Cardiganshire. Both were the youngest of large families. My father's association with the milk trade was scant. My mother was from Caerwedros near the coast, where the tradition was for men to join the Merchant Navy, although there was no corresponding outlet for women. My mother had to leave school at 13, but she took courses in dairying and won a scholarship to study for a diploma in that subject at University College Wales, Aberystwyth. Even so, when my parents met, the attraction of London proved too strong. They joined the vast exodus, and ran a number of businesses in Shoreditch, Brixton, Clapham and Richmond. I, however, had no desire to join the milk trade and decided to pursue a career in the sciences instead. I never lost my respect for those who possessed the persistence and determination necessary when joining the dairy trade.

The tradition, however, was maintained by other members of my family. My mother was followed to London by a cousin – Phoebe James from Brongest. She married, and with her husband Jim Boudier kept a shop in Gray's Inn Road until

Tegwen Epstein and Eirlys Tomsett's parents' corner shop decorated for the 1937 Coronation
Siop gornel rhieni Tegwen Epstein ac Eirlys Tomsett wedi'i haddurno ar gyfer Coroni 1937

Tegwen Epstein & Eirlys Tomsett

Roedd fy rhieni i yn eithriaid ymhlith y teuluoedd hynny a adawodd Sir Aberteifi. Roedd y ddau yn blant ieuengaf o deuluoedd mawr. Doedd gan fy nhad fawr ddim cysylltiad â'r fasnach laeth. Roedd fy mam o Gaerwedros yn agos at yr arfordir, a'r traddodiad oedd i ddynion ifanc ymuno â'r Llynges Fasnachol. Doedd yna fawr ddim darpariaethau gwaith i ferched ifanc. Gorfu i mam adael yr ysgol yn 13, ond dilynodd gyrsiau mewn llaethyddiaeth gan ennill ysgoloriaeth ar gyfer astudio cwrs diploma yn y pwnc yng Ngholeg Prifysgol Cymru, Aberystwyth. Er hynny, pan gyfarfu fy narpar rieni, profodd Llundain i fod yn atyniad rhy gryf. Ymunodd y ddau â'r enciliad mawr i redeg nifer o fusnesau yn Shoreditch, Brixton, Clapham a Richmond. Doedd gen i, er hynny, ddim awydd i fod yn rhan o'r fasnach laeth. Penderfynais, yn hytrach, ddilyn gyrfa yn y gwyddorau. 'Wnes i ddim erioed golli fy mharch at y rhai oedd â'r dyfalbarhad a'r dycnwch angenrheidiol i fod yn rhan o'r fenter.

Ond parhawyd y traddodiad gan aelodau eraill o'r teulu. Dilynwyd mam i Lundain gan gyfnither – Phoebe James o Frongest. Fe briododd, a chyda'i

My mother outside their shop in Clapham
Fy mam tu allan i'w siop yn Clapham

Megan Hayes

Dilys, Idwal and Ceri: the staff at my parents' shop
Dilys, Idwal a Ceri: aelodau staff yn siop fy rhieni

Megan Hayes

An outing after the shop closed early – to Runnymead.
My father, with two of our live-in maids and me
Gwibdaith i Runnymead, ar ôl i'r siop gau yn gynnar.
Fy nhad, gyda dwy o forynion y cartref a minnau

Megan Hayes

well after the end of the Second World War.

Jon Meirion Jones, in his book *Morwyr y Cilie* [The Sailors of Cilie], tells the story of his father, Jac Alun Jones, grandson of the head of the Cilie family. He went to sea in 1924 on the SS *Ravenshaw*. However, the 1930s Depression resulted in the majority of Britain's ships being mothballed. Between 1933 and 1935, Jac joined the milk trade in London, keeping a shop in Finsbury Park. He gave a vivid account of his experiences in the English capital to Jon Meirion:

gŵr, Jim Boudier, cadwodd siop yn Gray's Inn Road tan ymhell ar ôl yr Ail Ryfel Byd.

Mae Jon Meirion Jones, yn ei gyfrol *Morwyr y Cilie* yn adrodd hanes ei dad, Jac Alun Jones, sef ŵyr i benteulu'r Cilie. Aeth i'r môr yn 1924 ar yr SS *Ravenshaw*. Ond arweiniodd y Dirwasgiad at i fwyafrif llongau masnach Prydain gael eu hangori a'u cadw'n segur. Rhwng 1933 ac 1935, trodd Jac at y fasnach laeth yn Llundain, gan gadw siop yn Finsbury Park. Rhoddodd ddisgrifiad byw o'i brofiadau ym mhrifddinas Lloegr i'w fab:

I learnt a lot about how our families fared in the big city, with your mother Ellena saying that if the members of Capel y Wig knew how people behaved here!

When the Depression was at its height, families bought a pennyworth of tea, margarine, biscuits and milk at a time. This was a very constrained life, rising at 4.30 in the morning, weekdays, Sundays and bank holidays. But I had Sunday free so I could attend the service in King's Cross where the incomparable Elfed was the minister. Following the service I would go for supper to Lyons Corner House and thence to Hyde Park to hear the speakers in full flow. The hunger marchers from Jarrow, Birmingham and Harrow would gather there. I remember the Welsh miners singing hymns. Rows of people cast their rare pennies like manna on the street ahead of them.

It was a strange time. A pint of milk was three-and-a-half pence and half a pint was a penny-three-farthings. This was the first and last time that I would deal in fractions. We never made a fortune, but I was glad to see the end of the great adventure and return to the tranquillity of the countryside.

But seafaring was the chosen career of the Cilie grandson and, after 18 months that seemed, he said, like a five-year prison sentence, he joined the SS *Pengreep* as second mate and attained the captaincy in time. Even so, he carried on writing poetry in the tradition of his Cilie relatives.

There are other examples of connections between Cardiganshire farming, seafaring and the trading of milk in London. Small tenant farmers struggled to survive and, just as some went to the coalfields during the winter months to supplement their income, so it was common too for those

Dysgais lawer ar sut oedd teuluoedd yn byw yn y ddinas fawr, a dy fam Ellena yn dweud pe buasai aelodau Capel y Wig ddim ond yn gwybod sut oedd pobl yn ymddwyn yno!

Pan oedd y Dirwasgiad ar ei waethaf, prynai'r teuluoedd werth ceiniog o de, margarin, bisgedi a llaeth ar y tro. Bywyd caeth iawn oedd hwnnw, codi am hanner awr wedi pedwar bob bore, Sul, gŵyl a dydd gwaith. Ond roeddwn yn cael dydd Sul rhydd ac yn mynd i'r oedfa yn King's Cross bob nos Sul lle'r oedd yr anfarwol Elfed yn weinidog. O'r oedfa byddwn yn mynd i gael swper yn Lyons Corner House ac wedyn i Hyde Park lle cawn glywed yr areithwyr yn eu huchelfannau. Byddai'r gorymdeithiau newyn yn ymgynnull yno wedi cerdded o Jarrow, Birmingham a Harrow. Cofiaf am y glowyr Cymreig yn canu emynau. Taflai rhesi o bobl eu ceiniogau prin ar y stryd o'u blaenau fel manna.

Rhyfedd o amser oedd hwnnw; tair ceiniog a dimau oedd peint o laeth. Dyma'r tro cyntaf a'r tro olaf i mi ddelio mewn ffracsiynau. Ni wnaethom ffortiwn yno, ond roeddwn yn falch iawn o gael gwared â'r anturiaeth fawr a chael dychwelyd i hedd y wlad.

Ond morio oedd dewis yrfa ŵyr y Cilie, ac ar ôl 18 mis a deimlai, meddai, fel dedfryd o bum mlynedd yng ngharchar, ymunodd â'r SS *Pengreep* fel ail fêt ac yna, ymhen amser, dod yn gapten. Er hynny, parhaodd i gyfansoddi barddoniaeth yn ôl traddodiad teulu'r Cilie.

Ceir enghreifftiau eraill o'r cysylltiadau rhwng ffermio yn Sir Aberteifi, mordwyo a'r fasnach laeth yn Llundain. Byddai tenantiaid y tyddynnod bach yn gorfod brwydro i gael dau ben llinyn ynghyd. Yn union fel y gadawai rhai am y gweithiau glo

dwelling near the coast to go on winter voyages for the same reason.

Shipbuilding was a major industry on the Cardiganshire coast. Dee Sawyer from Aberaeron is a descendant of a nineteenth-century Aberaeron shipbuilding family which has built 45 ships of different types. However, when the industry declined due to the coming of the railways, London became the place to look for alternative employment – just as it was for Jac Alun Jones.

Seaman Benjamin Harries from Aberaeron married Jane Jones, the daughter of an Aberarth farming family in 1892. Her two sisters had gone to London to work as domestic servants and were later joined by their brother to help start a family dairy in Greenwich. Enoch Harries, Benjamin and Jane's son, was later sent to London to ease family pressures at home. He helped at his aunts' and uncle's dairy business while attending school, so became a part of the milk industry. However, at the outbreak of the First World War, Enoch could be said to have 'reverted to type' in that he enlisted in the Royal Navy. He was Dee Sawyer's grandfather.

★

Whereas most Welsh milk traders hailed from Cardiganshire or north Carmarthenshire, there were exiles from other parts of Wales in London as well. Yet, even among their backgrounds we are able to discover Cardiganshire connections.

dros fisoedd y gaeaf i geisio chwyddo'u hincwm, daeth yn arferiad hefyd i rai o dyddynwyr bach yr arfordir fynd i'r môr dros fisoedd y gaeaf, am yr un rheswm.

Roedd adeiladu llongau yn ddiwydiant pwysig ar arfordir Sir Aberteifi. Mae Dee Sawyer o Aberaeron yn ddisgynnydd i deulu o adeiladwyr llongau o'r bedwaredd ganrif ar bymtheg oedd yn ymarfer eu crefft yn y dref, gan fod yn gyfrifol am adeiladu 45 o longau o wahanol fathau. Ond gyda dyfodiad y rheilffordd, Llundain oedd y lle i fynd i chwilio am waith amgen – yn union fel y bu i Jac Alun Jones.

Priododd Benjamin Harries, morwr o Aberaeron, â Jane Jones – oedd â'i theulu'n ffermio yn Aberarth – yn 1892. Roedd ei dwy chwaer eisoes wedi gadael i weithio fel morynion, a'u brawd hefyd yn ddiweddarach wedi ymuno â nhw ar gyfer cychwyn llaethdy teuluol yn Greenwich. Yna anfonwyd mab Jane a Benjamin, sef Enoch, i Lundain i hwyluso'r gwaith yno ac ysgafnu'r baich gartref. Bu'n cynorthwyo gan ddod yn rhan o fusnes llaeth ei fodrybedd a'i ewythr, er ei fod yn dal yn yr ysgol. Ond ar gychwyn y Rhyfel Mawr, aeth Enoch yn ôl at draddodiad ei henfro gan listio yn y Llynges Frenhinol. Hwn oedd tad-cu Dee Sawyer.

★

Er mai o Sir Aberteifi a gogledd Sir Gaerfyrddin yr hanai'r mwyafrif o'r masnachwyr llaeth Cymreig, ceid alltudion o rannau eraill o Gymru yn Llundain

This was so for the family of Nancy Roberts, whose daughter Jois and son-in-law Richard Snelson now live in Denbigh.

Evan Jones, Nancy's great-grandfather, was born in Lledrod in 1842 and had eight children. Four of his children left for London to run the People's Dairy in Lambeth Walk. Later, during the First World War, they moved to the Hampshire Farm Dairy in Barkworth Road where they worked three milk rounds under the name Jones Brothers.

Ann, the eldest of the eight children, married Thomas Davies of Pontrhydfendigaid and they left for the coalfields of Penrhiwceibr to find work. They, in turn, also had eight children and one of them, Margaret, with her Bethesda quarryman husband Ted Hughes – after experiencing difficulties in earning a living in the quarries and mines – joined the milk trail to London. They opened a dairy in Combermere Road, Stockwell. Later they moved across the Thames to Garth Dairy in North Kensington. Margaret died in 1943, but Ted carried on in business. In the mid 1960s many of the streets in the neighbourhood were demolished. Today the concrete pillars of the Westway are on the site of their old dairy.

The history of the Jones family of Tynffordd, Ystrad Meurig, and later Pontrhydfendigaid, follows a similar path in the history of the Welsh in London. Beginning in Cardiganshire, the story of the family moves to other parts of Wales, firstly in search of work in the flourishing heavy industries of Wales at the time, coal and slate. Ultimately,

hefyd. Eto i gyd, hyd yn oed ymhlith cefndir rheiny, ceid cysylltiadau â Sir Aberteifi.

Roedd hyn yn wir am deulu Nancy Roberts, y mae ei merch Jois a'i mab yng nghyfraith Richard Snelson yn byw nawr yn Ninbych.

Ganwyd Evan Jones, hen dad-cu Nancy, yn Lledrod yn 1842 a ganwyd iddo ef a'i briod wyth o blant. Gadawodd pedwar ohonynt am Lundain i redeg y People's Dairy yn Lambeth Walk. Yna, adeg y Rhyfel Mawr, fe symudwyd i'r Hampshire Farm Dairy yn Barkworth Road lle cyflawnent dair rownd laeth o dan yr enw Jones Brothers.

Fe wnaeth Ann, yr hynaf o'r plant, briodi â Thomas Davies o Bontrhydfendigaid ac fe aethant i feysydd glo Penrhiwceiber i chwilio am waith. Ganwyd iddynt hwythau, yn eu tro, wyth o blant. Fe benderfynodd un ohonynt, Margaret, gyda'i gŵr Ted Hughes, chwarelwr ym Methesda – o'i chael hi'n anodd canfod gwaith naill ai yn y chwareli na'r glofeydd – ymuno â'r ymfudwyr yn Llundain. Fe agorwyd llaethdy ganddynt yn Combermere Road, Stockwell. Yn ddiweddarach, fe symudodd y teulu ar draws yr afon Tafwys i'r Garth Dairy yn North Kensington. Bu farw Margaret yn 1943, ond parhaodd Ted gyda'r busnes. Ganol y 1960au, dymchwelwyd amryw o'r strydoedd yn yr ardal. Heddiw mae pileri concrid y Westway yn sefyll ar safle'r hen laethdy.

Mae hanes teulu Jones o Dynffordd, Ystrad Meurig, ac yn ddiweddarach, o Bontrhydfendigaid, yn dilyn yr un patrwm yn hanes y Cymry yn Llundain. Gan gychwyn yn Sir Aberteifi, cawn y

E. Hughes corner shop, Combermere Road, Stockwell, c.1932

Richard & Jois Snelson (née Roberts)

Siop gornel teulu E. Hughes, Combermere Road, Stockwell, tua 1932

however, the goal of finding an even better life saw the families move to London to develop milk businesses before being forced, after the Second World War, to diversify when the smaller dairies

teulu'n symud i barthau eraill o Gymru, yn gyntaf i chwilio am waith yn yr ardaloedd diwydiannol llewyrchus, gyda'u diwydiannau trwm fel glo a llechi. Yn y diwedd, yn y gobaith o ganfod bywyd

Ted Hughes and colleague Bill Jones
Ted Hughes a'i gyd-weithiwr Bill Jones

Richard & Jois Snelson (née Roberts)

The milk trolley of Jones Brothers, Barkworth Road, Bermondsey
Troli llaeth Brodyr Jones, Barkworth Road, Bermondsey

Richard & Jois Snelson (née Roberts)

were swallowed by large conglomerates. However, the Jones family returned to be buried in Wales. The sites of their previous labours, too, are buried beneath concrete – their adopted city continued to grow and develop.

John Jacob (1897–1979) was a miner from the

hyd yn oed yn well na hynny, gwelwyd hwy'n symud i Lundain i ddatblygu busnesau gwerthu llaeth cyn cael eu gorfodi, wedi'r Ail Ryfel Byd, i arallgyfeirio wrth i'r llaethdai llai gael eu llyncu gan y busnesau mawr cyflynol. Yn y diwedd daeth aelodau'r teulu Jones yn ôl i Gymru i gael eu claddu.

People's Dairy, Lambeth Walk

Richard & Jois Snelson (née Roberts)

Rhondda. He was injured in a mining accident and, although he retrained to work as an engineer, he was unable to find suitable work during the years of the Depression in the 1930s. And so he moved to London. He joined his brother-in-law Tom

Mae safleoedd eu llafur hwy hefyd bellach tan goncrid wedi i'w dinas fabwysiedig barhau i ehangu a datblygu.

Glöwr o'r Rhondda oedd John Jacob (1897–1979). Anafwyd ef mewn damwain yn y pwll, ac er

Jones and kept a business under the name 'Jones and Jacob'. Tom later returned to Wales but John Jacob remained in London, an example of a dairyman who wasn't from an agricultural background.

Illustrations of those who went to London from north Wales include the family of Margaret Humphreys. Her family hailed from Montgomeryshire. As a 14 year old, her grandfather, John Jones (1863–1951), went from Uwchygarreg, Machynlleth, to work in a dairy. In 1898 he married Margaret Evans from Llanwrtyd Wells, already working with a Welsh family in London. They had six children, of whom Margaret's mother was the eldest. She, with her brother, went to work at a relative's business in Notting Hill but later married William Evans who already had a dairy in Highbury. The family then followed the pattern of returning to their home area in the 1940s.

Porthmadog resident Helen Ellis' father found employment with a Welsh dairy in London in the 1930s.

William Davies left Tywyn for London early in the 1900s. His English was limited but, like most other Welsh immigrants, he succeeded.

Annabelle Thomas relates how her great-uncle and great-aunt, Rees and Catherine Price from Llangamarch, now in Powys, went to London with their young family in 1886. They traded first from Shepherd's Bush but later had several branches of their business scattered all over London. It was known as the Rees Price Dairies, and reputed at one stage to be the largest one-man owned dairy business

iddo gael ei ailhyfforddi i fod yn beiriannydd, methai â chanfod gwaith yn ystod dyddiau main y 1930au. Symudodd yntau i Lundain. Yno, ymunodd â'i frawd yng nghyfraith, Tom Jones, mewn menter a enwyd yn 'Jones and Jacob'. Dychwelodd Tom i Gymru'n ddiweddarach, ond arhosodd John Jacob yn Llundain, enghraifft o laethwr nad oedd o gefndir amaethyddol.

Mae'r enghreifftiau o'r rhai a aeth i Lundain o ogledd Cymru yn cynnwys teulu Margaret Humphreys. Hanai ei theulu o Sir Drefaldwyn. Yn 14 oed, gadawodd ei thad-cu John Jones (1863–1951), o Uwchygarreg, Machynlleth, i weithio mewn busnes llaeth. Yn 1898 priododd â Margaret Evans o Lanwrtyd, a oedd eisoes yn gweithio i deulu Cymreig yn Llundain. Ganwyd iddynt chwech o blant, a Margaret oedd yr hynaf. Aeth hi, a brawd iddi, i weithio ym musnes perthynas yn Notting Hill, ond yn ddiweddarach priododd â William Evans a oedd yn berchen llaethdy yn Highbury. Dilynodd y teulu'r patrwm o ddychwelyd i'w henfro yn y 1940au.

Canfu tad Helen Ellis o Borthmadog waith mewn llaethdy Cymreig yn Llundain yn y 1930au.

Gadawodd William Davies ei gartref yn Nhywyn am Lundain yn gynnar ar droead yr ugeinfed ganrif. Prin iawn oedd ei Saesneg, ond fel y rhelyw o fewnfudwyr Cymreig, fe lwyddodd.

Aeth hen ewythr a hen fodryb Annabelle Thomas, sef Rees a Catherine Price o Langamarch, Sir Frycheiniog, i Lundain gyda'u teulu ifanc yn 1886. Cychwynnodd y ddau gyda busnes yn Shepherd's Bush ond ehangodd wedyn i sefydlu

in London. One of their daughters, born in Wales, is remembered as singing a nursery rhyme which many Welsh children learnt:

> I'll go to London on May Day
> Should I have strength and health,
> I'll not tarry more here in Wales
> Where I will break my heart.
> There's wealth galore in London
> And supper every night,
> And early nights a-sleeping
> And rising at eight o'clock.

The words are an interesting expression of the expectations of those planning to make the journey.

Another example is John Richards Jones' family. His father, the youngest of seven, came from Powys and left for London to seek work. There he met his future wife, from Nebo in Cardiganshire. She was also there for the same reason. They were married in Shirland Road Chapel in 1939 and spent their time managing the Southwark branch of Morgan's Dairy. Their son John spent the years of the Second World War in relative safety back in Wales. He can still recall earning pocket money by helping his father on the milk round and reckons to have been one of the youngest roundsmen.

★

Although there were exceptions, it is clear that most of those who migrated to the London milk trade

canghennau ledled Llundain. Câi eu llaethdy ei adnabod fel Rees Price Dairies, ac ar un adeg dyma, fe gredir, oedd y llaethdy un-dyn mwyaf yn Llundain. Cofia rhai am un o'r merched bach, a anwyd yng Nghymru, yn canu hwiangerdd oedd yn adnabyddus i lawer o blant Cymru:

> Mi af i Lunden Gla'me
> Os byddai'n fyw ac iach,
> Arhosai ddim yng Nghymru
> I dorri nghalon fach;
> Mae arian braf yn Llunden,
> A swper gyda'r nos,
> A mynd i'r gwely'n gynnar,
> A chodi am wyth o'r gloch.

Mae'r geiriau'n enghraifft dda o fynegi disgwyliadau'r rhai oedd yn paratoi i ymgymryd â'r siwrnai.

Enghraifft arall yw teulu John Richards Jones. Roedd ei dad, yr ieuengaf o saith, yn byw ym Mhowys ond gadawodd am Lundain i chwilio am waith. Yno y cyfarfu â'i ddarpar wraig, o Nebo yn Sir Aberteifi. Roedd hithau yno am yr un rheswm. Priodwyd hwy yng nghapel Shirland Road yn 1939 a chawsant waith yn rhedeg cangen Southwark o Morgan's Dairy. Treuliodd eu mab, John, flynyddoedd yr Ail Ryfel Byd mewn diogelwch nôl yng Nghymru. Mae'n dal i gofio sut yr enillai arian poced drwy helpu ei dad ar y rownd. Cred mae ef oedd un o'r dosbarthwyr llaeth ieuengaf yn Llundain.

★

were from large or poor families – or both – and mostly from Cardiganshire it seems. It is worth noting that, despite the more affluent life the city had to offer, 'home' was always Wales. And the chosen calling so many exiles returned to when the need, or the opportunity, arose was farming. The story of Maldwyn Pugh's family, his parents Jack and Betty Pugh and his sister Jean, encapsulates both the need to go to London for employment and also the nature of the work in the milk trade. These are Maldwyn's words:

Jack hailed from Llanidloes and Betty from Aberaeron; both went to London to seek employment, met, married and after a spell in a Balham dairy, took over Oxford Express Dairy in Frith Street, Soho, in 1934.

The property was owned by the Townsend Estate. The shop sold milk, cheese, ham, bacon and the usual groceries. After the war it sold filled rolls and sandwiches. It opened at 8 a.m. and closed at 6 p.m. Monday to Friday, 8 a.m. to 1 p.m. on Saturday and for an hour on a Sunday to sell perishable goods only.

Supplies were bought from wholesalers; the milk from the London Wholesale Dairies (L.W.D.) and Independent Milk Suppliers (I.M.S.). The companies operated differently, in that the L.W.D. made only one delivery, in the early morning. I.M.S. had a crew going around in their own truck to see if anyone needed more supplies later in the day.

Prior to the Second World War, and for a brief period after it, all milk was supplied in churns and had to be bottled. The bottles were usually owned and identified with the dairy name on them. These were wide-necked bottles which were sealed with cardboard tops which also identified the dairy. These bottles had

Er bod yna eithriadau, mae'n amlwg fod y mwyafrif o'r ymfudwyr a aeth i werthu llaeth i Lundain yn dod o deuluoedd mawr neu dlawd – neu'r ddau – gyda'r mwyafrif o Sir Aberteifi. Mae'n werth nodi, er gwaetha'r bywyd gwell a oedd gan y ddinas i'w gynnig, y byddai 'gartref', yn ddieithriad, yn golygu Cymru, a'r dewis waith, pan ddeuai'r angen neu'r cyfle, fyddai ffermio. Mae hanes teulu Maldwyn Pugh, ei rieni Jack a Betty Pugh a'i chwaer Jean, yn cyfuno'r angen i fynd i Lundain i chwilio am waith, a hefyd natur y gwaith yn y fasnach laeth. Dyma eiriau Maldwyn:

Hanai Jack o Lanidloes a Betty o Aberaeron; aeth y ddau i Lundain i chwilio am waith, cyfarfod a phriodi ac ar ôl cyfnod mewn llaethdy yn Balham, cymryd at yr Oxford Express Dairy yn Frith Street, Soho, yn 1934.

Perchnogion yr adeiladau oedd y Townsend Estate. Yn y siop gwerthid llaeth, caws, ham, bacwn a'r nwyddau arferol. Ar ôl y rhyfel gwerthid brechdanau a rholiau wedi'u llenwi. Agorai am 8 a.m. ar y Sadwrn ac am awr ar y Sul ar gyfer gwerthu bwydydd darfodus yn unig.

Câi'r nwyddau eu prynu oddi wrth fanwerthwyr; y llaeth o'r London Wholesale Dairies (L.W.D.) a'r Independent Milk Suppliers (I.M.S.). Fe wnâi'r ddau gwmni weithredu'n wahanol, y naill yn gwneud un cyflenwad yn y bore tra'r llall yn cyflenwi llaeth ychwanegol yn ôl y galw yn fen y cwmni.

Cyn yr Ail Ryfel Byd, ac am gyfnod byr wedi hynny, cyflenwid llaeth mewn buddeiau, a rhaid fyddai ei botelu. Y gwahanol laethdai oedd biau'r poteli, a châi enwau'r llaethdai hynny eu nodi ar y poteli. Gyddfau llydan fyddai i'r poteli hyn, wedi eu selio â chapiau

to be washed and refilled on a daily basis, usually by the milkmen. They normally started work about 6 a.m. and finished around lunchtime, seven days a week. One of the milkmen had a second job – scene shifting in the local theatre.

Churns were either five or ten gallons. Later, milk was supplied already bottled by the wholesalers. The milk orders were done on a daily basis and had to be in at the wholesalers by 4 p.m. for delivery the next morning, usually 3 a.m. to 4 a.m. The milk was left outside the premises, either outside on the pavement or outside the lock-up from where the milkmen worked.

The shop had a number of milk rounds, delivering milk to flats, restaurants, cafés and houses in the area. The milk was generally carted around on milk barrows, three-wheeled monstrosities made mainly of wood. The milkmen employed in Frith Street were all veterans of the Second World War. One of these did his deliveries on a trike, a three-wheeled cycle with a load area at the front and the rear wheel framework pivoting about a fulcrum point under that. That particular milkman had lost his left arm but was very adept at loading and unloading the milk, rolling his own cigarettes one handed, and keeping his books.

Betty Pugh died in the late 1970s. The business was then operated by her husband Jack, daughter Jean and younger son Islwyn. It finally closed on Jack's death in 1985 and was probably the last Welsh dairy in the Soho area. Jean retired to Aberaeron and died in 2010.

Maldwyn, Jack and Betty's second son, did not pursue a career in the milk trade but qualified as a mechanical engineer.

Maldwyn also describes how the dairy was very

cardfwrdd. Byddai enwau'r llaethdai ar rheiny hefyd. Rhaid fyddai golchi'r poteli a'u hail-lenwi'n ddyddiol, a hynny gan y dynion llaeth fel arfer. Byddent yn cychwyn eu gwaith am 6 a.m. a gorffen amser cinio, saith diwrnod yr wythnos. Roedd gan un o'r dynion llaeth waith arall – symud y celfi ar lwyfan theatr leol.

Byddai'r buddeiau'n dal naill ai bum neu ddeg galwyn. Yn ddiweddarach, câi laeth ei gyflenwi wedi ei botelu gan y manwerthwyr. Byddai gofyn paratoi'r archebion yn ddyddiol a'u trosglwyddo i'r manwerthwyr erbyn 4 y.h. Byddai'n cyrraedd bore trannoeth rhwng 3 y.b. a 4 y.b. Câi ei adael naill ai ar y palmant y tu allan i'r siop neu y tu allan i'r adeilad lle gweithiai'r dynion llaeth.

Byddai gan bob siop nifer o rowndiau, gan ddosbarthu llaeth i dai, fflatiau, tai bwyta a chaffis yn yr ardal. Câi ei gludo ar gerti pren tair-olwyn. Roedd dynion llaeth Firth Street i gyd yn gyn-filwyr o'r Ail Ryfel Byd. Defnyddiai un feic tair-olwyn gyda'r poteli llaeth yn cael eu cario y tu ôl a'r tu blaen. Roedd hwn wedi colli ei fraich chwith ond medrai lwytho a dadlwytho'n hawdd a rholio sigaréts ag un llaw heb sôn am gadw cyfrif yn ei lyfrau cownt.

Bu farw Betty Pugh ddiwedd y 1970au. Cymerwyd at yr awenau wedyn gan ei phriod Jack, ei merch Jean a'r mab ieuengaf, Islwyn. Caeodd ei ddrysau am y tro olaf ar farwolaeth Jack yn 1985. Dyma, mae'n debyg, oedd y llaethdy Cymreig olaf yn ardal Soho. Ymddeolodd Jean a symud i Aberaeron. Bu farw yn 2010.

Ni wnaeth Maldwyn, ail fab Jack a Betty, eu dilyn i'r busnes. Yn hytrach enillodd gymhwyster yn beiriannydd mecanyddol.

Cofiai Maldwyn sut y byddai llaethdy ei rieni yn fan cyfarfod i ymwelwyr o Aberaeron a Llanidloes.

much a meeting place for visitors from Aberaeron and Llanidloes, as was the case for other such dairy establishments.

The young children of families who ran dairies would be sent to relatives in Wales during the long summer holiday. They therefore not only experienced city life and the hard work of their parents, but also had the opportunity to enjoy the rural way of life and interests of their wider families. But it also happened the other way too. Dai Meredith, Pontrhydfendigaid, recalls being allowed to help relatives in Bermondsey deliver milk to factories and tanneries in the area when on his summer holidays.

*

Most left to make a better living than that which was possible in rural communities at the beginning of the twentieth century. It is worth mentioning some notable successes.

Jo Pleshakov, currently living in Vancouver, takes great pride in her great-grandfather Richard Williams' story. He left Corris, now in Gwynedd, where he had been a quarryman, in around 1845. He married Catherine Jones, also from Corris, at Jewin Chapel. The 1851 Census records him as a stonemason, but by 1871 he is a cow keeper in Blackfriars; in 1881 he is described as a dairyman. By 1891 he is listed as a 'milk contractor' in Hornsey, and by the 1901 he is a retired dairyman living in Islington. His obituary speaks of him as a highly regarded member of

Roedd hyn yn wir am laethdai'n gyffredinol, yn denu ymwelwyr o ba ardal bynnag y byddai'r perchnogion.

Adeg gwyliau hir yr haf, anfonid plant ifanc y llaethwyr at berthnasau yn ôl yng Nghymru. Caent y fantais felly o brofi'r bywyd dinesig a llafur caled eu rhieni, ynghyd â mwynhau bywyd y wlad a diddordebau a ffordd o fyw eu teuluoedd ehangach. Byddai'n digwydd i'r gwrthwyneb hefyd. Gall Dai Meredith, Pontrhydfendigaid, gofio cael mynd i helpu perthnasau yn Bermondsey i ddosbarthu llaeth i ffatrïoedd a thanerdai yn yr ardal pan fyddai yno ar wyliau.

*

Gadawodd y mwyafrif am fywoliaeth well na'r hyn oedd yn bosibl yn y cymunedau gwledig ar ddechrau'r ugeinfed ganrif. Dylwn yma nodi rhai o'r llwyddiannau.

Mae Jo Pleshakov, sydd erbyn hyn yn byw yn Vancouver, yn teimlo balchder wrth feddwl am hanes ei hen dad-cu, Richard Williams. Gadawodd bentref Corris, lle buasai'n chwarelwr, tua 1845. Priododd â Catherine Jones, hefyd o Gorris, yng Nghapel Jewin. Disgrifir ef yng Nghyfrifiad 1851 yn saer maen, ond erbyn 1871, mae'n geidwad gwartheg yn Blackfriars; yn 1881 disgrifir ef yn llaethwr. Erbyn 1891 disgrifir ef yn gontractwr llaeth yn Hornsey, ac erbyn 1901 yn llaethwr wedi ymddeol ac yn byw yn Islington. Mae adroddiad ei angladd yn dweud yn dda amdano fel aelod parchus yng nghapel Charing Cross Road. Bu ei fab, Howell Jones Williams (Syr Howell yn ddiweddarach) yr un mor amlwg yng

the Charing Cross Road chapel. His son, Howell Jones Williams, later Sir Howell, was equally prominent in London Welsh circles, and is credited with donating the land where the London Welsh Centre was built in Gray's Inn Road. Might we surmise that it was his acquaintance with Cardiganshire milkmen that led Richard Williams to follow in their footsteps? He and his son certainly displayed the chapel loyalties and philanthropic contributions to Welsh causes that were characteristic of the London Welsh.

Another success story is that of Dewi Morgan. He left Bethania, Cardiganshire, for London as a 17-year-old youth with just two pound notes and a one-way ticket to Paddington in his pocket to work as a milkman. He exhibited the characteristic thrift of his race by investing ten shillings (50 pence) per week of his wages. During the Second World War, he managed to buy a number of businesses that he developed and sold on to conglomerates. He and his wife Nanno returned to Pencarreg Farm, Llanrhystud, in January 1963 before retiring in 1981 and moving to Pennant. His success resulted in his financial support for numerous good causes in his home county, including renovating the church in Trefilan and financing specialist equipment for cardiac treatment at Bronglais Hospital, Aberystwyth.

There is a lengthy history of the 'exile's patronage', the custom of supporting relatives and deserving causes in their former neighbourhoods. Roger Davies' family nowadays are farmers in

nghylchoedd y Cymry alltud. Credir mai ef roddodd y tir lle codwyd Canolfan y Cymry yn Llundain yn Gray's Inn Road. Tybed nad ei gyfeillgarwch â llaethwyr Sir Aberteifi a arweiniodd Richard Williams i ddilyn yr un llwybr? Fe wnaeth ef a'i fab yn sicr ddangos yr un teyrngarwch enwadol, a'r un parodrwydd gyda'i gyfraniadau dyngarol at achosion Cymraeg a Chymreig, rhywbeth a oedd yn nodweddiadol o'r Cymry yn Llundain.

Stori arall o lwyddiant yw hanes Dewi Morgan. Gadawodd ardal Bethania, Sir Aberteifi, am Lundain yn llanc 17 oed gyda dim ond dau bapur punt a thocyn unffordd yn ei boced i weithio fel dyn llaeth. Yn driw i natur ddarbodus ei gyd-Gardis, buddsoddai ddeg swllt (50 ceiniog) o'i gyflog bob wythnos. Yn ystod yr Ail Ryfel Byd, llwyddodd i brynu nifer o fusnesau a'u datblygu cyn eu gwerthu ymlaen i gwmnïau cyfansawdd mawr. Dychwelodd ef a'i wraig, Nanno, i fferm Pencarreg, Llanrhystud, ym mis Ionawr 1963 cyn ymddeol yn 1981 a symud i Bennant. Defnyddiodd lawer o ffrwyth ei lwyddiant trwy gefnogi achosion da niferus yn y sir, yn cynnwys adnewyddu Eglwys Trefilan ac ariannu pwrcasiad offer arbenigol at driniaeth clefyd y galon yn Ysbyty Bronglais, Aberystwyth.

Ceir hanes hir o 'nawdd yr alltud', sef yr arfer o gefnogi perthnasau ac achosion da yn ôl yn y cymunedau a adawyd. Heddiw mae teulu Roger Davies yn ffermwyr yn Llanwrtyd. Gadawodd brawd ei dad-cu i weithio yn y fasnach laeth yn Llundain yn gynnar yn y bedwaredd ganrif ar bymtheg. Yn dilyn ei lwyddiant, talodd am dŷ newydd ac efail

Llanwrtyd Wells. His grandfather's brother left to work in the London milk trade early in the nineteenth century. Following his success, he financed the purchase of a new house and a smithy for his nephew. He contributed generously as well towards the wellbeing of other members of his family and towards building a new chapel in the area. Roger's father was the youngest of 13 children; they also contributed financially to relatives back in Wales.

There are other examples of more famous exiles that did likewise. Sir David James left Pantyfedwen, near Strata Florida, to help his relatives run a dairy in Westminster. He expanded into the grain trade and, in the 1930s, diversified into the world of entertainment. He owned 13 cinemas, including the first-ever multiscreen arena to open in London, the Palladium in Palmer's Green, in 1920. His name still lives on, particularly in the field of the eisteddfodau held annually in Pontrhydfendigaid, Cardigan and Lampeter. In Pontrhydfendigaid, near where he grew up, he financed the building of a 3,000-seat pavilion, a playing field, a community centre, a village hall and a library. He also paid for the stained glass windows in St Mary's Church, Strata Florida, through the Pantyfedwen Trust, a charity which also pays for the upkeep of the cemetery where he lies.

Another example: Hitchman's Dairies in Walthamstow were developed by John Hitchman, a farmer who appreciated as early as the 1880s the advantage of cow keepers retailing milk directly to the public. As the population of that particular

gof i'w nai. Cyfrannodd yn hael hefyd tuag at helpu gwahanol aelodau eraill o'i deulu yn ariannol, a thuag at adeiladu capel newydd yn y fro. Roedd tad Roger yr ieuengaf o 13 o blant; fe wnaeth y rheiny hefyd gyfrannu'n ariannol tuag at les eu perthnasau nôl yng Nghymru.

Ceir enghreifftiau eraill o alltudion enwocach a wnaeth hynny hefyd. Gadawodd Syr David James Bantyfedwen, ger Ystrad Fflur, i gynorthwyo ei berthnasau i redeg llaethdy yn Westminster. Ehangodd ei ddiddordebau i'r fasnach rawn ac, yn y 1930au, arallgyfeiriodd i faes adloniant. Daeth yn berchen ar 13 o sinemâu, yn cynnwys y sinema aml-sgrin gyntaf i agor yn Llundain, sef y Palladium yn Palmer's Green, yn 1920. Mae ei enw'n dal yn fyw, yn arbennig yn yr eisteddfodau a gynhelir yn flynyddol ym Mhontrhydfendigaid, Aberteifi a Llambed. Ym Mhontrhydfendigaid, yr ardal lle'i magwyd, ariannodd gynllun a olygodd adeiladu pafiliwn ar gyfer eistedd cynulleidfa o 3,000, maes chwarae, canolfan gymunedol a llyfrgell. Talodd hefyd am ffenestri lliw yn Eglwys y Santes Fair yn Ystrad Fflur drwy Ymddiriedolaeth Pantyfedwen, elusen sydd hefyd yn gofalu am gynnal y fynwent lle mae'n gorwedd.

Dyma enghraifft arall. Datblygwyd Hitchman's Dairies yn Walthamstow gan John Hitchman, ffermwr a sylweddolodd mor gynnar â'r 1880au y fantais o gael ceidwaid gwartheg i werthu llaeth yn uniongyrchol i'r cyhoedd. Wrth i boblogaeth yr ardal honno gynyddu, felly hefyd y datblygodd y busnes. Yn 1918, gwerthwyd cwmni John

area increased, so the business developed. In 1918, the firm of John Hitchman and Sons, Dairymen and Cow Keepers, was sold to local dairyman David Alban Davies, originally from Llanrhystud. By the 1920s he was employing a staff of 500 and selling 120,000 gallons of milk daily. After a visit to America he returned with the idea of replacing the cardboard milk bottle tops with metal caps.

He contributed to two communities, London and Cardiganshire. He was a member of Walthamstow Council for nine years, and was involved in the founding of Moriah Welsh chapel in the borough and, according to T.I. Ellis in *Crwydro Llundain* [Wandering London], he would contribute one tenth of his earnings annually to the cause. He returned to live at Brynawelon, Llanrhystud, and was appointed High Sheriff of Cardiganshire in 1940. He was a founder-member and chairman of Aberystwyth and District Old People's Housing Society when it purchased Deva, an old people's home on Aberystwyth prom. He bought 200 acres of land on Penglais and presented it to the University of Wales to ensure that no-one else developed the site. The university campus now is located there. David Alban Davies passed away in 1951.

Another example is Evan Evans, who left Llangeitho at the end of the nineteenth century with a one-way ticket to London bought for him by a relative who had offered him work in London. With the cooperation of a network of London Welsh acquaintances, he managed to profit from the opportunities available in the capital at the time and

Hitchman and Sons, Dairymen and Cow Keepers, i laethwr lleol, David Alban Davies, yn wreiddiol o Lanrhystud. Erbyn y 1920au cyflogai staff o 500 gan werthu 120,000 galwyn o laeth yn ddyddiol. Yn dilyn ymweliad ag America, daeth yn ôl â'r syniad o ddefnyddio capiau metel yn lle'r capiau cardfwrdd ar dopiau poteli llaeth.

Cyfrannodd tuag at ddwy gymuned, y naill yn Llundain a'r llall yn Sir Aberteifi. Bu'n aelod o Gyngor Walthamstow am naw mlynedd, a bu'n allweddol wrth sefydlu Capel Cymraeg Moriah yn y fwrdeistref honno ac, yn ôl T.I. Ellis yn *Crwydro Llundain*, byddai'n cyfrannu degfed ran o'i enillion yn flynyddol at yr achos. Dychwelodd i fyw ym Mrynawelon, Llanrhystud, a phenodwyd ef yn Uchel Sirydd yn 1940. Roedd yn sefydlydd ac yn aelod o Gymdeithas Henoed Aberystwyth a'r Cylch a phrynwyd y Deva, cartref henoed mewn adeilad helaeth ar y prom yn y dref. Prynodd 200 erw o dir ar Benglais wedyn a'i gyflwyno i'r Brifysgol fel na fedrai neb arall adeiladu arno. Yno mae campws Prifysgol Aberystwyth heddiw. Bu farw David Alban Davies yn 1951.

Enghraifft arall yw Evan Evans, a adawodd Langeitho ar ddiwedd y bedwaredd ganrif ar bymtheg am Lundain, gyda thocyn unffordd wedi ei brynu gan berthynas a gynigiodd waith iddo yno. Gyda chydweithrediad rhwydwaith o gydnabod o blith y Cymry yn Llundain, llwyddodd i elwa o wahanol gyfleoedd yno ac ymunodd â'r fasnach laeth. Arweiniodd dylanwad ei fam, a'r pwyslais ar gysylltiadau teuluol, at iddo gefnogi dau o'i

joined the milk trade. His mother's influence and emphasis on family allegiance led him to support two of his relatives and help them set up their own businesses there too.

He developed his own tourist business, ferrying visitors by horse and cart and then by charabanc and bus. He bought the Celtic Hotel in Russell Square. He was described by T.I. Ellis as 'the Thomas Cook of Wales'. So progressive was Evan Evans in his ideas that the following notice appeared in number 33 of Y Ddolen, the London Welsh newspaper, in 1933:

An aeroplane will leave London at 8 a.m., Aug. 30, for the Llangeitho Show. Lunch will be provided. Fare £5.

When Jewin Chapel had to be rebuilt after the war (it was damaged by a bomb in 1940), Evan Evans contributed substantially towards the cost. Such was his influence and status that he was elected mayor of St Pancras and was admitted to the exclusive Worshipful Company of Loriners. Although the guild originally had business connotations, its purpose by then was humanitarian and social; membership reflected a social status of note. Evan Evans died in 1965 at 83 years of age.

One who was a member of the Watchful Company of Loriners at an earlier time was John Morgan, who was born in Aberystwyth in 1822. He left Cardiganshire to run a milk business in Clerkenwell, describing himself as 'John Morgan, Gentleman, and in possession of property in London

berthnasau a'u cynorthwyo hwythau i sefydlu eu busnesau eu hunain yno hefyd.

Sefydlodd ei fusnes teithio ei hunan, gan gludo ymwelwyr mewn cart-a-cheffyl cyn troi at siarabáng a bws. Prynodd y Celtic Hotel yn Russell Square. Disgrifiwyd ef gan T.I. Ellis fel 'Thomas Cook Cymru'. Mor flaengar oedd Evan Evans yn ei syniadau fel i'r hysbyseb hon ymddangos yn rhifyn 33 o'r Ddolen, papur newydd y Cymry yn Llundain, yn 1933:

An aeroplane will leave London at 8 a.m., Aug. 30, for the Llangeitho Show. Lunch will be provided. Fare £5.

Pan fu'n rhaid ailadeiladu Capel Jewin wedi'r rhyfel (difrodwyd ef gan fom yn 1940), cyfrannodd Evan Evans yn hael at y gost. Cymaint oedd ei ddylanwad a'i statws fel iddo gael ei ethol yn faer St Pancras a'i dderbyn gan y mudiad aruchel hwnnw, The Worshipful Company of Loriners (Urdd Anrhydeddus y Gwneuthurwyr Harnais). Er mai corff busnes ydoedd hwnnw i ddechrau, datblygodd yn urdd ecsgliwsif a oedd, erbyn y cyfnod hwnnw, wedi datblygu rôl ddyngarol a chymdeithasol. Fe wnâi aelodaeth o'r Urdd adlewyrchu bod gan rywun statws cymdeithasol arbennig iawn. Bu farw Evan Evans yn 1965 yn 83 oed.

Un a fu'n aelod o'r Watchful Company of Loriners mewn cyfnod cynharach oedd John Morgan, a anwyd yn Aberystwyth yn 1822. Gadawodd Sir Aberteifi i redeg busnes llaeth yn Clerkenwell, gan ddisgrifio'i hun fel 'John Morgan, Gentleman'. Roedd ganddo eiddo yn Llundain ac yn

and Llanfihangel Genau'r-glyn'. He died in 1893.

Another Cardi who, like Evan Evans, became mayor of St Pancras was Sir David Davies. He was born the son of a farmer in Tŷ'n Cae, Y Berth, near Tregaron, in 1870. He left for London to join the milk trade and was appointed the first leader of the London Retail Dairymen's Association. He was mayor of his borough 1911–12 and was a councillor on London City Council. His wife, Mary Ann Edwards, came from Eglwysfach.

We also note examples of philanthropy by some London dairymen who came from outside Cardiganshire. William Price (1865–1938) was born in Llanwrtyd Wells, the son of a farmer and the sixth of nine children. He started in business in London in the early 1880s by opening a retail dairy in the west of the city and then becoming a partner in the Great Western and Metropolitan Dairies, later setting up United Dairies in 1915. His business acumen ensured that there was a regular supply of milk in London throughout the First World War and during the 1926 General Strike. His contribution to London's civic and religious life was just as notable; he became a JP, a deacon at his Presbyterian chapel in Paddington, as well as being patron of the family chapel in Llanwrtyd Wells. He was knighted in 1922.

It is worth noting that the United Dairies' secretary was a Welsh-speaking man from Holywell. D.R. Hughes (1874–1953) was also for many years the editor of *Our Notebook*, the staff magazine of United Dairies, and joint editor of *Y Ddolen*, the London Welsh periodical.

ôl yn Llanfihangel Genau'r-glyn. Bu farw yn 1893.

Cardi arall a fu'n faer St Pancras oedd Syr David Davies. Ganwyd ef yn Nhy'n Cae, Y Berth, ger Tregaron, yn 1870. Gadawodd am Lundain i ymuno â'r fasnach laeth a'i benodi'n arweinydd cyntaf y London Retail Dairymen's Association. Bu'n faer y fwrdeistref yn 1911–12 ac yn gynghorydd ar Gyngor Dinesig Llundain. Deuai ei wraig, Mary Ann Edwards, o Eglwysfach.

Dylid nodi enghreifftiau o weithgareddau dyngarol gan laethwyr o Gymru nad oedd o Sir Aberteifi. Ganwyd William Price (1865–1938) yn Llanwrtyd, mab i ffermwr, a'r chweched o naw o blant. Cychwynnodd mewn busnes yn gynnar yn yr 1880au drwy agor busnes gwerthu llaeth yng ngorllewin y ddinas ac yna mynd yn bartner yn y Great Western and Metropolitan Dairies, ac yn ddiweddarach eto, sefydlu United Dairies yn 1915. Sicrhaodd ei allu mewn busnes y byddai cyflenwad rheolaidd o laeth yn Llundain gydol y Rhyfel Mawr ac yn ystod Streic Gyffredinol 1926. Bu ei gyfraniad i fywyd dinesig a chrefyddol Llundain yr un mor nodedig; daeth yn Ynad Heddwch, yn ddiacon yn ei gapel Presbyteraidd yn Paddington, yn ogystal ag yn noddwr i gapel y teulu yn Llanwrtyd. Urddwyd ef yn Farchog yn 1922.

Mae'n werth nodi mai Cymro Cymraeg o Dreffynnon oedd ysgrifennydd United Dairies, sef D.R. Hughes (1874–1953). Ef, am nifer o flynyddoedd hefyd, oedd golygydd *Our Notebook*, cylchgrawn staff United Dairies, a chyd-olygydd *Y Ddolen*, cylchgrawn y Cymry yn Llundain.

Some of those who ventured to London from Wales created a great deal of wealth. But they were ready to work hard and to share their riches as well. There was a desire to support their fellow Welsh who followed them to London while not forgetting the good causes back home that were close to their hearts. As National Eisteddfod chair and crown poet Ceri Wyn Jones said in a couplet:

The Cardi's fist is never tight
He shares his wealth when needed.

★

It is obvious that the aim was to work hard, to succeed, and then to return to Wales with clear evidence of that success. And when a Welsh exile died amid his or her labours they would, almost inevitably, be taken back home to be buried in the family plot. Following the late Sunday chapel service, the coffin would be conveyed to Paddington or Euston railway station and then taken by train to the nearest station to the deceased's former home. The congregation would have joined the family mourners on the platform and, as the train slowly departed, the precentor would hit the opening notes of David Charles' hymn: 'O Fryniau Caersalem' [From the Hills of Jerusalem].

Three members of the family of William Edwards from Llanilar were brought 'home' for burial – his maternal grandmother Elizabeth Davies, and her son and daughter, Will and Getta. They ran a business in Goswell Road but, in turn, were

Fe lwyddodd amryw o'r rheiny a fentrodd i Lundain i grynhoi cryn gyfoeth. Ond ni ddaeth hynny heb waith caled, a byddent yn barod i siario'u henillion hefyd. Roedd ynddynt awydd i gefnogi eu cyd-Gymry a'u dilynodd i Lundain, heb anghofio yr achosion da nôl gartref chwaith, a oedd mor agos at eu calon. Fel y canodd Ceri Wyn Jones, Prifardd cadeiriol a choronog yr Eisteddfod Genedlaethol mewn cwpled:

Nid yw dwrn y Cardi'n dynn
Â'i gyfoeth pan fo'r gofyn.

★

Yn amlwg, y nod i'r alltud oedd gweithio'n galed, ac yna ddychwelyd i Gymru gyda thystiolaeth amlwg iddo lwyddo. A phan wnâi Cymro neu Gymraes oddi cartref farw yn eu gwaith, caent yn ddieithriad, bron, eu cludo'n ôl adref i'w claddu yn erw'r teulu. Yn dilyn y gwasanaeth hwyrol nos Sul, câi'r arch ei hebrwng i orsaf reilffordd Paddington neu Euston ac yna ar y trên i'r orsaf agosaf at hen gartre'r ymadawedig. Byddai'r gynulleidfa wedi ymuno â'r galarwyr ar y platfform, ac wrth i'r trên adael yn araf byddai'r codwr canu yn taro nodau agoriadol emyn David Charles: 'O Fryniau Caersalem'.

Cludwyd tri aelod o deulu William Edwards o Lanilar 'adre' i'w claddu – ei fam-gu ar ochr ei fam, Elizabeth Davies, a'i mab a'i merch, Will a Getta. Roedd ganddynt fusnes yn Goswell Road ond, yn eu tro, cludwyd hwy nôl i'w claddu ym mynwent yr

brought back for burial in the church graveyard in the village. Local newspaper reports spoke in each case of hymn singing on the station platform as the wreath-laden coffin started its long journey back to Wales.

Local London newspapers recounted the ceremony of the departure of Sarah Jones of Stoney Lane, Middlesex Road, in the East End, who died in 1937. Such events were so special that they would be noted in the local newspapers. Sarah's departure attracted 200 mourners to Euston station to bid her farewell. The 59-year-old exile was described in *The Star* as one who had been kind to those in need. She distributed eggs and other various goods from her shop among the sick and other unfortunates in the area, free of charge. She was said to welcome strangers to share meals around the family table. She and her husband, Henry, had 11 children, seven of them girls.

A funeral service was held at the family home where she had lived for 36 years. A motorcade of three dozen cars followed the hearse to the station and was decked with flowers and wreaths. Mourners thronged the streets. Hymns were sung on the station platform. She was interned, like her husband and their baby before, at Llanfihangel Genau'r-glyn church's cemetery. At the base of her gravestone and beneath her name is written:

Hyn a allodd hon, hi â'i gwnaeth
That which she could, she did.

Another account of a funeral, recorded in the

eglwys yn y pentref. Fe wnaeth papurau lleol adrodd ym mhob achos at y canu emynau ar blatfform yr orsaf wrth i'r arch, wedi ei orchuddio â blodau, gychwyn ar ei daith hir yn ôl i Gymru.

Fe wnaeth papurau lleol yn Llundain ddisgrifio'r seremoni wrth i'r trên gludo gweddillion Sarah Jones o Stoney Lane, Middlesex Road, yn yr East End, a fu farw yn 1937. Byddai digwyddiadau fel hyn mor arbennig fel y caent eu cofnodi yn y papurau lleol. Fe wnaeth ymadawiad Sarah ddenu 200 o alarwyr i ffarwelio â hi yng ngorsaf Euston. Disgrifiwyd yr alltud 59 mlwydd oed yn *The Star* fel un a fu'n garedig i rai oedd mewn angen. Byddai'n dosbarthu wyau a nwyddau eraill o'i siop ymhlith y cleifion a'r anffodusion yn yr ardal, a hynny am ddim. Byddai'n croesawu dieithriaid i siario prydau bwyd y teulu o gwmpas y bwrdd. Roedd ganddi hi a'i phriod, Henry, 11 o blant, saith ohonynt yn ferched.

Cynhaliwyd gwasanaeth yng nghartre'r teulu lle bu'n byw am 36 mlynedd. Dilynwyd yr hers gan fodurgad o dri dwsin o geir i'r orsaf, yr arch wedi'i orchuddio gan flodau a thorchau. Claddwyd hi, fel ei gŵr a'u baban o'u blaen, ym mynwent eglwys Llanfihangel Genau'r-glyn. Ar waelod ei charreg fedd ceir y geiriau:

Hyn a allodd hon, hi â'i gwnaeth

Adroddiad angladdol arall, a gofnodwyd yn y *Welsh Gazette* ar 8 Hydref 1908, oedd un Richard Williams Watkin o'r Golden Vale Dairy, Basset Street, Llundain. Yn wreiddiol o Lanilar, gweithiai

Sarah Jones' tombstone in Llanfihangel Genau'r-glyn's cemetery
Beddfaen Sarah Jones ym mynwent Llanfihangel Genau'r-glyn

Bethan & Richard Hartnup

The newspaper report of Sarah Jones' coffin departing back to Wales
Adroddiad papur newydd am ymadawiad arch Sarah Jones yn ôl i Gymru

Henry Jones

200 SING HYMNS AT STATION

Woman Who Was Loved In The East End

TWO hundred people took part in hymn-singing at Euston Station when the body of Mrs. Sarah Jones, an East End dairywoman, was sent back to her native Wales for burial to-day.

Mrs. Jones, who was 59, was loved by all in the East End.

Her Generosity

No one who asked her for assistance was refused.

If, on her round, she heard of a ease of sickness among the poor, she would give them eggs and other provisions from her shop, and sometimes complete strangers were invited in to have a meal with the family.

Many Wreaths

She had 11 children—seven sons and four daughters.

After a service at the house the procession left the shop in Stony-lane, Middlesex-street, where she had lived for 36 years.

The funeral cars used were covered with scores of wreaths and bunches of flowers,

Welsh Gazette of 8 October 1908, was that of Richard Williams Watkin of the Golden Vale Dairy, Basset Street, London. A native of Llanilar, he worked with his mother in her dairy and cowsheds. He met his death while delivering milk on his early round.

The funeral took place in Llanilar and he was buried in the family grave. The newspaper report speaks of a large gathering of people in Basset Street on the night before his remains were taken to Euston station. Two to three hundred people, mostly Welsh, had assembled at the station to await the arrival of the cortège. In the meantime, a Welsh choir, drawn from all the Welsh churches and chapels in London, had assembled and, at 9.30 in the evening, the hearse containing the remains, and cars full of mourners reached the entrance of the station. A procession was formed, with all heads respectfully uncovered. First came the flower-laden coffin, borne on the shoulders of the undertaker's assistants, followed by the deceased's mother and the remaining mourners.

The newspaper notes that the funeral procession moved forward through an avenue of sorrowful men and women and, with the handsome polished oak coffin having been placed on the train, the mourners were escorted to the reserved carriage for their long journey to Aberystwyth. The Welsh choir, in full and fine voice, sang the burial hymn, 'Bydd Myrdd o Ryfeddodau' [There will be a myriad of wonders] – the choir continuing to sing while the train moved slowly out of the station at ten o'clock, bringing to an end a most moving scene.

yn llaethdy a beudai ei fam. Bu farw tra oedd ar ei rownd yn gynnar un bore.

Bu'r angladd yn Llanilar a chladdwyd ef ym meddrod y teulu. Disgrifia'r adroddiad papur newydd dorf yn crynhoi yn Basset Street ar y noson cyn i'w weddillion gael eu cludo i orsaf Euston. Roedd dau neu dri chant o bobl, y mwyafrif yn Gymry, wedi ymgynnull yno i ddisgwyl yr orymdaith angladdol. Yn y cyfamser roedd côr Cymraeg, yn cynrychioli holl gapeli ac eglwysi Cymraeg Llundain wedi ymgynnull, ac am 9.30, cyrhaeddodd yr hers ynghyd â cheir yn cario'r galarwyr at y fynedfa i'r orsaf. Trefnwyd gorymdaith, y dynion oll wedi diosg eu hetiau'n barchus. Yn arwain roedd yr arch, wedi ei orchuddio â blodau, ar ysgwyddau gweision yr ymgymerwr, gyda mam yr ymadawedig yn dilyn, ac yna'r galarwyr eraill.

Nodir yn yr adroddiad papur newydd i'r orymdaith ymlwybro ymlaen rhwng rhesi o ddynion a menywod galarus ac, wedi i'r arch dderw, sgleiniog, hardd, gael ei gosod ar y trên, hebryngwyd y galarwyr i'w cerbyd cadw ar y trên ar gyfer y siwrnai hir i Aberystwyth. Fe wnaeth y côr Cymraeg, a'u lleisiau'n atseinio, ganu'r emyn angladdol, 'Bydd Myrdd o Ryfeddodau'. Parhaodd y côr i ganu wrth i'r trên dynnu allan yn araf o'r orsaf am ddeg o'r gloch, gan ddod â'r olygfa drawiadol i ben.

Owen Watkin's grandparents' business in the early 1900s: the shop, the staff, the barrows, the Welsh cob – and Cymro the dog!
Busnes tad-cu a mam-gu Owen Watkin yn y 1900au cynnar: y siop, y staff, y berfâu, y cob Cymreig – a Cymro'r ci!

Owen Watkin

John Jones and an employee outside their dairy in Masbro Road, Kensington, in the 1920s
John Jones ac un o'i weithiwyr tu allan i'w llaethdy yn Masbro Road, Kensington, yn y 1920au

Edwin Jones

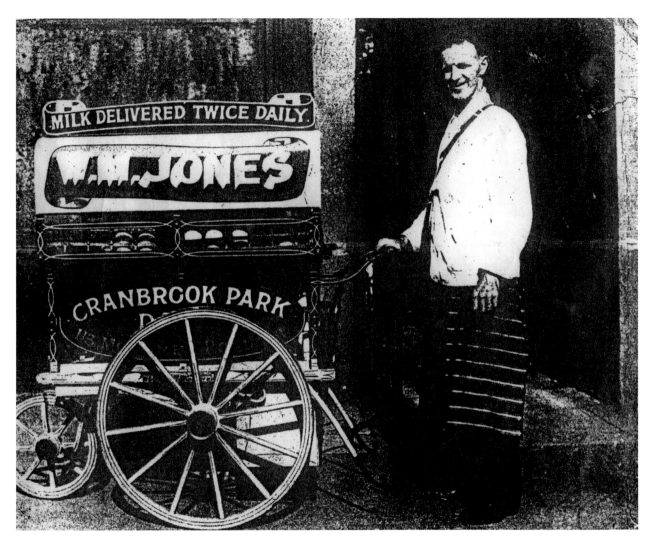

A Cranbrook Park Dairy barrow with its roundsman

Berfa llaethdy Cranbrook Park, gyda'i ddyn llaeth

Alun Eirug Davies

Evan Edwards from Tregaron, the descendant of a drover. He owned businesses in Tufnell Park and Finsbury Park.
Evan Edwards o Dregaron, disgynnydd porthmon. Roedd yn berchennog ar fusnesau yn Tufnell Park a Finsbury Park.

Evan Jones

John Stephen Jones, Ynys Tudur, Tre'r-ddôl, in Stratford Road, Kensington, in the early 1930s
John Stephen Jones, Ynys Tudur, Tre'r-ddôl, yn Stratford Road, Kensington, yn nechrau'r 1930au

Carys Briddon

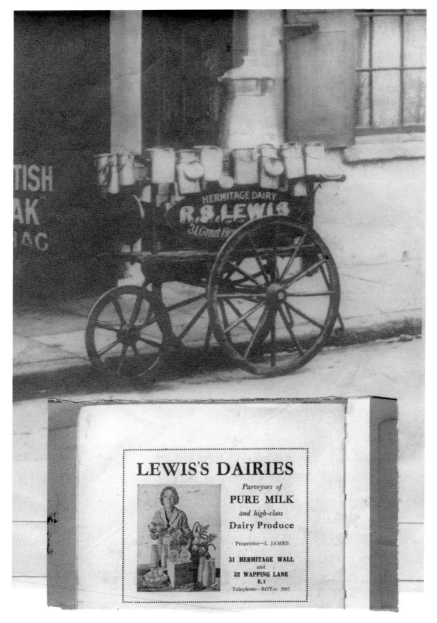

Glyn James' family dairy barrow in the 1930s, although still trading under the previous owner's name. Also the advert for a business in a Stepney trade magazine.
Berfa laeth teulu Glyn James o'r 1930au, er ei bod yn masnachu dan enw'r perchennog blaenorol. Yn ogystal ceir hysbyseb am fusnes mewn cylchgrawn gwerthu yn Stepney.

Glyn James

Jac Alun, one of the Cilie farm family, in Finsbury Park

Jon Meirion Jones

Jac Alun, un o deulu'r Cilie, yn Finsbury Park

John Jacob, the collier milkman

Peggy Beaven

John Jacob, y dyn glo a'r dyn llaeth

Roundsmen and barrows outside Owen Davies' dairy in Tottenham
Aerona Evans

Dynion llaeth a'u berfâu tu allan i laethdy Owen Davies yn Tottenham

A milk business in the family of Richard Evans, Llanddeiniol

Richard Evans

Llaethdy yn nheulu Richard Evans, Llanddeiniol

Edgar Morgan, with an early version of a milk cart
Edgar Morgan, gyda fersiwn cynnar o gert llaeth

Anne Thomas

Phoebe and Jim Boudier outside their Gray's Inn Road shop in the 1940s

Phoebe a Jim Boudier tu allan i'w siop yn Gray's Inn Road yn y 1940au

Christine Boudier

A barrow proud of its 'Non-combine Dairy Farmer' association

Megan Lloyd

Berfa sy'n falch o'i chysylltiad â ffermwr gwartheg 'Non-combine'

W. Evans Dairy, 130 St John Street, Clerkenwell

Margaret Humphreys

Llaethdy W. Evans, 130 St John Street, Clerkenwell

Members of the Jones/Harries family in 39 Royal Street, Greenwich, c.1907. They had moved to London after the shipbuilding boom came to an end in Aberaeron.

Dee Sawyer

Aelodau o ddeuluoedd Jones/Harries yn 39 Royal Street, Greenwich, tua 1907. Symudon nhw i Lundain pan ddaeth bri y diwydiant adeiladu llongau i ben yn Aberaeron.

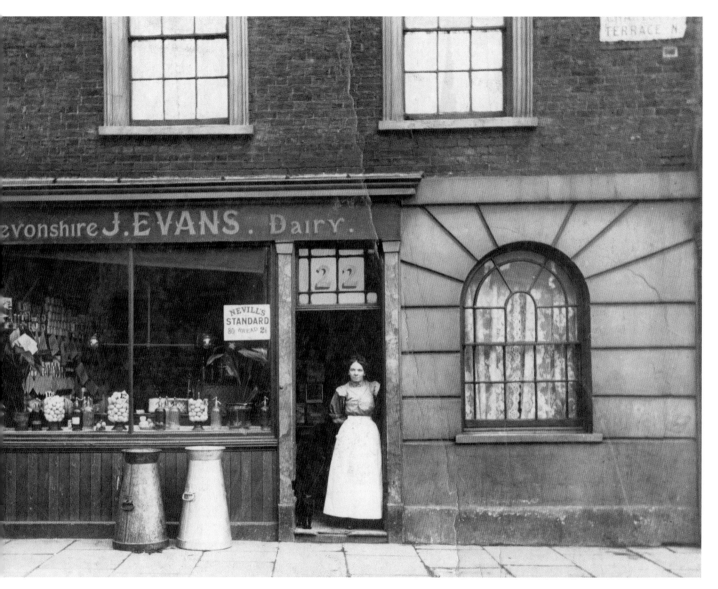

J. Evans' shop, Devonshire Dairy, off the Caledonian Road in the early 1920s
Siop J. Evans, Llaethdy Devonshire, oddi ar y Caledonian Road ar ddechrau'r 1920au

Elgan Davies

Leisa Jones and colleague outside Sultan Stores, Sultan Street, Camberwell
Leisa Jones a chyd-weithiwr tu allan i Sultan Stores, Sultan Street, Camberwell

Edwin Jones

The J. Parry-Williams family shop in Replingham Road, Southfields

Siop deulu J. Parry-Williams yn Replingham Road, Southfields

John & Jenny Parry-Williams

T.D. Davies' shop, Mayfield Farm Dairy

Dilys Scott

Siop T.D. Davies, Llaethdy Mayfield

Mary Bott and her mother outside their Fulham shop

Mary Bott a'i mam tu allan i'w siop yn Fulham

Mary Bott

Mary Bott's family outside their corner shop in Kilburn

Mary Bott

Teulu Mary Bott o flaen ei siop gornel yn Kilburn

A family group at David Davies' shop

Anne Thomas

Grŵp teulu yn siop David Davies

Daniel and Margaret Jones with their maid outside their shop

Edwin Jones

Daniel a Margaret Jones a'u morwyn tu allan i'w siop

The owners of Fairlawn Park Dairy in the doorway of their shop

Evan Jones

Perchnogion llaethdy Fairlawn Park ar stepen drws eu siop

The Pugh family at their Oxford Express Dairy, Frith Street, Soho, just before calling it a day
Teulu Pugh tu allan i'w llaethdy Oxford Express yn Frith Street, Soho, ychydig cyn ymddeol

Maldwyn Pugh

5 Fact and Fiction
Ffaith a Chwedl

Shortly before Christmas 1996, S4C presented a new drama series called *Y Palmant Aur* [The Golden Pavement]. This was the story of a family that had been part of the milk trade during the early decades of the twentieth century. The essence of the plot was the contrast between two major characters: one who had stayed at home in Cardiganshire, and the other who had gone to London. So we find Ifan at home, farming Ffynnon Oer; and Isaac, a successful seller of milk in the English capital.

The drama, filmed by the television company Opus, opens with the death of the matriarch of the family and the birth of an illegitimate child. It was based on detailed research in contemporary periodicals and interviews with those who had experienced life in the milk trade in London. The scriptwriter of *Y Palmant Aur*, which ran for four series, was Manon Rhys. She also published three novels based on the series: *Siglo'r Crud* [Rocking the Cradle], *Rhannu'r Gwely* [Sharing the Bed] and *Cwilt Rhacs* [A Rag Quilt]. Manon Rhys wrote from personal experience, as members of both sides of her family had been part of the London milk trade. Although she was born in the Rhondda, her mother

Ar drothwy'r Nadolig 1996, fe wnaeth S4C lansio drama gyfres newydd o'r enw *Y Palmant Aur*. Drama oedd hi am deulu a fu'n rhan o'r fasnach laeth yn ystod degawdau cynnar yr ugeinfed ganrif. Craidd y stori oedd y cyferbyniad rhwng dau brif gymeriad: y naill wedi aros gartref yn Sir Aberteifi, a'r llall wedi ymfudo i Lundain. Cawn Ifan gartref yn ffermio Hafod Oer, ond Isaac, masnachwr llaeth llwyddiannus, ym mhrifddinas Lloegr.

Mae'r ddrama, a ffilmiwyd gan gwmni teledu Opus, yn agor gyda marwolaeth matriarch y teulu a genedigaeth plentyn anghyfreithlon. Fe'i seiliwyd ar ymchwil manwl mewn cylchgronau cyfoes a thrwy gyfweliadau â rhai a brofodd fywyd yn y fasnach laeth yn Llundain. Sgriptiwyd y ddrama, a redodd am bedair cyfres, gan Manon Rhys. Cyhoeddodd hefyd dair nofel wedi eu seilio ar y gyfres: *Siglo'r Crud*, *Rhannu'r Gwely* a *Cwilt Rhacs*. Fe ysgrifennodd Manon Rhys o brofiad personol, gan i aelodau o'i theulu o'r ddwy ochr fod yn rhan o'r fasnach laeth yn Llundain. Er iddi gael ei geni yn y Rhondda, hanai ei mam o Ffos-y-ffin, ger Aberaeron, a'i thad o Lwynpiod, ger Tregaron.

Neges sylfaenol y stori – honno'n wir i raddau

hailed from Ffos-y-ffin, near Aberaeron, and her father from Llwynpiod, near Tregaron.

The basic message of the tale – true to a large extent – was that it was possible to do well in London, but staying at home on the farm in Wales was hard labour.

Ffynnon Oer represented a traditional smallholding in Cardiganshire during the 1920s. There, the tenant had to struggle with poor acidic soil that needed careful and consistent tending to provide any kind of living. That was the kind of smallholding where J. Kitchener Davies, Manon Rhys' father, had been raised. In *Y Palmant Aur* it is implied that any alternative way of life to that of the struggling smallholder, especially one as romantic as that in London, was certain to be financially superior.

This kind of life in Cardiganshire entailed hard work for little return. It may have led to the unfair description of the typical Cardi being exceptionally parsimonious. This notion may have contributed to the financial success of those new residents of London, but there was also a preparedness to cooperate and a willingness to lend a helping hand.

It might be expected that simple folk like these, having come from the wildernesses of the countryside, would succumb to the bright lights and temptations of the city. There are tales of newcomers from the rural areas of Cardiganshire being taken to the greyhound races at White City in order to warn them against such temptations. How easy it could be to risk hard-earned money on a greyhound,

helaeth – oedd ei bod hi'n bosibl i lwyddo yn Llundain, ond mai llafur caled fyddai bywyd ar y fferm yng Nghymru.

Roedd Ffynnon Oer yn cynrychioli'r tyddyn traddodiadol yn Sir Aberteifi yn y 1920au. Yno byddai'n frwydr barhaus rhwng y tenant a'r pridd gwael, asidig y byddai angen ei feithrin yn ofalus a chyson cyn medru crafu unrhyw fath o fywoliaeth ohono. Dyma'r math o dyddyn lle codwyd tad Manon Rhys, sef J. Kitchener Davies. Yn *Y Palmant Aur* awgrymir bod unrhyw ffordd amgen o fyw i un y tyddynnwr llafurus, ac yn arbennig un mor rhamantus â hwnnw a geid yn Llundain, yn sicr o fod yn rhagori'n ariannol.

Golygai'r math hwn o fywyd yn Sir Aberteifi waith caled ond enillion prin. Dyma, hwyrach, a fu'n gyfrifol am y disgrifiad annheg o'r Cardi fel un arbennig o gybyddlyd. Hwyrach i'r ddelwedd hon gyfrannu at lwyddiant ariannol y dinasyddion Llundeinaidd newydd hyn, ond byddent hefyd yn barod i gydweithio ac i estyn llaw o gymorth.

Gellid disgwyl y byddai'r gwerinwyr syml hyn, o ffarwelio â diffeithwch cefn gwlad Cymru, yn debyg o ildio i oleuadau llachar a themtasiynau'r ddinas. Ceir hanesion am newydd-ddyfodiaid o gefn gwlad Sir Aberteifi yn cael ymweld â rasys milgwn yn White City fel rhybudd rhag ildio i'r fath demtasiwn. Mor hawdd fyddai mentro arian prin ar filgi. O hynny y deilliodd yr hen ddywediad adnabyddus, 'going to the dogs'. Pa mor aml y rhybuddiwyd y mewnfudwyr hyn am gadw at y llwybr cul – yn enwedig gan y rhai a fynychent y cysegr?

something that led to the well-known saying, 'going to the dogs'? How often was the warning given to keep to the straight and narrow – especially by those who attended chapel?

Y Palmant Aur was fictional. But it is a very credible story. Manon Rhys drew from her family's many experiences and recollections. Below you will read the reminiscences of an exceptional woman who personally experienced this kind of life. She is Ann Jones from Bronant. These are her words:

I left my home at Pantddafad, Bronant, when I was 12 years old in 1933 with my parents and my brother Dan. It was a smallholding and my granny lived there. The reason why my parents decided to pack up their bags was poverty. The soil was poor and life was hard. Mother worked as a seamstress just to bring in some extra pence. We had to leave or starve.

I remember my father selling a calf for seven shillings and sixpence. After feeding it with milk for a week, the purchaser could sell it on for four or five times as much. Mind you, seven shillings and sixpence was a lot of money in those days. In order to make ends meet, Mother worked at sewing for threepence a day.

Pantddafad, where we lived, was only 54 acres and we kept a cow and calf, a pig and a few hens. Later some of the land was sold, leaving us only 17 acres. After Grandma left for Arfron, where I now live, I would sit with her on the little settle, where she would read me *Y Drysorfa Fach* [The Small Treasury] by candlelight, the candle grease dripping over her clothes. I had to repeat after her and that was how I learnt to read.

We left for London on the train from Tregaron station, with the furniture following in a Pickfords' lorry. I wasn't sorry to leave. For a 12-year-old girl it was a

Ffuglen oedd *Y Palmant Aur*. Ond mae hi'n stori a allai'n hawdd fod yn wir. Seiliwyd y cyfan ar atgofion a phrofiadau teulu Manon Rhys. Yn dilyn cewch hanes menyw eithriadol a brofodd y math hwnnw o fywyd. Ann Jones o Fronant yw'r fenyw honno. Dyma ei geiriau hi:

Fe adewais i fy nghartref ym Mhantddafad, Bronant, yn 12 oed yn 1933, fi a'm rhieni a'm brawd, Dan. Tyddyn bach oedd e, ac roedd Mam-gu'n byw lle ydw i'n byw nawr. Y rheswm i Nhad a Mam godi eu pac oedd tlodi. Roedd y ddaear yn wael a bywyd yn galed. Roedd Mam yn wniadyddes er mwyn ennill ychydig o geiniogau ychwanegol. Rhaid oedd mynd neu glemio.

Rwy'n cofio Nhad yn gwerthu llo am saith-a-chwech. Ar ôl ei fwydo ar laeth am wythnos, fe gâi'r un a'i prynodd e bedair neu bum gwaith hynny amdano. Cofiwch, roedd saith-a-chwech yn bris teg bryd hynny. Roedd Mam yn gweithio fel gwniadyddes er mwyn cael dau pen llinyn ynghyd, a hynny am dâl o dair ceiniog y dydd.

Dim ond 54 erw oedd Pantddafad, lle roeddem ni'n cadw buwch a llo, mochyn ac ychydig o ieir. Wedyn fe werthwyd rhan o'r tir gan adael dim ond 17 erw. Pan symudodd Mam-gu i Arfon, lle dwi'n byw nawr, fe fyddwn i'n eistedd ar y sgiw fach, hi'n darllen *Y Drysorfa Fach* yng ngolau'r gannwyll, a'r gwêr yn diferu dros ei dillad. Wedyn fe fyddwn i'n gorfod ailadrodd ar ei hôl hi. Dyna sut y dysgais i ddarllen.

Ar y trên o stesion Tregaron wnaethon ni adael am Lundain, a'r celfi'n mynd ar wahân mewn lori Pickfords. Doedd dim hiraeth arna'i wrth adael. I ferch 12 oed roedd y peth yn antur fawr. Roedd fy rhieni wedi prynu busnes gwerthu llaeth yn Central Street, Hoxton, ym mwrdeistref Hackney, yn yr East End. Roedd y busnes ar gyrion ardal y banciau mawr yn y

great adventure. My parents had bought a milk vending business in Central Street, Hoxton, in the borough of Hackney in the East End. The business was close to the large City banks. A relative of my mother was a house agent in London and it was he who found them the business.

My brother and I attended the local school in Hoxton among all the Cockneys. It was rather a rough school but we got on well there without any serious problems. Then the business next door to the dairy came on the market, a Jewish shop. My father bought it and turned it into a bar selling snacks such as sandwiches, rolls, coffee and tea. Because of its proximity to the City where the banks and big money were situated, we were very busy.

My brother and I soon acclimatised to life in the big city. I had little English; at least I could say 'Good morning', 'Good afternoon' and 'Thank you very much'. My father spoke good English but my mother wasn't as fluent. She described her English as 'a tramp's English'.

My brother Dan did not join the business. He chose to go to the field of medicine. He was admitted to Barts Hospital medical school where he pursued optical studies. He graduated as an optician and then as an eye specialist. He went to Harley Street and was appointed as the eye specialist for the prisoners at Wormwood Scrubs prison. He attended there three mornings a week.

Having settled in London, our visits to Bronant were few and far between. The fact is that we were too busy to go. The business needed our constant attention and there was no time for holidays.

We didn't leave even during the war. We managed to survive that nightmare. Many buildings around us were bombed. When the siren sounded, we would shelter in the cellars of a large old brewery nearby. Even then, during one raid by the *Luftwaffe*, 100 were killed

Ddinas. Perthynas i Mam, oedd yn asiant tai yn Llundain, wnaeth ffeindio'r busnes iddyn nhw.

Fe es i a 'mrawd i ysgol leol yn Hoxton, i ganol y Cocnis. Roedd hi'n ysgol ddigon garw, ond fe ddaethon ni ymlaen yn dda yno heb unrhyw drafferthion mawr. Wedyn fe ddaeth y busnes oedd y drws nesaf i ni ar y farchnad, siop Iddewig. Fe brynodd Nhad y lle a'i droi'n far bwydydd ysgafn fel brechdanau, rholiau, coffi a the. Gan ein bod ni mor agos i'r Ddinas, lle'r oedd y banciau a'r arian mawr, roedd yno gryn brysurdeb.

Fuodd fy mrawd a finne ddim yn hir cyn dygymod â bywyd y ddinas fawr. Roedd gen i ychydig o Saesneg – wel, o leiaf roedd gen i 'Good morning,' Good afternoon' a 'Thank you very much'. Roedd Saesneg da gan Nhad, ond doedd Mam ddim mor rhugl. Fe fyddai hi'n disgrifio'i Saesneg fel 'Saesneg tramp'.

Aeth Dan fy mrawd ddim i'r busnes. Fe ddewisodd e fynd i'r maes meddygol. Fe aeth i Ysgol Feddygol Ysbyty Barts i astudio'r llygaid. Fe gymhwysodd i fod yn optegydd ac yna'n arbenigwr ar y llygaid. Fe aeth i Harley Street ac yna fe'i penodwyd e'n arbenigwr ar lygaid ar garcharorion Wormwood Scrubs. Fe fyddai'n mynd yno dri bore'r wythnos.

Ar ôl sefydlu yn Llundain, prin iawn fyddai ein hymweliadau â Bronant wedyn. Y gwir amdani oedd ein bod ni'n rhy brysur i fynd. Byddai angen cadw golwg ar y busnes byth a hefyd. Doedd yna ddim amser i wyliau.

Wnaethon ni ddim gadael hyd yn oed adeg y rhyfel. Fe wnaethon ni lwyddo i oroesi'r hunllef honno. Fe fomiwyd amryw o'r adeiladau o'n cwmpas ni. Pan ganai'r seiren fe fydden ni'n rhedeg i un o seleri hen fragdy mawr gerllaw i lochesu. Hyd yn oed wedyn, mewn un cyrch gan y *Luftwaffe*, fe laddwyd 100 yno. Rwy'n cofio gweld cyrff yn gorwedd ar y llawr ym mhobman.

Roedd gan Nhad, Morgan Ifor Morgan, ei rownd laeth ei hun. A rhwng y busnes llaeth a'r bar bwyd,

there; I remember bodies lying around everywhere.

My father, Morgan Ifor Morgan, had his own milk round. Between the dairy and food bar, we employed two local girls. Then Dad decided to look for a laundrette. He found one in Chiswick in an area of large, fashionable houses inhabited by many stage stars like Tommy Cooper. Dad thought that such a business would suit him after retiring from the dairy round. There again, business was good. After all, the gentry of Chiswick were not prepared to wash their clothes in a tub, as Mother had done back in Pantddafad. They preferred to use a washing machine.

The laundrette doors closed and locked automatically every night. Therefore, if you were not out by nine, you were there till morning. This too was a successful undertaking.

There was much business acumen in the family. R.O. Williams' sister was my father's mother, that is, my grandmother. R.O. Williams was one of Tregaron's foremost businessmen.

My father then bought a business in Harlesden. This was a self-service store. The shop was situated in the middle of a very busy area. Nearby was the Wall's factory and dozens of the workers called by constantly.

The exiled Cardis met regularly in chapel on a Sunday and especially in the meeting after the service over a cup of tea in the vestry. In Jewin, where we were members, we took turns to prepare the tea. There, everyone would be caught up in the weekly news about the old home. The minister was the Reverend D.S. Owen. I attended the services fairly regularly, but not every Sunday; my brother and I had one Sunday a month free.

On those Sundays when we didn't attend Jewin, my brother and I travelled on a double-decker bus around London. We bought a day ticket for sixpence. Mother prepared a box of food for us. We were in our

roedd ganddon ni ddwy ferch leol yn gweithio i ni. Yna dyma Nhad yn penderfynu chwilio am londrét. Fe ddaeth o hyd i un yn Chiswick, mewn ardal ffasiynol, lle'r oedd tai mawr a llawer o sêr y llwyfan fel Tommy Cooper yn byw yno. Roedd Nhad yn teimlo y byddai busnes o'r fath yn addas iddo fe pan ddôi'n amser iddo roi'r gorau i'r rownd laeth. Yno, eto, roedd busnes yn dda. Wedi'r cyfan, doedd byddigion Chiswick ddim yn barod i olchi eu dillad mewn twba, fel y gwnâi Mam gynt nôl ym Mhantddafad. Roedd y rheiny am ddefnyddio peiriant golchi.

Byddai drws y londrét yn cau'n awtomatig am naw bob nos. Felly, os na fyddech chi allan erbyn naw, fe fyddech chi yno drwy'r nos. Fe lwyddodd y busnes yma eto.

Roedd llawer o brofiad busnes yn ein teulu ni. Roedd chwaer R.O. Williams yn fam-gu i mi, sef mam fy Nhad. R.O. Williams oedd un o fasnachwyr amlycaf ardal Tregaron.

Aeth Nhad ymlaen i brynu busnes yn Harlesden. Siop hunanwasanaeth oedd y busnes hwn. Safai'r siop yng nghanol ardal brysur iawn. Yn ymyl roedd ffatri Wall's, lle'r oedd dwsenni o weithwyr. Fe fydde rheiny'n galw i mewn byth a hefyd.

Byddai'r Cardis alltud yn cyfarfod yn rheolaidd yn y capel bob Sul, ac yn arbennig yn y cyfarfod wedi'r oedfa dros baned o de yn y festri. Byddai'r aelodau yn Jewin, ein capel ni, yn cymryd eu tro i baratoi'r te ac yno y byddai pawb yn dal fyny â hanesion wythnosol o'r hen sir. Y gweinidog oedd y Parchedig D.S. Owen. Fe fyddwn i'n mynychu'r oedfaon yn weddol reolaidd, ond nid bob dydd Sul. Fe gawn i a 'mrawd un dydd Sul yn rhydd bob mis.

Ar y Suliau rhydd hynny, byddai fy mrawd a finne'n mynd ar fws deulawr o gwmpas Llundain ar docyn diwrnod a gostiai chwe cheiniog. Fe fyddai Mam yn paratoi pecyn o fwyd, neu 'docyn' i ni. Byddem wrth

element. It was the perfect way to get to know the city.

I remember all the activities associated with Jewin. I recall competing in various eisteddfodau. My father taught me to recite. I recited on the stage at Shoreditch Town Hall, and won as well! Every Sunday night, concerts were held at the Welsh Centre in Gray's Inn Road. Then it would be a meal in Lyons Corner House, one of the most popular eating venues among the London Welsh community. Two meals cost ten shillings. One could eat a bellyful of lunch. I remember Dick, Mother's brother, saying that he and his cousin, Tom Penlan, ate a whole duck each there. The size of their bellies betrayed their massive appetites!

My father loved singing and he was an exceptional singer. He had been the precentor back in Bronant. He was one of the Navy Hall children. He loved acting and appeared in plays directed by the minister D.S. Owen. They were Welsh plays, of course. D.S. Owen was married to the daughter of Willie Evans who kept a shop and small café in St John's Street.

I remember a large congregation frequenting Jewin. Among them was Evan Evans, owner of the Celtic Hotel in Russell Square. He also ran a fleet of buses. He was mayor of St Pancras twice during the war. Nans, his wife, was related to our family. Their son, Dafydd Gwyn, married Rhiannon who keeps the famous shop of the same name in Tregaron. The shop, by the way, is established in the old Emporium owned by the R.O. Williams I referred to earlier.

I worked with my parents until I married. My husband Tom was a farmer from Penuwch. He, too, moved to London following our wedding at Jewin. We bought a shop in Stoke Newington, between Islington and Hackney. There we sold a variety of goods, including milk of course; we had a local round. The venture was a great success. Like my father we had

ein bodd, ac roedd hon yn ffordd berffaith o ddod i adnabod y ddinas.

Cofiaf yr holl weithgareddau oedd yn gysylltiedig â Jewin. Rwy'n cofio cystadlu yn y gwahanol eisteddfodau. 'Nhad fyddai'n fy nysgu i adrodd. Fe wnes i adrodd ar lwyfan Neuadd y Dref, Shoreditch, ac ennill hefyd. Bob nos Sul, byddai cyngherddau yn y Ganolfan Gymraeg yn Gray's Inn Road. Ac yna pryd o fwyd yn Lyons Corner House, un o ganolfannau bwyta mwyaf poblogaidd y Cymry yn Llundain. Dim ond chweugain, neu ddeg swllt mewn hen arian, fyddai pris y ddau bryd gyda'i gilydd. Caem fwyta llond bol. Rwy'n cofio Dick, brawd Mam, yn dweud y byddai e a Tom Pen-lan, ei gefnder, yn bwyta hwyaden gyfan yr un yno. Roedd maint eu boliau'n dangos eu bod nhw'n fwytawyr mawr!

Byddai 'Nhad yn hoff iawn o ganu. Roedd ganddo lais da, a bu'n godwr canu nôl ym Mronant. Un o blant Navy Hall oedd e. Roedd e'n hoffi actio hefyd, a byddai'n ymddangos mewn dramâu a gâi eu cynhyrchu gan y gweinidog, D. S. Owen. Dramâu Cymraeg, wrth gwrs. Roedd D.S. Owen yn briod â merch Willie Evans, oedd yn cadw siop a chaffi bach yn St John's Street.

Rwy'n cofio tyrfa fawr yn llenwi Jewin. Yn eu plith roedd Evan Evans, perchennog y Celtic Hotel yn Russell Square. Byddai hefyd yn rhedeg fflyd o fysus. Fe fu'n faer St Pancras ddwywaith adeg y rhyfel. Roedd Nans, ei wraig, yn perthyn i'n teulu ni. Fe briododd y mab, Dafydd Gwyn, â Rhiannon, sy'n cadw'r siop enwog o'r un enw yn Nhregaron. Sefydlwyd y siop, gyda llaw, yn hen siop yr Emporium oedd yn perthyn i R.O. Williams, y cyfeiriais ato eisoes.

Fe wnes i weithio gyda fy rhieni nes i mi briodi. Ffermwr o Benuwch oedd Tom, y gŵr. Wedi'r briodas yn Jewin fe wnaeth yntau symud i Lundain. Fe brynodd y ddau ohonon ni siop yn Stoke Newington, rhwng Islington a Hackney, yn gwerthu gwahanol nwyddau, yn cynnwys llaeth, wrth gwrs. Roedd gennym ni rownd

a cart, or barrow. It did not display the family name, only the business address, 102 Matthias Road, Stoke Newington E. My parents' milk business was at 129 Central Street.

Dick, my mother's brother, worked for the Independent Milk Supplies. He would carry the milk in large cans on his pony and trap to the City, and one day he was delivering to a café as children played around his pony and trap. Tragically, the pony dragged the trap over a little girl and killed her. Dick was never the same after that. Ever after, he suffered with a terrible stammer.

Despite the influence of Jewin, the shop would open on Sundays but would close early. In my parents' case the shop would open at 7 a.m. It would remain open till 6 p.m. Tom and I would follow much the same pattern, opening at 7 a.m. and remaining open for 12 hours. On Sundays we would open at 9 a.m. and close at noon. We would reserve Sunday afternoons for accounting and stocktaking.

My favourite day was Thursday. I would finish checking through the orders by around 1 p.m. Then I would make for Oxford Street and its shops, such as D.H. Evans and Selfridges. I would walk down Tottenham Court Road and then to Charing Cross. There I would cross over and double back to Tottenham Court Road once more. I would then meet up with Tom at Lyons Corner House at 8 p.m. and we would pay half a crown for a taxi home. Being and living in London was cheap in those days.

I never wanted to leave London. But, as a result of the rebuilding following the chaos caused by the Blitz, our shop was possessed through a compulsory order and we returned to Bronant in 1982 after spending 50 happy years in London. When I heard of the compulsory order I broke my heart. I cried for a month.

At least we arrived home from London alive and well. I witnessed many leaving London for home in

leol. Fe fu'r fenter yn llwyddiant mawr. Cert, neu ferfa, fyddai gennym ni, fel yn hanes 'Nhad. Doedd enw'r teulu ddim ar y gert, ond yn hytrach cyfeiriad y siop, sef 102 Matthias Road, Stoke Newington E. Roedd busnes fy rhieni yn 129 Central Street.

Roedd Dick, brawd Mam, yn gweithio i'r Independent Milk Supplies. Byddai'n cario'r llaeth i'r Ddinas mewn caniau mawr yn ei drap a phoni. Un dydd, tra roedd e mewn caffi, roedd yna blant yn chwarae o gwmpas y trap a phoni. Ac fe ddigwyddodd trychineb. Fe dynnodd y poni fach y trap dros ben merch fach a'i lladd. Fu Dic fyth yr un fath wedyn. Fe ddioddefodd o atal dweud am weddill ei fywyd.

Er gwaethaf dylanwad Jewin, fe fyddai'r siop yn agored ar fore dydd Sul gan gau yn gynnar. Yn achos fy rhieni, byddai'r siop yn agor am saith y bore a byddai'n parhau'n agored tan chwech gyda'r nos. Byddai Tom a finne'n dilyn bron yr un patrwm, gan agor am saith y bore ac aros yn agored am 12 awr. Ar y Sul byddem yn agor am naw y bore a chau am hanner dydd. Fe neilltuem brynhawniau Sul ar gyfer cadw'r llyfrau a chyfri'r stoc.

Fy hoff ddiwrnod fyddai dydd Iau. Byddwn yn cwblhau'r gwaith o fynd drwy'r archebion erbyn tuag un o'r gloch y prynhawn. Yna, bant â fi i Oxford Street a'i holl siopau, fel D.H. Evans a Selfridges. Fe fyddwn i'n cerdded lawr ar hyd Tottenham Court Road ac yna i Charing Cross. Croesi yno wedyn, a dychwelyd ar hyd yr ochr arall nôl at Tottenham Court Road unwaith eto. Yno, cwrdd â Tom yn Lyons Corner House am wyth. Byddwn yn talu hanner coron wedyn am dacsi i fynd â ni adre. Roedd bwyd a byw yn rhad yn Llundain bryd hynny.

Doeddwn i ddim am adael Llundain. Ond o ganlyniad i'r cynllun ail-adeiladu'r ddinas yn dilyn llanast y rhyfel, cymerwyd y siop oddi arnom drwy orchymyn gorfodol a dychwelodd y ddau ohonon ni i Fronant yn 1982 ar ôl treulio hanner canrif hapus yn y

coffins to be buried. For the majority, especially the older exiles, this was their wish. A train would leave Paddington's platform 1 at 10 p.m., the last train out. The coffin would be lying in the last carriage, the guard's van. The carriage doors would be left open so that the mourners could show their last respects before the train pulled out in a cloud of smoke. Then the mourners would sing one of the old hymns, 'O Fryniau Caersalem' [From the Hills of Jerusalem] or 'Mae nghyfeillion adre'n myned' [My friends are returning home]. These were suitable words, as the dear departed was, indeed, returning home. Home was Cardiganshire.

Yes, I spent a happy half-century in London and would return tomorrow if my husband Tom and I were still together. Yes, I would return tomorrow.

Ann Jones' recollections and memories are so vivid that it was worth including them word for word. Her descriptions of experiences in London incorporate all aspects of life in the dairy trade – a family fleeing from the hardship of the smallholding, the initial linguistic difficulties, the hard work, the importance of the chapel and Welsh social life, and the need to diversify. Finally, the need to sell their business and livelihood because of compulsory purchase orders. Ann Jones' experiences are at the heart of this volume.

Ann Jones, Bronant

Megan Hayes

ddinas fawr. Pan glywais y byddai'n rhaid i ni werthu, torrais fy nghalon. Fe lefes am fis.

O leiaf fe ddaethon ni adre yn fyw. Fe welais i lawer yn gadael Llundain ar eu ffordd adre i'w claddu. Byddai'r mwyafrif, yn enwedig yr hen do, yn dymuno hynny. Byddai trên yn gadael platfform 1 gorsaf Paddington am ddeg, trên ola'r nos. Câi'r arch ei gosod yng ngherbyd y gard. Câi'r drysau eu gadael yn agored er mwyn i'r galarwyr gael cyfle i dalu'r gymwynas olaf. Yna byddai'r drysau'n cael eu cau wrth i'r trên dynnu allan yn fwg i gyd. Yn dilyn, fe fyddai'r galarwyr yn cyd-ganu emyn fel 'O Fryniau Caersalem' neu 'Mae nghyfeillion adre'n myned'. Byddai'r rhain yn eiriau cymwys iawn gan mai adre i'w hen gartref y byddai'r ymadawedig yn mynd. Gartre oedd hen Sir Aberteifi.

Do, fe dreuliais i hanner-canrif hapus iawn yn Llundain. Fe awn i nôl fory nesaf petai Tom yn dal gyda fi. Awn, fory nesa.

Mor fyw oedd atgofion Ann Jones fel i mi benderfynu eu cynnwys, air am air. Teimlais fod ei disgrifiadau a'i phrofiadau yn Llundain yn crynhoi holl agweddau bywyd y fasnach laeth – teulu'n dianc o galedi economaidd y tyddyn, anfantais y diffyg Saesneg ar y dechrau, y gwaith caled, pwysigrwydd y capel a'r bywyd cymdeithasol Cymraeg, a'r angen i arallgyfeirio. Ac yna dod adre yn dilyn gorfod gwerthu eu busnes drwy orchymyn gorfodol. Mae hanes Ann Jones yn gnewyllyn i'r gyfrol hon.

6 Religion, Culture and Recreation
Crefydd, Diwylliant ac Adloniant

There's a gathering in the vestry of Aberaeron's Tabernacle Chapel on the occasion of the town's annual exhibition. Among the visitors are two middle-aged men. They realise that they are fellow Welshmen from London. They chat, exchanging reminiscences. Then one says to the other: 'I went to Clapham Junction. Where did you go?'

The other realises the significance of the question and replies by naming another Welsh chapel in London. Any conversation between people who have London connections will surely soon enough turn to talk of chapel or church, and that without any encouragement.

The above example illustrates the influence of the chapel – and to a lesser extent, perhaps, the church – on London Welsh life when the milk trade was at its peak. The situation was unique. Infrequently, if ever, would such a dialogue arise within any other group of people. Membership of a chapel or church was essential. Every denomination was represented in the capital, just as in any village or town in Wales. As far as possible, the migrants remained loyal to the denomination they frequented in Wales. An application for membership would

Mae yna gyfarfod yn festri Capel y Tabernacl, Aberaeron, ar achlysur arddangosfa flynyddol y dref. Ymhlith yr ymwelwyr mae dau ddyn canol oed. Dyma nhw'n sylweddoli eu bod yn gyd-Gymry Llundeinig. Maen nhw'n sgwrsio, yn rhannu atgofion. Dyma un yn dweud wrth y llall: 'I Clapham Junction fyddwn i'n mynd. Beth amdanat ti?'

Dyma'r llall yn sylweddoli arwyddocâd y cwestiwn ac yn ateb drwy enwi capel arall yn Llundain. Bydd, fe fydd unrhyw sgwrs rhwng dau o bobl sydd â chysylltiadau Llundeinig yn siŵr o droi at drafod capel neu eglwys, a hynny heb unrhyw anogaeth.

Mae'r enghraifft uchod yn darlunio dylanwad y capel – ac i raddau llai, hwyrach, yr eglwys – ar fywyd Cymraeg Llundain pan oedd y fasnach laeth ar ei hanterth. Roedd hi'n sefyllfa unigryw. Anaml, os o gwbl, y gwnâi'r fath sgwrs godi o fewn unrhyw grŵp arall o bobl. Byddai aelodaeth o addoldy'n anhepgor. Cynrychiolid pob enwad yn y brifddinas, yn union fel yr oedd hi mewn unrhyw bentref neu dref yng Nghymru. Cyn belled ag y byddai'n bosibl, fe wnâi'r alltudion barhau'n ffyddlon i'r enwad y perthynent iddo yng Nghymru. Câi cais

be forwarded to the appropriate place of worship as soon as the exile left Wales. Loyalty to the home chapel in Wales was maintained, in many cases, by contributions to ministers' salaries and chapel expenses recorded annually in *Adroddiad y Capel* [Report of the Chapel]. Dafydd Evans, who had a milk business in Battersea, not only was a regular contributor to his home chapel, Pisgah, Talgarreg, but also made a gift of a new *Sêt Fawr* (Deacons' Pew) in memory of his parents, Dafydd and Siân Evans, and his parents-in-law, Thomas and Nansi James.

Not only did they have philanthropic aspirations, but families in London pursued the educational ambitions of so many people back home in Wales. James Evans, and his wife Mary, both from the Aberystwyth area, had milk businesses in Great Dover Street and later in the New Kent Road. Their sons attended the City of London School, then Bala Theological College and eventually Oxford University. However, both sons chose to follow careers back in Wales as Calvinistic Methodist ministers. Their sister's four sons had academic careers in medicine and physics.

In June 1912, a report by the Welsh National Bazaar in

Deacons' Pew donated to
Pisgah chapel by Dafydd and Hannah Evans
Sêt Fawr a roddwyd gan
Dafydd a Hannah Evans i gapel Pisgah

David Thomas

am aelodaeth ei drosglwyddo i'r addoldy priodol cyn gynted ag y gwnâi'r alltud adael Cymru. Ond câi aelodaeth y capel nôl yng Nghymru ei barhau'n aml, hynny'n cynnwys y cyfraniadau ariannol tuag at gyflog gweinidogion ac at dreuliau'r achos, y cyfan yn cael ei gofnodi yn *Adroddiad y Capel*. Roedd Dafydd Evans, oedd â busnes gwerthu llaeth yn Battersea, nid yn unig yn cyfrannu'n rheolaidd at ei gyn-gapel, sef Pisgah, Talgarreg, ond hefyd fe dalodd am osod Sêt Fawr newydd er cof am ei rieni, Dafydd a Siân Evans, a'i dad a'i fam yng nghyfraith, Thomas a Nansi James.

Byddent, nid yn unig yn coleddu dyheadau dyngarol, ond byddai teuluoedd alltud hefyd yn gefnogol i addysg, fel eu perthnasau nôl yng Nghymru. Roedd gan James a Mary Evans, y ddau o ardal Aberystwyth, fusnes gwerthu llaeth yn Great Dover Street, ac yn ddiweddarach yn New Kent Road. Mynychodd eu meibion y City of London School, ac yna Goleg Diwinyddol y Bala cyn mynd ymlaen i Brifysgol Rhydychen. Ond dewisodd y meibion ddilyn gyrfaoedd nôl yng Nghymru yn weinidogion gyda'r Methodistiaid Calfinaidd. Dringodd pedwar mab eu chwaer yn uchel ym myd meddygaeth a ffiseg.

Dafydd and Hannah Evans outside their shop in Battersea
Lloyd Jones

Dafydd a Hannah Evans tu allan i'w siop yn Battersea

aid of London Calvinistic Methodist churches was published. The bazaar was organised as a kind of joint marketing venture to bring the Welsh places

Ym mis Mehefin 1912, cyhoeddwyd adroddiad gan y 'Welsh National Bazaar in aid of London Calvinistic Methodist Churches'. Menter fasnachu

of worship in the city together in cooperation. One of those who encouraged the venture was Margaret, wife of David Lloyd George, then Chancellor of the Exchequer.

In *The Welsh in London 1400–2000*, edited by Professor Emrys Jones, Dr Rhidian Griffiths refers to one part of the report which states that the Welsh places of worship were established in order to provide services in Welsh for the many who were strangers to English:

> The Welsh churches were established originally to provide a religious service for many to whom the English language was strange. They have, in the course of years … widely extended the field of their activities. They are primarily religious institutions … but concurrently with their purely religious functions, the Churches have also done an immense amount of work of a social and national character. They have provided for the young man and young woman coming to London from Wales something more than the shadow of a home, for they furnish a Society which in its standards of life and conduct has much in common with the village life in Wales, thus forming a link with earlier conditions of life which makes it difficult for youth to rush headlong into the dangers rife in large towns. The particular mission of the Welsh Churches in London is to safeguard the moral character and to deepen the spiritual experience of the hundreds of young people entrusted to their care year after year by the parents of Wales.

Attending a place of worship brought back memories of the life that had been left behind in

unedig oedd hon ar gyfer dwyn addoldai Cymraeg Llundain at ei gilydd mewn cydweithrediad. Un o symbylwyr y fenter oedd Margaret, gwraig David Lloyd George, Canghellor y Trysorlys ar y pryd.

Yn *The Welsh in London 1400–2000*, a olygwyd gan yr Athro Emrys Jones, cyfeiria Dr Rhidian Griffiths at adran o'r adroddiad sy'n datgan i addoldai Cymraeg gael eu sefydlu er mwyn darparu gwasanaethau Cymraeg i'r niferoedd hynny nad oedd yn gynefin â'r iaith Saesneg:

> Sefydlwyd yr addoldai Cymraeg yn wreiddiol ar gyfer darparu gwasanaeth crefyddol i'r niferoedd a oedd yn ystyried y Saesneg yn iaith ddieithr. Gwnaethant, dros gwrs y blynyddoedd … ymestyn maes eu gweithgareddau. Maent yn bennaf yn sefydliadau crefyddol … ond yn gyfredol â'u gweithgareddau pennaf grefyddol, mae'r Eglwysi wedi gwneud gwaith o natur gymdeithasol a chenedlaethol anferth. Gwnânt ddarparu rhywbeth mwy na chysgod o gartref i'r bachgen a'r ferch ifanc a ddeuant i Lundain o Gymru drwy greu Cymdeithas sydd, o ran safonau bywyd ac ymddygiad, â llawer sy'n gyffredin i'r bywyd pentrefol yng Nghymru, gan sefydlu dolen gyswllt ag amodau cynharach bywyd, hynny'n ei gwneud hi'n anodd i'r ieuenctid ruthro'n ddiatal i mewn i beryglon sy'n rhemp yn y trefi mwy. Cenhadaeth arbennig yr Eglwysi Cymraeg yn Llundain yw diogelu'r cymeriad moesol ac i ddwysáu profiad ysbrydol cannoedd o bobl ifanc a ymddiriedir i'w gofal flwyddyn ar ôl blwyddyn gan rieni Cymru.

Byddai mynychu addoldy'n atgoffa'r alltudion o'r bywyd a adawyd ar ôl yng Nghymru, yn

Wales, a barricade against pangs of *hiraeth*. It could be argued that the church or chapel ultimately satisfied the need among the exiles for certainty, and was a compensation for the loss of society that they had left behind.

Hard work was central to the Calvinistic philosophy, and on a Sunday only the best clothes were worn. In his book *Y Ddinas Gadarn: Hanes Capel Jewin, Llundain* [The Strong City: The Story of Jewin Chapel], Gomer M. Roberts includes a letter, written by minister Robert Hughes in 1830, describing his impressions of Jewin Crescent's worshippers:

> A congregation of gentlefolk… But one caught my attention above all others, a man of gentlemanly appearance, about 45, sitting behind the clock in the front of the gallery. I thought he must have been of the East India Company; but I was greatly disappointed when I went to the Cambrian, to the Sunday school. Who did I see in the centre of the city, with a blue apron to his knees and a pitcher of milk in his hand, knocking on doors and shouting 'Milk' but in my imagination, the great gentleman I had seen before.

Jewin is the oldest and best-known Methodist/Presbyterian church in London. The congregation there was described by Professor Dafydd Jenkins as, 'Milk people, almost invariably Cardis'.

At their height, London's Welsh chapels could boast some of the nation's most charismatic preachers. Between 1904 and 1940, the minister at the Tabernacle, King's Cross, was the Reverend

wrthglawdd rhag brathiadau hiraeth. Gellid dadlau bod y capel neu'r eglwys mewn gwirionedd yn bodloni'r angen ymhlith yr alltudion am sicrwydd, a'u bod yn gwneud iawn am golli'r gymdeithas a adawyd ar ôl.

Byddai gwaith caled yn ganolog i'r athroniaeth Galfinaidd, ac ar y Saboth, ni wisgid ond y dillad gorau, sef 'dillad parch'. Yn ei gyfrol *Y Ddinas Gadarn: Hanes Capel Jewin, Llundain,* mae Gomer M. Roberts yn cynnwys llythyr gan y gweinidog, Robert Hughes, sy'n disgrifio'i argraffiadau o addolwyr Jewin Crescent yn 1830:

> Cynulleidfa o foneddigion… Ond yr oedd un yn tynnu fy sylw yn fwy na phawb arall – gŵr boneddigaidd yr olwg tua 45, yn eistedd tu ôl i'r cloc, ar ffrynt yr oriel. Tybiwn ei fod yn un o'r East India Company; ond fe'm siomwyd yn fawr wrth fynd i'r Cambrian i'r ysgol brynhawn Sul; pwy a welwn yng nghanol y ddinas, a ffedog las ar ei luniau, a'r piser llefrith yn ei law yn rhoi cnoc ar y drws ac yn gwaeddu 'Milk' ond y gŵr bonheddig mawr, yn ôl fy nychymyg i amdano o'r blaen.

Jewin yw'r eglwys Fethodistaidd/Bresbyteraidd hynaf a mwyaf adnabyddus yn Llundain. Disgrifiwyd y gynulleidfa yno gan yr Athro Dafydd Jenkins fel, 'Pobl llaeth. Cardis bron bob un'.

Ar eu hanterth, gallai capeli'r Cymry yn Llundain hawlio rhai o bregethwyr mwyaf carismataidd y genedl. Rhwng 1904 ac 1940, gweinidog y Tabernacl, King's Cross, oedd y Parchedig H. Elvet Lewis (Elfed; 1860–1953), yr

A Jewin Chapel drama group in the early 1930s

Ifor Evans

Grŵp drama Capel Jewin yn nechrau'r 1930au

H. Elvet Lewis (Elfed; 1860–1953), the hymnist, and Wales' archdruid from 1924 to 1928. Again, according to Dafydd Jenkins, it was almost a competition between the various chapels as they attempted to attract the cream of Welsh society to their precincts. When Richard Owen was inducted minister at Holloway Chapel in 1887, there were three Welsh MPs present: T.E. Ellis (1859–99), Thomas Lewis (1821–97) and William Abraham (Mabon; 1842–1922).

An eminent member of Shirland Road Methodist Chapel, which opened in 1871, was William Price, who has already been mentioned. He had been prominent in the campaign to build the chapel.

Huw Edwards, in his book *City Mission: The*

emynydd ac Archdderwydd Cymru o 1924 hyd 1928. Eto, yn ôl Dafydd Jenkins, byddai bron yn gystadleuaeth rhwng yr addoldai pa un fedrai ddenu hufen y gymuned Gymraeg a Chymreig. Pan sefydlwyd Richard Owen yn weinidog ar Gapel Holloway yn 1887, roedd tri Aelod Seneddol Cymreig yn bresennol,: T.E. Ellis (1859–99), Thomas Lewis (1821–97) a William Abraham (Mabon; 1842–1922).

Aelod amlwg o Gapel Methodistaidd Shirland Road, a agorwyd yn 1871, oedd William Price, y cyfeiriwyd ato eisoes. Bu'n allweddol yn yr ymgyrch i godi'r capel.

Fe wnaeth Huw Edwards, yn ei gyfrol *City Mission: The Story of London's Welsh Chapels*, groniclo

A Jewin Chapel St David's Day dinner in the 1950s

Andrew Jones

Gwledd Dydd Gŵyl Dewi yng Nghapel Jewin yn y 1950au

Story of London's Welsh Chapels, has chronicled the principal Welsh chapels and churches. Of the 22 Presbyterian (Calvinistic Methodist) chapels established over the years, five are open nowadays. All three Wesleyan Methodist chapels have closed, as well as the two Baptist chapels. Of the once 11 Welsh Independent chapels, three remain, and there is but one Welsh Anglican church open now. Two Independent and one Baptist chapel have combined to form the Welsh Church of Central London.

hanes y prif gapeli ac eglwysi Cymraeg. O'r 22 o gapeli Presbyteraidd (Methodistiaid Calfinaidd) a sefydlwyd dros y blynyddoedd, pump sydd yn agored bellach. Caeodd y tri chapel Wesleaidd yn ogystal â dau gapel Bedyddwyr. O'r 11 o gapeli Annibynnol Cymraeg, tri sydd ar ôl, a dim ond un Eglwys Anglicanaidd. Unodd dau gapel Annibynnol ac un capel Bedyddwyr i ffurfio Eglwys Gymraeg Canol Llundain.

Fe wnaeth cangen Llundain o'r Gymdeithas

The London branch of the Welsh Family History Society has also done valuable work in collecting the history of the Welsh chapels and churches in London. One of their research areas has been the baptism records held at Jewin Chapel between 1837 and 1939. The records, as is the custom, contain the names of baptised children and their parents, and also every father's home address and occupation. One is immediately struck by the number of milkmen and cow keepers.

One can also draw some very interesting sociological conclusions from these statistics. The reason for the low level of dairy families' children being baptised between 1837 and 1851 can be attributed to the imposition of Elias' Law. According to Gomer M. Roberts in his history of Jewin, many leaders of the chapel feared that Sunday observance was not being strictly adhered to. So a campaign was launched to return the Sabbath to its original sanctity. John Elias, a prominent member of the Calvinistic clergy, and known as the 'Methodist Pope', decreed that children whose parents worked on a Sunday should not be allowed to be baptised in the

Hanes Teuluol Cymreig hefyd waith gwerthfawr trwy gasglu hanes capeli ac eglwysi Cymraeg yn Llundain. Un o'u meysydd ymchwil fu cofnodion bedyddiadau a gadwyd yng Nghapel Jewin rhwng 1837 ac 1939. Mae'r cofnodion, yn ôl yr arfer, yn cynnwys enwau plant a fedyddiwyd ynghyd â'u rhieni, yn ogystal â chyfeiriad cartref a swydd pob tad. Ar unwaith caiff rhywun ei synnu gan gynifer y llaethwyr a'r ceidwad gwartheg a nodir.

Gellir hefyd ganfod canlyniadau cymdeithasegol diddorol o'r ystadegau hyn. Er enghraifft, gellir priodoli'r rheswm dros y nifer isel o fedyddiadau plant teuluoedd llaethwyr rhwng 1837 ac 1851 i weithrediad Deddf Elias. Yn ôl Gomer M. Roberts yn ei gyfrol ar hanes Jewin, ofnai nifer o arweinwyr y capel na châi sancteiddrwydd y Sul ei barchu fel y dylai. Lansiwyd ymgyrch dros adfer y Sabath i'w sancteiddrwydd blaenorol. O ganlyniad deddfodd John Elias, aelod blaenllaw o'r gweinidogion Calfinaidd – câi ei adnabod fel y Pab Methodistaidd – na ddylid caniatáu i blant y rheiny a weithient ar y Sul gael eu bedyddio yn y capel. Pasiwyd y ddeddf hon yn 1835. Gan nad oedd gan laethwyr unrhyw

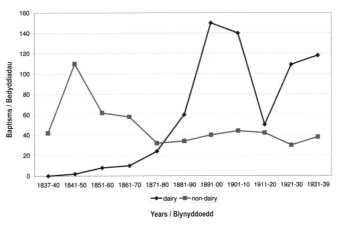

Jewin Chapel baptism graphs, 1837–1939
Graffiau bedyddiadau Capel Jewin, 1837–1939

London branch of the Welsh Family History Society,
from their transcript of the baptism register of Jewin Church, London
Cangen Llundain o Gymdeithas Hanes Teuluol Cymreig, o'i adysgrif o gofrestr bedydd Capel Jewin, Llundain

chapel. This law was passed around 1835. Because dairymen had no option but to work on Sundays, they attended chapels that were still prepared to baptise their children although it's not clear which chapels these were. It seems that this law was relaxed after 1851, and one then sees the number of dairymen's children being baptised at Jewin increase substantially.

The period between 1911 and 1920 sees a sudden decline in the number of dairymen's children being baptised. This period, of course, includes the First World War, and the decrease therefore can be attributed to the number of dairymen who enlisted from 1914 onwards. Also, many women from Wales left for London to help their families in their milk businesses. This trend was also typical during the Second World War.

There are two peaks in the annual baptism statistics – the period at the end of the nineteenth and beginning of the twentieth centuries, and the 1930s. These can be attributed to a general slump in work opportunities back home in Wales and an upturn in the milk trade in London. Rural unemployment was at its worst then, and young people were compelled to seek alternative work to agriculture or rural crafts by following relatives already established in the dairy world in London.

As the second flood of Welsh incomers to London increased in the 1920s and 1930s, so did membership of the city's chapels. This is dramatically reflected in the membership records of Tabernacle Chapel in King's Cross. Membership

ddewis ond gweithio ar y Sul, eu hunig ateb oedd mynychu capeli fyddai'n dal i fodloni bedyddio'u plant. Ond nid yw'n hysbys pa gapeli oedd y rhain. Ymddengys i'r ddeddf hon gael ei llacio ar ôl 1851, a gwelir bod y nifer o fedyddiadau plant llaethwyr yn Jewin yn cynyddu'n sylweddol o hynny ymlaen.

Mae'r cyfnod rhwng 1911 ac 1920 yn dangos cwymp yn nifer bedyddiadau plant llaethwyr. Mae'r cyfnod hwn, wrth gwrs, yn cynnwys y Rhyfel Mawr, a gellir priodoli'r lleihad i'r nifer o laethwyr a listiodd o 1914 ymlaen. Hefyd, cynyddodd y nifer o fenywod a adawodd Gymru i gynorthwyo'u teuluoedd yn y fasnach laeth. Gwelwyd yr un tueddiad adeg yr Ail Ryfel Byd.

Ceir dau uchafbwynt yn ystadegau blynyddol y bedyddiadau – y cyfnod ar ddiwedd y bedwaredd ganrif ar bymtheg a dechrau'r ugeinfed ganrif, a'r 1930au. Gellir priodoli'r rhain i'r cwymp cyffredinol mewn cyfleoedd cyflogaeth i'r Cymry oedd gartref yn eu bröydd eu hunain, ochr yn ochr â'r cynnydd yn y fasnach laeth yn Llundain. Roedd diweithdra gwledig ar ei waethaf, gyda phobl ifanc yn cael eu gorfodi i chwilio am waith amgen y tu allan i amaethyddiaeth neu grefftau gwledig a dilyn, yn aml, berthnasau oedd eisoes wedi ymsefydlu yn y fasnach laeth yn Llundain.

Wrth i ail lifeiriant mewnfudwyr o Gymru i Lundain gynyddu yn y 1920au a'r 1930au, felly hefyd y bu'r cynnydd yn aelodaeth capeli'r ddinas. Adlewyrchir hyn mewn modd dramatig yng nghofnodion aelodaeth Capel y Tabernacl yn King's Cross. Roedd yr aelodaeth ar ei uchaf yn ystod y

was at its peak during the 1925 to 1938 period, reaching almost a thousand. At this time it was necessary to arrive early to ensure a seat for the 6.30 p.m. service. Afterwards, one sees a steady decline during the second half of the twentieth century (280 members by 1970) leading to its eventual closure in 2006.

Sunday morning services might have provided a dilemma among dairymen and their families, but not the rest of the day. In the afternoon the focus was on Sunday school for the children, a gathering of 60 children being quite commonplace. They were brought by their parents and left at the chapel for the afternoon. Part of the Sunday school included rehearsals for the *Cwrdd Plant* (Children's Meeting) or rehearsals for scripture examinations for the older children. Tea was prepared by the women, and for many of the children this would be the highlight of Sunday. Children were then collected by their parents when they arrived for the evening service.

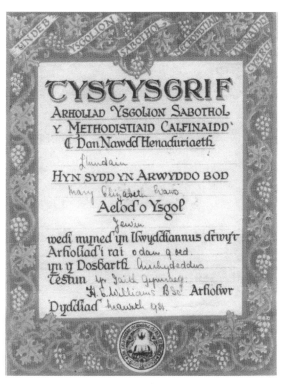

Calvinistic Methodists' Sunday school exam certificate, London
Tystysgrif arholiad ysgolion Sabothol y Methodistiaid Calfinaidd, Llundain

Mary Bott

cyfnod rhwng 1925 ac 1938, gan gyrraedd ymron fil. Yn y dyddiau hynny, byddai gofyn cyrraedd yn gynnar er mwyn sicrhau lle i eistedd ar gyfer y gwasanaeth hwyrol am 6.30. Wedi hynny gwelir cwymp rheolaidd yn yr aelodaeth yn ystod ail hanner yr ugeinfed ganrif (280 o aelodau erbyn 1970) gan arwain at gau'r capel yn 2006.

Rhaid bod y gwasanaethau boreol wedi achosi cryn benbleth i'r llaethwyr a'u teuluoedd. Ond nid felly weddill y diwrnod. Yn y prynhawn, byddai'r ffocws ar yr Ysgol Sul ar gyfer y plant, gyda phresenoldeb cynifer â 60 ohonynt yn rhywbeth digon cyffredin. Caent eu hebrwng yno gan eu rhieni, a'u gadael yn y capel am y prynhawn. Byddai rhan o'r Ysgol Sul yn cynnwys ymarferiadau ar gyfer y Cwrdd Plant neu, i'r plant hŷn, baratoadau ar gyfer arholiadau ysgrythurol. Câi te ei baratoi gan y menywod, ac i lawer o'r plant, dyma beth fyddai uchafbwynt y Sul. Cesglid y plant gan eu rhieni wrth i'r rheiny gyrraedd ar gyfer y gwasanaeth hwyrol.

At the conclusion of the evening service, it certainly wasn't time to go home. There would be tea to follow in the vestry; then members would gather on the pavement outside to discuss news from 'home' or talk about the latest in the milk trade. This would involve chats about who was selling the most milk or who was about to start a new business. In other words, this was a community discussing matters that were of common interest and these gatherings were known as 'Jewin fairs'. They would be followed by a jaunt to Lyons Corner House for a meal, or to Hyde Park to join the open-air singing of Welsh hymns.

Denominational fidelity was important. Eluned Jones and her family lived in Tottenham. Although Holloway Chapel was close by, being faithful Independents they went to King's Cross which meant a long No. 659 trolleybus journey.

Gareth Davies has warm memories of Sunday school. He looked forward to the Whitsun trips and the Christmas concerts. He can recall too the meetings of the various county societies, like Cardiganshire, Carmarthenshire and Glamorgan, held at the London Welsh Centre in Gray's Inn Road, as well as eisteddfodau, concerts and dances held there.

Of all the social activities transplanted to London, the eisteddfod proved to be the most popular. By the end of the nineteenth century the eisteddfod was well established in the city, the vast majority being, once more, denominational. Scarcely was there a chapel or church without

Ar ddiwedd y gwasanaeth nos, ni fyddai neb yn troi am adre. Byddai te yn y festri; yna byddai'r aelodau'n crynhoi ar y palmant y tu allan i drafod y newyddion a rhannu hanesion 'o gatre', neu drafod y fasnach laeth. Byddai yna ddyfalu pwy fyddai'n gwerthu fwyaf neu bwy oedd ar fin cychwyn busnes newydd. Hynny yw, cymuned o bobl oedd y rhain yn trafod materion a oedd yn gyffredin iddynt oll. Cyfeirid at y cyfarfodydd byrfyfyr hyn fel 'ffeiriau Jewin'. Dilynid hyn gan bryd o fwyd yn Lyons Corner House, neu ymuno yn y canu emynau Cymraeg yn yr awyr agored yn Hyde Park.

Byddai teyrngarwch enwadol yn bwysig. Roedd Eluned Jones a'i theulu'n byw yn Tottenham. Er bod Capel Holloway gerllaw, cadwent at eu teyrngarwch at yr Annibynwyr, gan orfod teithio siwrneiau maith ar y bws troli rhif 659.

Mae gan Gareth Davies atgofion cynnes am ei gyfnod yn yr Ysgol Sul. Edrychai ymlaen yn arbennig at y tripiau bob Sulgwyn a'r cyngherddau Nadolig. Gall gofio hefyd gyfarfodydd cymdeithasau'r gwahanol siroedd, fel Sir Aberteifi, Sir Gaerfyrddin a Sir Forgannwg, a gynhelid yng Nghanolfan y Cymry yn Gray's Inn Road, yn ogystal â'r eisteddfodau a'r dawnsfeydd a gynhelid yno.

O'r holl weithgareddau cymdeithasol a drawsblannwyd yn Llundain, yr eisteddfod fyddai'r mwyaf poblogaidd. Erbyn diwedd y bedwaredd ganrif ar bymtheg roedd yr eisteddfod wedi ei hen sefydlu yn y ddinas. Unwaith eto, digwyddiadau enwadol, gan mwyaf, fyddai'r rhain. Prin y byddai unrhyw gapel nac eglwys heb eu heisteddfod

its eisteddfod or competitive meeting. Without doubt, milk people played a large part in these gatherings. Two National Eisteddfodau were held in London, in 1887 and in 1909, both at the Royal Albert Hall. The eisteddfod remained an essential feature of life for the London Welsh for most of the twentieth century. In 1932 Jewin Chapel organised an eisteddfod in Shoreditch Town Hall. A comprehensive programme was drawn up, including not only the traditional competitions but also, unusually, translation competitions from Welsh into French.

The chapels and churches not only organised moral and ethical programmes for those seeking a new life in London, but were – and still are – social and intellectual centres for the Welsh community in the city. Tabernacle, King's Cross, always maintained strong cultural connections, including hosting speeches by politicians such as Lloyd George and other MPs.

All chapels boasted a drama group, with some competing at the National Eisteddfod. The Borough

A Shoreditch Town Hall eisteddfod programme
Rhaglen eisteddfod a gynhaliwyd yn Neuadd y Dref, Shoreditch

Margaret Jenkins

neu gwrdd cystadleuol, ac fe chwaraeai'r llaethwyr a'u teuluoedd ran flaenllaw yn y digwyddiadau hyn. Cynhaliwyd yr Eisteddfod Genedlaethol ddwywaith yn Llundain, yn 1887 ac yn 1909, y ddwy yn yr Albert Hall. Parhaodd yr eisteddfod fel rhan anhepgor o fywyd i'r Cymry yn Llundain am y rhan helaethaf o'r ugeinfed ganrif. Yn 1932, trefnodd Capel Jewin eisteddfod yn Neuadd y Dref, Shoreditch. Trefnwyd rhaglen gynhwysfawr yn cynnwys nid yn unig y cystadlaethau traddodiadol ond hefyd, yn anarferol iawn, gystadleuaeth cyfieithu o'r Gymraeg i'r Ffrangeg.

Fe drefnai'r capeli a'r eglwysi, nid yn unig raglenni moesol a moesegol ar gyfer newydd-ddyfodiaid i Lundain, ond byddent hefyd – ac y maent o hyd – yn ganolfannau cymdeithasol a deallusol i'r gymuned Gymraeg yn y ddinas. Fe wnâi'r Tabernacl, King's Cross, drefnu cysylltiadau diwylliannol, yn cynnwys areithiau gan wleidyddion fel Lloyd George ac aelodau seneddol eraill.

Ni fyddai unrhyw gapel heb ei gwmni drama, gyda rhai'n cystadlu yn yr Eisteddfod Genedlaethol.

Drama Group, under the leadership of Byron Jones for example, won the first prize in its section at the National Eisteddfod in the 1930s.

All sorts of social events were held at the London Welsh Centre in Gray's Inn Road, including dances, nativity plays, eisteddfodau, mixed and male voice choir concerts and later table tennis competitions. The centre was established in 1930, largely as a meeting place for exiled Welsh – whatever their profession. By this time, of course, the Welsh milk trade was well established. The centre, along with places of worship, became a focal point for the social life of the milk community and other Welsh exiles. One cannot overemphasise the influence and enthusiasm for all things Welsh by this establishment. In the words of one typical habitué, friendships were created there that have lasted until today. According to some, the London Welsh Centre was the most successful marriage bureau ever.

The Welsh cultural societies that flourished before the Second World War, when membership was large, continued to a certain extent after the war. Falmouth Road Chapel had a programme of events in 1951 (the leaflet costing a shilling). Events held included a *Noson Lawen* (Convivial Evening), followed by a full programme of plays and eisteddfodau. Other chapels held similar activities, some of which have survived to this day. Harrow Chapel's programme for 2012–13 included a talk by the NSPCC and the Sailor's Mission. Of course there were St David's Day activities, including visits

Er enghraifft, fe enillodd Cwmni Drama'r Boro, dan arweiniad Byron Jones, y wobr gyntaf yn ei adran yn yr Eisteddfod Genedlaethol yn y 1930au.

Cynhelid pob math o weithgareddau cymdeithasol yng Nghlwb y Cymry yn Gray's Inn Road, yn cynnwys dawnsfeydd, dramâu, eisteddfodau, corau cymysg a chorau meibion, cyngherddau ac, yn ddiweddarach, cystadlaethau tenis bwrdd. Sefydlwyd Clwb y Cymry yn 1930, yn bennaf fel man cyfarfod i Gymry alltud – beth bynnag eu proffesiwn. Erbyn hyn, wrth gwrs, roedd y fasnach laeth wedi ei hen sefydlu. Daeth y ganolfan, ynghyd ag addoldai, yn ffocws i fywyd cymdeithasol cymuned y llaethwyr ac i alltudion eraill. Ni fedrir gorbwysleisio'r dylanwad a'r brwdfrydedd a berthynai i bopeth Cymraeg a ddarperid gan y sefydliad hwn. Yng ngeiriau un mynychwr rheolaidd, câi cyfeillgarwch ei greu yno, a hwnnw'n dal i fodoli hyd heddiw. Yn ôl rhai, Clwb y Cymry oedd y biwro priodasol mwyaf llwyddiannus a fu erioed.

Fe barhaodd y cymdeithasau diwylliannol a oedd yn ffynnu cyn yr Ail Ryfel Byd, pan oedd yr aelodaeth yn gryf, ymlaen wedi'r rhyfel i raddau helaeth. Yn 1951 roedd gan Gapel Falmouth Road raglen o ddigwyddiadau (y daflen yn costio swllt). Roedd yr atyniadau'n cynnwys noson lawen, ynghyd â rhaglen lawn o ddramâu ac eisteddfodau. Fe gynhaliai capeli eraill weithgareddau tebyg, rhai ohonynt yn parhau hyd heddiw. Roedd rhaglen Capel Harrow ar gyfer 2012–13 yn cynnwys sgyrsiau gan yr NSPCC a Chenhadaeth y Morwyr. Yn

by male voice choirs from Wales. In 1983, Jewin hosted the religious radio programme *Caniadaeth y Cysegr* (which is similar to Radio 4's *Sunday Worship*), as did Borough Chapel in 2013.

When exiles returned to Wales they would be loath to dispense with the social life that was such an integral part of life in the city. Aberystwyth's London Welsh Society continued holding its annual dinner with traditional toasts and musical items until very recently (the branch was dissolved in 2013), but the Ceredigion branch of the London Welsh Society still survives and meets regularly at the London Welsh Centre.

Similarly, Welsh people living in London and holidaying in Wales wished to meet old friends. Where was the most convenient place to do so? At the local chapel, of course. Ieuan Parry from Blaenplwyf recalls the story of a service at Tabor Chapel, Llangwyryfon, when one of the deacons counted the number of returnees in their dozens!

There were other aspects to social life in London, for example the connection between Cardiganshire vocalists and the milk trade. Here's a quote from a local newspaper back in the 1930s by someone calling himself 'M.E.':

There is a long established connection between the Cardi vocalists and the dairy trade in London. Many of them spent their time selling milk along the London streets. The latest is Edgar Evans from Cwrtnewydd, presently singing the lead with the Covent Garden Opera Company. Before that there was Roscoe Lloyd, Llanwenog, and David Evans of Ponterwyd. David now

naturiol, ceid gweithgareddau Gŵyl Ddewi, yn cynnwys ymweliadau gan gorau meibion o Gymru. Yn 1983, fe lwyfannodd Jewin raglen grefyddol ar gyfer y radio (tebyg i'r *Sunday Worship* ar Radio 4) a chafwyd un tebyg yng Nghapel y Boro yn 2013.

Byddai alltudion o Gymru a ddychwelent adre yn amharod i hepgor y bywyd cymdeithasol a fu'n rhan mor annatod o'u bywyd yn y ddinas. Fe wnaeth Cymdeithas Cymry Llundain Aberystwyth barhau i gynnal ei chinio blynyddol, ynghyd â'r llwncdestunau traddodiadol ac eitemau cerddorol tan yn ddiweddar iawn (diddymwyd y gangen yn 2013). Ond mae Cangen Ceredigion o Gymdeithas Cymry Llundain yn dal yn fyw ac yn iach ac yn cwrdd yn rheolaidd yn y ganolfan yn Llundain.

Yn yr un modd, byddai Cymry a oedd yn dal i fyw yn Llundain, ond ar eu gwyliau yng Nghymru, yn dymuno cyfarfod â hen ffrindiau. Ble oedd y man mwyaf cyfleus i wneud hynny? Yn y capel lleol, wrth gwrs. Gall Ieuan Parry o Flaenplwyf gofio hanesyn am gyfarfod yng Nghapel Tabor, Llangwyryfon, pan wnaeth un o'r diaconiaid gyfrif nifer y 'dychweledigion' fesul dwsinau!

Roedd yna agweddau eraill i fywyd cymdeithasol Llundain, er enghraifft, y cysylltiad rhwng cantorion Sir Aberteifi a'r fasnach laeth. Dyma ddyfyniad o bapur newydd lleol nôl yn y 1930au gan rywun yn galw'i hun yn 'M.E.':

Y mae yna gysylltiad hir rhwng cantorion Sir Aberteifi a'r fasnach laeth yn Llundain. Fe wnaeth amryw ohonynt dreulio'u hamser yn gwerthu llaeth ar hyd strydoedd Llundain. Y diweddaraf yw Edgar Evans o

lives in Deva on Aberystwyth Promenade. His voice remains true despite his 80 years. To hear him singing 'Dafydd y Garreg Wen' is truly a musical experience. He told me the story of an amusing incident at the start of his career when he was performing in one of London's theatres. Suddenly, from the darkness, there came a young voice: 'Cor, Bill, There's our milkie!' Some youngster had recognised David Evans as their milkman.

Apart from the hearth, the chapel was the stronghold for the Welsh of London. As the number of places of worship decreased due to declining membership, the empty buildings were given new functions. Over the years a number of the congregations amalgamated and buildings were closed. Today, as Huw Edwards noted, there remain only five Presbyterian chapels, two Independent, one Anglican church, but not one Wesleyan or Baptist chapel. Charing Cross Chapel became a nightclub in the 1980s before becoming the 'Walkabout' Australian pub. It is now the Stone Nest arts centre. The Tabernacle in King's Cross was sold to the Ethiopian Christian Fellowship Church. Willesden Green Chapel became the True Buddha Temple. Falmouth Road Chapel is the home of the Church of the Brotherhood of the Cross and Star from Nigeria.

These places have been taken over by other immigrants, eager to establish community centres where they can worship according to their own customs and language, much as the Welsh did in the past.

Gwrtnewydd, sydd ar hyn o bryd yn canu'r brif ran gyda Chwmni Opera Covent Garden. Cyn hynny bu Roscoe Lloyd, Llanwenog a David Evans o Bonterwyd. Mae David bellach yn byw yn Deva ar Bromenâd Aberystwyth. Mae ei lais yn dal yn driw ac yntau'n 80 oed. Mae ei glywed yn canu 'Dafydd y Garreg Wen' yn brofiad cerddorol. Adroddodd wrtha'i ddigwyddiad doniol ar ddechrau ei yrfa gerddorol pan oedd e'n canu yn un o neuaddau Llundain. Yn sydyn, allan o'r tywyllwch, cododd llais ifanc: 'Cor, Bill, that's our milkie!' Roedd rhyw lanc ifanc wedi adnabod David Evans fel eu dyn llaeth.

Ar wahân i'r aelwyd, y cadarnle i'r Cymry yn Llundain oedd y capel. Ac wrth i nifer yr addoldai Cymraeg edwino o ganlyniad i golli aelodau, mabwysiadodd yr adeiladau a wacawyd swyddogaethau newydd. Dros dreigl y blynyddoedd, unodd rhai capeli a chaewyd eraill. Heddiw, fel y nododd Huw Edwards, dim ond pum capel Presbyteraidd sydd ar ôl, dau Annibynnol, un Eglwys Anglicanaidd, ond does dim un capel Wesleaidd na Bedyddwyr. Trowyd Capel Charing Cross yn glwb nos yn yr 1980au cyn cael ei droi'n dafarn 'Walkabout' Awstralaidd. Heddiw mae'n ganolfan gelfyddydol y 'Stone Nest'. Gwerthwyd y Tabernacl yn King's Cross i'r Frawdoliaeth Gristnogol Ethiopaidd. Trodd Capel Willesden Green yn Deml y Gwir Fwda. Mae Capel Falmouth Road yn gartref i Eglwys Brawdoliaeth y Groes a'r Seren o Nigeria.

Mabwysiadwyd y mannau hyn gan fewnfudwyr eraill oedd yn awyddus i sefydlu canolfannau cymunedol lle medrant addoli yn ôl eu harferion a'u hiaith eu hunain, fel y gwnaeth y Cymry o'u blaen.

The Welsh chapels of old served as pieces of a framework providing a moral standard for young people coming to a new and strange environment. Today's Welsh migrant is a more sophisticated and self-confident person than his or her predecessors and, as such, doesn't feel the need for a kindred social habitat in London. This, together with the general decline in public worship, could be responsible for the present situation with the Welsh chapels in London. However, the Reverend Llewelyn Williams, in his book back in 1947 on the history of Tabernacle Chapel, King's Cross, maintained:

> It is said that the vocation of the latest immigrants are different from that of those that filled our Welsh chapels from 1870–1920. Came the day of the 'combines', and the numbers of the individual dairyman declined – they formed the backbone of our Welsh chapels in London.

The 'combines' were the large conglomerates. Ironically, as the number of milkmen declined, a Welsh-medium primary school was opened in London in 1958. This was too late for generations of dairymen's children. But a different influx of Welsh began to arrive after the war, such as teachers straight from college. As Professor Emrys Jones said:

> Wales exported teachers in vast numbers and London County Council was a generous employer. There was hardly a school without a Taff on the staff.

But that is another story.

Gweithredai capeli'r gorffennol yn ddarnau o fframwaith ar gyfer darparu canllawiau moesol i bobl ifanc a ddeuent i amgylchedd newydd a dieithr. Mae'r mewnfudwyr heddiw yn bobl fwy soffistigedig a hunanhyderus na'u rhagflaenwyr ac, o'r herwydd, heb deimlo'r angen am gynefin cymdeithasol cyfarwydd. Fe all mai hyn, ynghyd â'r dirywiad cyffredinol mewn addoli cyhoeddus, sy'n gyfrifol am sefyllfa bresennol capeli Cymraeg Llundain. Er hynny, yn ei gyfrol ar hanes y Tabernacl King's Cross nôl yn 1947, mynnai'r Parchedig Llywelyn Williams:

> Dywedir fod galwedigaeth y dyfodiaid diweddaraf yn wahanol i'r rhai a lanwent ein capeli Cymraeg o 1870–1920. Daeth dydd y 'combines', a dywedir mai lleihau wnaeth nifer y llaethwyr unigol – asgwrn cefn ein heglwysi Cymraeg yn Llundain.

Y 'combines' oedd y cwmnïau mawr cyfunol.
Yn eironig, wrth i nifer y llaethwyr ddisgyn, agorwyd ysgol gynradd Gymraeg yn Llundain yn 1958. Roedd hynny'n rhy hwyr i genedlaethau o blant llaethwyr. Ond gwelwyd mewnlifiad Cymry o fath gwahanol yn cychwyn wedi'r rhyfel, sef athrawon yn syth o'r coleg. Fel y dywedodd yr Athro Emrys Jones:

> Fe wnaeth Cymru allforio athrawon ar raddfa anferth, a bu Cyngor Sir Llundain yn gyflogwr hael. Doedd yna'r un ysgol heb fod yna Taff ar y staff.

Ond stori arall yw honno.

7 Milk and Water
Materion Glastwraidd

In Dylan Thomas' *Under Milk Wood*, a radio drama first broadcast in 1954, we find Captain Cat musing as he listens to the voices and sounds of the little town of Llareggub. The old captain says:

> Ocky Milkman on his round. I will say this, his milk's as fresh as the dew.

> Ocky Milkman says:

> Half dew it is.

The assertion that milk sold on the London streets was diluted with water is deeply rooted in Welsh folklore. Often has it been said and heard: 'The only thing I know about the Welsh in London is that they made a lot of money by selling water in milk.' Or, 'No-one would have been any the wiser had they added water.'

In Pontrhydfendigaid, the village where he was brought up, Sir David James is still referred to by some as the man who made a fortune by selling water in London. These references, possibly, were no more than music hall jokes or quips on a *Noson*

Yn nrama radio enwog Dylan Thomas, *Under Milk Wood*, a ddarlledwyd gyntaf yn 1954, cawn Captain Cat yn myfyrio wrth wrando ar leisiau a seiniau pentref bach Llaregub. Meddai hwnnw:

> Wil Llath ar ei rownd. Rhaid gweud hyn, ma'i lath e' fel gwlith o ffres.

> Meddai Wil Llath:

> Gwlith yw ei hanner e', w!

Mae'r honiad fod llaeth a werthid ar strydoedd Llundain wedi'i wanhau gan ddŵr wedi ei wreiddio'n ddwfn mewn chwedloniaeth werinol. Clywid a dywedwyd droeon: 'Yr unig beth a wn i am y Cymry yn Llundain yw iddyn nhw wneud ffortiwn drwy werthu dŵr ar ben llaeth.' Neu, 'Fyddai neb ddim callach petai nhw wedi ychwanegu dŵr.'

Ym Mhontrhydfendigaid, y pentref lle magwyd Syr David James, cyfeirir ato o hyd gan rai fel y dyn a wnaeth ei ffortiwn drwy werthu dŵr yn Llundain. Doedd y fath honiad yn ddim byd mwy na jôc noson

Lawen stage in Wales. But they have no substance, at least not during the twentieth century.

Charles Dickens wrote a short story in 1850 entitled 'The Cow with the Iron Tail'. The iron tail referred to a pump in a High Holborn yard; perhaps there is some substance to the allegation that watering milk was practised back in the nineteenth century. The custom became the subject of leg-pulling, and can still remain so to this day. Among the jokes, for example, it is said that a Welshman from Clwyd, Sir Hugh Myddleton, brought clean water to London, and that it was another Welshman – from Cardiganshire – who, in the nineteenth and twentieth centuries, added a little milk to it, thus promoting the myth of describing the pump in the yard as 'the cow with the iron tail'. It is also rumoured that dairymen in the nineteenth century would add a little warm water to milk to show that it was fresh.

The variations in the quality of milk during the early years were accepted facts. The custom of street vending inevitably meant differencess in the quality of milk because of the methods of delivery. In his article 'The London Welsh Milk Trade, 1860–1900', E.H. Wetham states that there were issues in street selling arising from ladling the milk from a wide-necked churn. Early customers got the cream while later customers received little more than skimmed milk. The situation possibly improved with the advent of locked churns with taps at the bottom. However, that only turned the problem upside down, with early customers getting the skimmed

lawen ar lwyfannau Cymru. Doedd iddyn nhw ddim sylwedd, o leiaf ddim yn yr ugeinfed ganrif.

Fe wnaeth Charles Dickens ysgrifennu stori fer yn 1850 yn dwyn y teitl, 'The Cow with the Iron Tail'. Y gynffon haearn y cyfeirir ati oedd pwmp dŵr mewn buarth yn High Holborn; hwyrach fod yna sylwedd i'r cyhuddiad o lastwreiddio llaeth nôl yn y bedwaredd ganrif ar bymtheg. Daeth yr honiad yn dipyn o fater tynnu coes, ac mae'n parhau felly o hyd. Ymhlith y jôcs, er enghraifft, mae hon: Dywedir mai dyn o Glwyd, Sir Hugh Myddleton, ddaeth â dŵr glân i Lundain, a Chymro arall – o Sir Aberteifi – yn y bedwaredd ganrif ar bymtheg a'r ugeinfed ganrif a ychwanegodd ychydig o laeth ato. A dyna fwydo'r myth o ddisgrifio pwmp dŵr fel 'y fuwch â'r gynffon haearn'. Honnir, yn ogystal, y byddai llaethwyr y cyfnod hwnnw'n ychwanegu ychydig o ddŵr cynnes, gan roi'r argraff fod y llaeth yn ffres.

Roedd yr amrywiadau yn ansawdd llaeth yn ystod y blynyddoedd cynnar yn ffaith a gâi ei derbyn. Yn anochel, golygai'r arfer o werthu llaeth ar y stryd wahaniaethau yn ansawdd y cynnyrch, hynny oherwydd y dulliau o wneud hynny. Yn ei erthygl, 'The London Welsh Milk Trade, 1860–1900', dywed E.H. Wetham fod yna faterion yn deillio o werthu ar y stryd oherwydd y dull o godi'r llaeth â lletwad allan o fuddai â cheg lydan. Câi'r cwsmeriaid cynnar yr hufen, tra byddai'r cwsmeriaid hwyrach yn derbyn llaeth nad oedd fawr cryfach na llaeth sgim. Mae'n bosibl i'r sefyllfa wella rhyw ychydig gyda dyfodiad buddeiau wedi'u cloi, gyda thapiau ar eu gwaelod. Ond mewn gwirionedd ni

milk and the later customers the cream. The sellers themselves were plagued by dishonest providers who sold more milk by adding water.

Watering milk was made an offence in law under the Adulteration of Food and Drink Act of 1860. Very few local authorities invoked the powers granted to them until they were compelled to do so by the Adulteration of Food and Drugs Act of 1872. However, being suspicious of dilution was much easier than proving it, as the composition of milk was so variable.

Preventing dilution was but one step forward in ensuring milk of a better quality. Cowsheds, centres for handling milk, and dairy equipment became open to inspection with the advent of the Public Health Act and the Sale of Food and Drugs Act, both of 1875, and, when regulations relating to the Contagious Diseases (Animals) Act of 1878 were published, basic hygiene standards were imposed.

The situation changed drastically in the twentieth century. Public health standards were strict

Collection of a milk sample from a dairy for analysis
Casglu sampl o laeth o laethdy ar gyfer ei ddadansoddi

Gwenllian Jenkins

wnâi hyn ond troi'r broblem ben i waered, gyda'r cwsmeriaid cynnar nawr yn gorfod bodloni ar laeth sgim a'r cwsmeriaid hwyrach yn cael yr hufen. Câi'r gwerthwyr eu hunain eu twyllo gan ddarparwyr anonest a werthent laeth wedi'i lastwreiddio er mwyn ychwanegu at faint y cynnyrch.

Gwnaed dyfrio llaeth yn drosedd gyfreithiol o dan y Ddeddf Difwyno Bwyd a Diod yn 1860. Ond prin oedd yr awdurdodau a weithredent y ddeddf honno nes cael eu gorfodi i wneud hynny o dan Ddeddf Difwyno Bwyd a Chyffuriau 1872. Ond un peth oedd amau trosedd; mater arall oedd ei phrofi gan fod cyfansoddiad y llaeth mor amrywiol.

Dim ond un cam ymlaen oedd atal dyfrio llaeth mewn ymgais i sicrhau gwell ansawdd. Dechreuwyd craffu'n fanylach ar gyflwr beudai a chanolfannau trin llaeth ac offer gyda dyfodiad y Ddeddf Iechyd Cyhoeddus a'r Ddeddf Gwerthiant Bwyd a Chyffuriau, y ddwy wedi'u pasio yn 1875. A phan gyhoeddwyd deddfau perthnasol i'r Ddeddf Clefydau

The local council taking a sample of barrow milk for analysis

Nigel Winfield

Y cyngor lleol yn cymryd sampl o ferfa laeth ar gyfer ei ddadansoddi

and were just as scrupulously implemented. A bottle of milk could be taken for examination without warning. The milk would be divided between three bottles, one for the dairyman and two for analysis. Any sign of dilution or skimming could lead to a report in the local newspaper, the loss of customers, goodwill and, as a result, livelihood.

Despite this and the legal situation described,

Heintus (Anifeiliaid) 1878, gosodwyd canllawiau ar gyfer safonau glanweithdra elfennol.

Newidiodd y sefyllfa'n llwyr yn yr ugeinfed ganrif. Roedd safonau iechyd cyhoeddus yn llym, a chaent eu gweithredu'r un mor llym. Gellid cymryd potelaid o laeth oddi ar werthwr heb unrhyw rybudd. Câi'r llaeth wedyn ei rannu'n dri sampl, un i'r llaethwr a dau ar gyfer ei ddadansoddi. Fe wnâi

folklore involving dilution became a mindset among the general population. That, doubtless, was what led one dairyman to add to his invoices the words: 'Daily family deliveries of Fresh, Pure Milk. Analysis welcomed.'

Why, one wonders, in the case of a radio programme on the milk trade in London, broadcast in the second half of the twentieth century, was it considered necessary to congratulate the scriptwriter for not once mentioning the possibility of milk being diluted or watered down? However, in a radio play, *Blood and Milk* by Gregory Evans, broadcast in September 2016 and based on the London Welsh milk trade in the late nineteenth century, a reference to milk allegedly sold adulterated by water from a yard pump and by chalk could not be resisted. The association of such activities with the Welsh in London is an insult, just as it would be so to make generalisations about people avoiding of the payment of income tax.

The myth was perpetuated in an unfortunate way in the *Aberystwyth Observer* on 9 June 1904. According to a prominent report in the newspaper, a London JP, Mr Fordham, alleged that 90 per cent of those summonsed before him for diluting milk were Welsh. He wondered whether it was only the Welsh who were diluting milk, or was it that the Welsh had a monopoly on all milk sales. A prosecuting solicitor said that Welsh people certainly favoured the milk trade.

It is sad that the newspaper report did not carry a stronger editorial rejecting this or any relevant

unrhyw arwydd o lastwreiddio arwain at adroddiad mewn papur newydd lleol, hynny'n arwain at golli cwsmeriadd, ewyllys da ac, o ganlyniad, fywoliaeth.

Er gwaethaf hyn, ynghyd â'r sefyllfa gyfreithiol a ddisgrifiwyd, daeth y gredo boblogaidd ynglŷn â dyfrio llaeth yn rhywbeth ffeithiol ymhlith y boblogaeth yn gyffredinol. Hyn, mae'n siŵr, wnaeth symbylu un llaethwr i ychwanegu ar ei anfonebau'r neges: 'Daily family deliveries of Fresh, Pure Milk. Analysis welcomed.'

Pam, tybed, y bu'n rhaid llongyfarch awdur sgript rhaglen radio ar y fasnach laeth yn Llundain yn ail hanner yr ugeinfed ganrif am beidio â chrybwyll unwaith y posibiliadau o deneuo neu lastwreiddio llaeth? Er hynny, yn y ddrama radio *Blood and Milk* gan Gregory Evans, a ddarlledwyd ym mis Medi 2016, drama wedi ei seilio ar y fasnach laeth, ni ellid peidio â chyfeirio at laeth a oedd wedi ei lastwreiddio gan ddŵr o bwmp ar y clos a chan sialc. Roedd cysylltu'r fath weithred â'r Cymry yn Llundain yn sen, yn union fel y byddai pe cyfeirid felly at bobl yn ceisio osgoi talu'r dreth incwm.

Fe ddwysawyd y chwedl mewn ffordd anffodus yn yr *Aberystwyth Observer* ar 9 Mehefin 1904. Mewn adroddiad amlwg yn y papur, honnodd ynad heddwch fod 90 y cant o'r troseddwyr a wysiwyd i ymddangos o'i flaen am deneuo llaeth yn Gymry. Ceisiai feddwl ai'r Cymry'n unig fyddai'n glastwreiddio llaeth, neu a oedd gan y Cymry fonopoli ar werthu llaeth? Dywedodd twrne ar ran yr erlyniad fod y Cymry, yn bendant, yn ffafrio'r fasnach laeth.

statistical analysis. On the other hand, it might have been a leftover from what had been accepted practice in the previous century but before the stricter regulations were imposed and accepted. At least it confirms the strong presence of the Welsh in the London milk trade in 1904.

It is obvious that folk memory is long and that the issues about selling milk in the nineteenth century have lingered in people's minds.

The law has also implemented rules concerning sales. At the beginning of the twentieth century shops were not permitted to sell anything while officially closed, such as on Wednesday afternoons. An interesting court case occurred as a result of the implementation of the Shops Act of 1912 when the legitimacy of a milk vending machine outside a London Welshman's shop in Willesden was challenged. There was disagreement among the Middlesex magistrates. So the matter was taken further in an effort to establish whether operating such a machine, even though it was outside a closed shop, was legal. On the basis that a similar machine in a nearby railway station had set a precedent, at least one 'iron cow' became legal.

Another bone of contention, although it did not involve the law, was that concerning lost milk bottles. All sellers had their names inscribed on their bottles. But 'stray' bottles belonging to one vendor were frequently found among the bottles belonging to another. It was possible to insure against this by buying shares in Milk Vessels Recovery Ltd, a company which undertook to return such misplaced

Mae'n drist meddwl na wnaeth y papur gyhoeddi golygyddol cryfach yn gwrthwynebu'r fath sylwadau, nac unrhyw ddadansoddiad ystadegol perthnasol. Ar y llaw arall, efallai nad oedd y peth yn ddim ond gwaddol yr hyn a dderbynnid yn arferiad naturiol o'r ganrif flaenorol, cyn mabwysiadu a derbyn rheoliadau llymach. O leiaf mae'r adroddiad yn cadarnhau presenoldeb cryf y Cymry yn y fasnach laeth yn Llundain yn 1904.

Mae'n amlwg fod cof gwerin yn un hir, ac i faterion parthed gwerthu llaeth yn y bedwaredd ganrif ar bymtheg oedi'n hir yn y meddwl.

Fe wnaeth y gyfraith hefyd weithredu rheolau parthed gwerthu llaeth. Ar ddechrau'r ugeinfed ganrif, gwaherddid siopau rhag gwerthu unrhyw nwyddau tra oedden nhw ynghau yn swyddogol, fel ar brynhawn dydd Mercher, er enghraifft. Cafwyd achos llys diddorol o ganlyniad i weithrediad y Ddeddf Siopau 1912, pan heriwyd cyfreithlondeb peiriant gwerthu·llaeth y tu allan i siop un o'r Cymry yn Willesden. Bu anghytundeb rhwng ynadon Middlesex. Aed â'r mater ymhellach mewn ymgais i sefydlu p'run a oedd gweithredu'r fath beiriant, er ei fod y tu allan i siop oedd ynghau, yn gyfreithlon ai peidio. Ar sail y ffaith fod peiriant tebyg y tu allan i orsaf reilffordd wedi gosod cynsail, daeth o leiaf un 'fuwch haearn' yn gyfreithlon.

Asgwrn cynnen arall, er na fu hwn yn achos llys, oedd hwnnw'n ymwneud â photeli llaeth a aent ar goll. Byddai gan bob gwerthwr enwau'r cwmni ar eu poteli. Ond ceid yn aml boteli 'strae' un gwerthwr ymhlith poteli gwerthwr arall. Byddai modd

bottles to their rightful owners. One such owner of a share in the company was Mr O.J. Jones of 313 Wandsworth Bridge Road. One share was valued at one pound in 1929.

Gwyn Pickering, who still lives in London, recalls the story of a friend who was repeatedly warned by the police for washing his milk cart in the street. This was contrary to one of Westminster Council's by-laws. Because he chose to ignore the warnings so often, he was summoned to appear before Marylebone magistrates' court. When asked why he insisted on washing his cart in the street rather than in the yard, his reply was: 'It would be easier for me to put the yard in the cart than to put the cart in the yard.'

The case was dismissed. What a shame that today's stage comedians can't be as humorous as that milkman from Soho!

A share certificate for milk vessels recovery belonging to O.J. Jones, 313 Wandsworth Bridge Road
Tystysgrif cyfrannau er mwyn adfer poteli llaeth yn berchen i O.J. Jones, 313 Wandsworth Bridge Road

Emrys Jones

yswirio yn erbyn hyn drwy brynu cyfranddaliadau yn y Milk Vessels Recovery Ltd, cwmni a wnâi ymgymryd â chasglu a dychwelyd poteli coll i'w perchnogion gwreiddiol. Un Cymro oedd a chyfranddaliadau yn y cwmni oedd Mr O.J. Jones, 313 Wandsworth Bridge Road. Byddai un siâr yn werth punt yn 1929.

Mae Gwyn Pickering, sy'n dal i fyw yn Llundain, yn cofio hanesyn am ffrind a gâi ei rybuddio dro ar ôl tro gan yr heddlu am olchi ei gert laeth yn y stryd. Roedd hyn yn groes i un o is-ddeddfau Cyngor Westminster. Gan iddo anwybyddu pob rhybudd, gwysiwyd ef i ymddangos o flaen llys ynadon Marylebone. Pan holwyd ef pam y mynnai olchi ei gert yn y stryd yn hytrach nag yn ei iard, ei ateb oedd: 'Byddai'n haws i mi roi'r iard yn y gert na rhoi'r gert yn yr iard.'

Gollyngwyd y cyhuddiad yn ei erbyn. Trueni nad yw comedïwyr y llwyfan heddiw mor ddoniol â'r llaethwr hwnnw o Soho!

8

The Shadow of the War
Cysgod y Rhyfel

As the bombs of the Second World War began to rain down on London, hundreds of children were evacuated to the safety of rural areas, with many of them sent to Wales. A number of these, especially the children of dairymen, had the advantage of already being accustomed to visiting relatives for a holiday. When war was declared they were sent to the safety of their relatives for the duration of the conflict.

Among them was Johnny Lewis who was sent to Dihewyd, Cardiganshire. Glanville and Emlyn Davies, the sons of Jack Davies (from Glynarthen) and his wife Sally, were sent to Neath in south Wales. Marjorie Hughes was sent to Llanfihangel-y-Creuddyn and Betty Evans to Felinfach. London Welsh families sent their children to relatives in Wales but there is one example of the generosity of one Welsh family in accepting children entrusted to them by parents aware only of the trust and sincerity of members of that family.

Rachel Jane Jones, from Sarnau in south Cardiganshire, had gone to London directly on leaving school in 1928 to work with a dairy family, but decided to return to Wales at the outbreak of

Wrth i fomiau'r Ail Ryfel Byd ddechrau ddisgyn ar Lundain, anfonwyd cannoedd o blant i ddiogelwch yr ardaloedd gwledig, llawer ohonynt i Gymru. Roedd gan amryw o blant y llaethwyr y fantais o fynd at berthnasau. Byddent eisoes yn gyfarwydd â mynd i Gymru ar wyliau. Yn fuan wedi cyhoeddi'r rhyfel fe'u hanfonwyd felly i ddiogelwch at berthnasau tra parhaodd y rhyfel.

Yn eu plith roedd Johnny Lewis, a anfonwyd i Ddihewyd, Sir Aberteifi. Anfonwyd Glanville ac Emlyn Davies, meibion Jack Davies (o Lynarthen) a'i wraig Sally, i Gastell-nedd yn ne Cymru. I Lanfihangel-y-Creuddyn yr anfonwyd Marjorie Hughes. Anfonwyd Betty Evans i Felinfach. Fe wnaeth teuluoedd y Cymry Llundeinig felly anfon eu plant at berthnasau yng Nghymru ond ceir un enghraifft o garedigrwydd un teulu Cymreig yn derbyn plant yr ymddiriedwyd iddynt gan rieni na wyddent ddim ond am garedigrwydd a dilysrwydd aelodau o'r teulu hwnnw.

Roedd Rachel Jane Jones, o'r Sarnau yn ne Sir Aberteifi, wedi gadael am Lundain yn syth o'r ysgol yn 1928 i weithio gyda theulu o laethwyr, ond penderfynodd ddychwelyd adref ar doriad

war. She returned with four children of her London customers, all of school age, and, at the last minute, had a baby thrust into her arms with the instruction, 'Take my baby to safety!' That group of five were cared for by the Sarnau family for the duration of the war, returning to London afterwards with little English but fluent Welsh. These are but a few examples of children who spent long periods away from their parents, but who were kept safe.

The severe bombing raids on London started on 7 September 1940, and years of it would follow. Jewin Chapel was one of the buildings to suffer on 9 September 1940. The bombings eased when German bombers were diverted to the Eastern Front. The worst was over, at least until the devastating raids of the V-1 and V-2 flying bombs at the end of the war.

Dewi Morgan from Bethania spent the war years in London. He had failed his medical examination twice and was rejected for military service. However, with the market at its lowest, he ventured to buy J.J. Jones and Sons' milk business in Wick Road in February 1944. In an article in the *Cambrian News* on 24 April 1987 he wrote:

> It was very difficult at the beginning. Because of the evacuation and the destruction of homes, we were down to sales of ten gallons a day. Then the Council decided to build hundreds of prefabs after the war and when we sold the business in 1953 we were selling 1,000 gallons a day.

The war affected every aspect of life and work in London. Pre-war, the dairyman's aim was to serve

y rhyfel. Daeth yn ei hôl gyda phedwar plentyn rhai o'i chwsmeriaid yn Llundain, pob un mewn oedran ysgol. Yna, ar y funud olaf wrth iddi adael, dyma faban yn cael ei wthio i'w breichiau gyda'r gorchymyn: 'Cer â'm baban i ddiogelwch!' Gofalwyd am y pump gan y teulu yn Sarnau am weddill y rhyfel, cyn dychwelyd i Lundain yn brin o Saesneg ond yn rhugl eu Cymraeg. Dyna ddim ond ychydig o enghreifftiau o blant a dreuliodd gyfnodau i ffwrdd oddi wrth eu rhieni ond a gafodd eu diogelu.

Cychwynnodd y bomiau didostur ddisgyn ar Lundain ar 7 Medi 1940, a byddai blynyddoedd o fomio'n dilyn. Un o'r adeiladau a ddifrodwyd oedd Capel Jewin, ar 9 Medi 1940. Llaciodd y bomio wedi i awyrennau bomio'r Almaen gael eu dargyfeirio i'r Ffrynt Ddwyreiniol. Roedd y gwaethaf drosodd, o leiaf tan gyrchoedd difaol y bomiau hedegog V-1 a'r V-2 tuag at ddiwedd y rhyfel.

Treuliodd Dewi Morgan o Fethania flynyddoedd y rhyfel yn Llundain. Roedd wedi methu ei brawf meddygol ddwywaith a'i wrthod o'r herwydd ar gyfer gwasanaeth milwrol. Ond gyda'r farchnad ar ei hisaf, mentrodd drwy brynu busnes J.J. Jones a'i Feibion yn Wick Road ym mis Chwefror 1944. Mewn erthygl yn y *Cambrian News* ar 24 Ebrill 1987 ysgrifennodd:

> Bu'n anodd iawn ar y cychwyn. Oherwydd all-lifiad yr ifaciwîs a difrod i gartrefi, roedden ni lawr i ddeg galwyn y dydd o werthiant. Yna penderfynodd y Cyngor adeiladu cannoedd o dai parod (*prefabs*) wedi'r rhyfel, a phan wnaethon ni werthu'r busnes yn 1953, roedden ni'n gwerthu 1,000 galwyn y dydd.

and answer the need of as many families' homes as possible. By this means the goodwill – and thus the value – of the business increased. If it were possible to reach a customer's home by bike, that meant another name on the book, and therefore the possibility of earning extra money. Therefore, an area could be served by a number of dairymen, and a particular street could be getting delivery from a number of dairies. This was the consequence when trying to build a business.

Ironically, the impact of the war provided the solution. The answer was to create zones or blocks of delivery catchment areas. This confined an individual business to a specific area. However, this redistribution was done to ensure that the total quantity of milk supplied – and so the value of the dairy – was safeguarded. This reorganisation was welcomed. Even so, the Co-operative Dairy (Co-op) was exempted from the arrangement. It had a scheme whereby its customers were eligible for a dividend, or 'divi', on their purchases, something which they were reluctant to sacrifice if they transferred to a non Co-op supplier. The outcome was that the Co-op's customers were allowed to retain their loyalty and so were not included in the zoning scheme. Reorganisation reduced the number of milk rounds however, thus releasing more men to join the armed services.

Food rationing during the war – and afterwards for a while – meant that one had to register with a specific shop and exchange coupons for different goods. Registered customers could only purchase

Fe effeithiodd y rhyfel ar bob agwedd o fywyd a gwaith yn Llundain. Cyn y rhyfel, bwriad y llaethwr fyddai gwasanaethu ac ateb anghenion cynifer â phosibl o gartrefi teuluoedd. O'r herwydd, cynyddodd yr ewyllys da – a thrwy hynny werth y busnes. Petai modd cyrraedd cartref cwsmer ar feic, golygai y byddai enw ychwanegol ar y llyfrau, ynghyd â'r posibilrwydd o ennill mwy o arian. Felly, gellid gwasanaethu ardal gan nifer o laethwyr, a medrai un stryd arbennig dderbyn cyflenwad oddi wrth nifer o werthwyr. Dyma oedd canlyniad ceisio adeiladu busnes.

Yn eironig, effaith y rhyfel fu'n gyfrifol am ddatrys hyn. Yr ateb hwnnw fu creu parthau neu flociau o ardaloedd cyflenwi. Fe wnaeth hyn gyfyngu unrhyw fusnes unigol i ardal arbennig. Bwriad yr ailddosbarthiad hwn oedd sicrhau y byddai cyfanswm y llaeth a gyflenwid – ac felly gwerth y llaethdy – yn cael ei ddiogelu. Croesawyd yr ailstrwythuro hyn. Er hynny, eithriwyd y Co-operative Dairy (Co-op) o'r trefniant. Roedd gan y Co-op gynllun a alluogai ei gwsmeriaid i dderbyn bonws, 'dividend', neu 'divi' ar eu pryniadau, rhywbeth y byddent yn amharod i'w ildio pe caent eu trosglwyddo i gyflenwr arall. Y canlyniad fu caniatáu i gwsmeriaid y Co-op barhau â'u teyrngarwch, hynny'n golygu na chaent eu gorfodi i fod yn rhan o'r cynllun parthau. Fe wnaeth ad-drefnu'r rowndiau llaeth gwtogi ar eu nifer, gan ryddhau mwy o laethwyr i ymuno â'r lluoedd arfog.

Golygai dogni bwyd yn ystod y rhyfel – ac wedyn am gyfnod – y byddai'n rhaid cofrestru gyda siop arbennig gan gyfnewid cwponau am wahanol

Bessie Jones and colleague deliver milk during the Second World War

Henry Jones

Bessie Jones a chyd-weithiwr yn dosbarthu llaeth yn ystod yr Ail Ryfel Byd

goods at the one shop, but extra rations were given by the Ministry of Food for servicemen home on leave.

The continuity of service in the food and

nwyddau. Cyfyngid cwsmer cofrestredig i brynu nwyddau yn y siop honno, ond câi aelodau o'r lluoedd arfog a fyddent adre am seibiant ddognau ychwanegol drwy ganiatâd y Weinyddiaeth Fwyd.

drink sector was of paramount importance. If the wholesaler was able to supply milk to the dairymen, then the dairymen were determined to pass the product on to the customer, come what may. Whatever the impact of the war, dairymen regarded it as their duty to ensure that full bottles of milk would be left on the doorsteps each morning.

Dan Thomas and his wife Getta from Cwmtydu, Cardiganshire, kept a dairy in Tottenham Street. They spent each night during the Blitz sheltering in Goodge Street Tube station – they used the bags that held the day's sales receipts as pillows for their heads. Every morning they returned to the shop to resume business as usual.

When war was declared, the father of Mrs Eileen Brigshaw, Aberarth, volunteered with the Royal Navy Police in the Admiralty. By working at night he was able to return home every morning to carry out the milk round. In another example, so strict were the rules that Dilys Scott's father had to appear before a series of tribunals to justify staying at home to provide milk for his customers – despite the fact that he served nightly as an air-raid warden.

As already noted, there are countless instances of relatives from Wales – mostly women – leaving home for London to help with businesses because milkmen had been called up by the Services. For example, the great-aunt of Eilir Daniels, Llandeilo, went to London to help a relative temporarily, and stayed throughout the war. Gwynn Evans' family kept a dairy in Holland Park. His father was called up, so an aunt from Wales went to London to help.

Roedd parhad y ddarpariaeth yn y sector bwyd a diod o'r pwysigrwydd mwyaf. Cyn belled ag y byddai'r manwerthwr yn abl i gyflenwi llaeth i'r llaethwyr, yna byddai'r llaethwyr yn benderfynol, doed a ddelo, y gwnâi'r cynnyrch gyrraedd y cwsmer. Er gwaethaf effaith y rhyfel, teimlai'r llaethwyr hi'n ddyletswydd arnynt i sicrhau y byddai poteli llawn ar drothwy pob cwsmer bob bore.

Cadwai Dan Thomas a'i wraig Getta o Gwmtydu, Sir Aberteifi, laethdy yn Tottenham Street. Treulient bob nos adeg y bomio yn llechu yng ngorsaf danddaearol Goodge Street. Defnyddient y bagiau fyddai'n dal derbyniadau'r dydd fel clustogau dan eu pennau. Bob bore dychwelent i'r siop i ailgydio yn eu busnes.

Ar doriad y rhyfel, fe wirfoddolodd tad Mrs Eileen Brigshaw, Aberarth, i ymuno â Heddlu'r Llynges Frenhinol yn y Morlys. Drwy weithio yn ystod oriau'r nos, medrai ddychwelyd adre bob bore i redeg ei rownd laeth. Mewn enghraifft arall, roedd y rheolau mor llym fel i dad Dilys Scott orfod ymddangos o flaen cyfres o dribiwnlysoedd er mwyn cyfiawnhau bod adre ar gyfer darparu llaeth i'w gwsmeriaid – er gwaetha'r ffaith ei fod yn gwasanaethu bob nos yn warden cyrchoedd awyr.

Fel y nodwyd eisoes, ceir niferoedd diddiwedd o enghreifftiau o berthnasau o Gymru – menywod gan mwyaf – yn gadael cartref am Lundain i helpu gyda'r busnesau am fod y dynion llaeth wedi eu galw i'r gad. Er enghraifft, fe aeth hen fodryb i Eilir Daniels, Llandeilo, i Lundain dros-dro i gynorthwyo perthynas, ond arhosodd yno gydol y rhyfel. Cadwai

The air raids had a devastating effect on businesses and livelihoods. The Davies family from Glynarthen who, as noted earlier, had already sent their two sons to the safety of Neath, endured the crisis by travelling nightly to Slough and returning to their dairy every morning to deliver milk. This ordeal lasted for many months. Then, towards the end of 1944, while everyone was in bed, a bomb landed in the middle of the street opposite, destroying one end of their shop completely. Their lives were saved by the fact that the beams were supported by two opposite walls rather than by gable end walls. However, the building was condemned as being unsafe and was ordered to be demolished. Within a matter of seconds, the family had lost everything, and there was no hope of compensation. They left to join their children in Neath and started a new business in haulage.

The father of Iwan Jones, Lampeter, saw his business slump from 600 customers to just 100 because of the Blitz and the evacuation. He also had no option but to return to Wales and leave his business behind.

Margaret Davies, a member of the Darren Fawr, Llandysul, family, and her husband kept a business in Boswell Road. She ran it while he was away in the army, but Margaret was joined by family members. They sheltered from the bombing in Holborn Tube station. One morning, they returned to find that the shop had been bombed. Margaret was close to giving birth and there was no choice but to return to Wales for the birth.

teulu Gwynn Evans laethdy yn Holland Park. Wedi i'w dad dderbyn yr alwad i'r lluoedd arfog, daeth modryb o Gymru i Lundain i helpu.

Cafodd y cyrchoedd awyr effaith enbyd ar fusnesau a bywioliaethau. Fe wnaeth teulu Davies o Lynarthen, a anfonodd eu dau fab i ddiogelwch yng Nghastell-nedd, lwyddo i ddygymod â'r argyfwng drwy deithio bob nos i ddiogelwch cymharol Slough a dychwelyd bob bore i'w busnes cyflenwi llaeth. Parhaodd hyn am fisoedd lawer. Yna, tuag at ddiwedd 1944, tra oedd pawb yn eu gwelyau, disgynnodd bom ar ganol y stryd gyferbyn gan ddifrodi un pen o'u siop yn llwyr. Arbedwyd eu bywyd diolch i'r ffaith fod y trawstiau'n gorffwys ar y muriau blaen a chefn yn hytrach nag ar waliau'r ddau dalcen. Er hynny, condemniwyd yr adeilad gan yr awdurdodau fel un anniogel, a gorchmynnwyd ei ddymchwel. Felly, o fewn mater o eiliadau, collodd y teulu bob dim heb unrhyw obaith am iawndal. Gadawsant Lundain i ymuno â'u plant yng Nghastell-nedd, gan gychwyn busnes cludiant.

Gwelodd tad Iwan Jones, Llambed, ei fusnes yn disgyn o 600 cwsmer i 100 oherwydd y bomio a'r mudo i ddiogelwch. Gorfodwyd yntau i adael ei fusnes a dod adre i Gymru.

Cadwai Margaret Davies, aelod o deulu Darren Fawr, Llandysul, a'i gŵr, fusnes yn Boswell Road. Tra bu ei gŵr i ffwrdd yn y fyddin, gadawyd hi i redeg y busnes. Ond daeth aelodau o'i theulu i'r fei i helpu. Byddent yn cysgodi rhag y bomiau yng ngorsaf danddaearol Holborn. Un bore, daethant adre i ganfod fod y siop wedi cael ei bomio. Roedd

Jenkin Rees Lewis (b. 1900) owned and ran two dairy businesses and shops in 150 Blackfriars Road and Lancaster Street. He also owned a farm in Kent which was tenanted in the early part of the war. In order to deliver milk in London, he used Welsh cobs which were stabled near his shops. These horses were sent by train to the farm in Kent for rest periods. In 1940 the stables received a direct hit and all the horses were killed. Alternative ways of

Margaret ar fin geni plentyn. Doedd dim dewis ond dychwelyd i Gymru.

Roedd Jenkin Rees Lewis (g. 1900) yn berchen, ac yn rhedeg, dau o fusnesau llaeth a siopau yn 150 Blackfriars Road a Lancaster Street. Roedd hefyd yn berchen ar fferm yng Nghaint, a redid gan denant yn ystod blynyddoedd cynnar y rhyfel. Ar gyfer cyflenwi llaeth ar y rowndiau, defnyddiai gobiau Cymreig. Cedwid y cobiau mewn stablau wrth ymyl

J.R. Lewis' milk business in Westminster. The cobs used to deliver the milk were all killed by a direct hit in the Blitz.
Busnes llaeth J.R. Lewis yn Westminster. Bu farw'r cobiau oedd yn dosbarthu'r llaeth mewn ergyd uniongyrchol yn y Blitz.

Gareth Lewis

delivering milk were found in order to maintain the goodwill of the business. Jenkin's son, Gareth, now lives in Cross Inn, near New Quay.

One Sunday evening, the family of Oriel Jones, Llanfihangel-ar-Arth, returned home after attending the evening service at King's Cross Chapel to find their home and business completely destroyed by a bomb. The building and business had been reduced to rubble.

Marjorie Hughes from Llandre, in her memoirs published on the website of Capel y Garn, Bow Street, describes the effects of war on her parents' business. Although only eight years old at the time, she still remembers the Anderson Shelters and the atmosphere of the blackout. She was sent away to safety in Llanfihangel-y-Creuddyn, but a bomb caused considerable damage to the family shop. The ceiling collapsed and the windows were blown out. Yet, despite the damage and the loss of the electric supply for a long time, the shop had to be kept open.

The parents of Betty Evans, Aberporth, kept eight milking cows at their business in the East End. One night their home was bombed. Everything was destroyed. All the cows were killed and the only choice was to return home to Felinfach. Such events were commonplace; as already noted there was no compensation of any kind and it meant having to start all over again.

More poignant is the story of Evan and Mary Evans, both from Llanbadarn Odwyn. They, with five other members of the Evans family and their spouses, had joined the milk trade in the early 1920s.

ei siopau. Anfonid y ceffylau am gyfnodau gorffwys ar y trên i'r fferm yng Nghaint. Yn 1940 trawyd y stablau gan fom. Lladdwyd yr holl geffylau. Rhaid fu canfod dulliau amgen o gyflenwi llaeth er mwyn cynnal y busnes a'r ewyllys da. Mae Gareth, mab Jenkin, nawr yn byw yn Cross Inn, ger Ceinewydd.

Yn gynnar un nos Sul, dychwelodd teulu Oriel Jones, o Lanfihangel-ar-Arth, adre o'r gwasanaeth yng Nghapel King's Cross i ganfod eu cartref a'u busnes wedi eu dinistrio'n llwyr gan fom. Doedd dim ar ôl ond rwbel.

Ymhlith ei hatgofion a gyhoeddwyd ar wefan Capel y Garn, Bow Street, cawn gan Marjorie Hughes o Landre hanes effaith y rhyfel ar fusnes ei rhieni. Er mai dim ond wyth oed oedd hi ar y pryd, gall gofio'n glir yr Anderson Shelters ac awyrgylch y blacowt. Fe'i hanfonwyd i ffwrdd i ddiogelwch yn Llanfihangel-y-Creuddyn, ond achoswyd cryn ddifrod i siop ei rhieni gan fom. Disgynnodd y nenfwd a chwythwyd y ffenestri allan. Ond er gwaetha'r difrod a cholli'r cyflenwad trydan am gyfnod hir, rhaid fu cadw'r siop yn agored.

Cadwai rhieni Betty Evans, Aberporth, wyth o fuchod godro yn eu busnes yn yr East End. Ond un noson bomiwyd eu cartref. Lladdwyd y gwartheg oll a'r unig ddewis oedd dychwelyd adre i Felinfach. Roedd digwyddiadau o'r fath yn gyffredin ac, fel y nodwyd, ni cheid unrhyw iawndal. Golygai gychwyn eto o'r dechrau.

Mwy ingol yw hanes Evan a Mary Evans, y ddau o Lanbadarn Odwyn. Roedd y ddau, ynghyd â phump aelod arall o'r teulu Evans a'u partneriaid,

Their shop was at 50 Union Road, Clapham. Just like other families, they had an Anderson Shelter in the garden but, as a rule, chose rather to shelter from air raids in the *cwtsh dan star*, the cubby-hole under the stairs. On this particular evening, 18 September 1940, they decided to try the Anderson Shelter instead. The shelter received a direct hit and both were killed. Ironically, the *cwtsh dan star* remained intact.

At the beginning of the war their children, Margareta, 13, and David, eight, had been evacuated to relatives in Wales and, apart from Christmas 1939, never saw their parents again. The couple were interred in Wandsworth cemetery but are commemorated on a Second World War memorial plaque at Clapham Junction Welsh chapel where they worshipped. Of those commemorated on this plaque, half were victims of the London Blitz.

Evan Evans' brother, John, had a business in 35 Conway Street, Fitzrovia, and his sister, Maria (known as Meia) Davies, with her husband John, had a business at 13 Rugby Street, Holborn. Meanwhile, sister Anne Evans and her husband David ran a dairy business at 58 Hernstal Road, West Hampstead. They all survived the Blitz.

There are many interesting tales of how families strove to live a normal life while trying to avoid the bombing. Ann Edwards recalls customers joining her parents in the shop during an air raid. An escape route had been fashioned by breaking through the wall into the tobacco shop next door. The opening was normally covered by a large oil painting.

wedi ymuno â'r fasnach laeth yn y 1920au cynnar. Roedd eu siop yn 50 Union Road, Clapham. Fel teuluoedd eraill, roedd ganddynt Anderson Shelter yn yr ardd. Ond fel arfer byddent yn defnyddio'r cwtsh dan star yn lloches. Ar noson 18 Medi 1940, dyma benderfynu rhoi cynnig ar yr Anderson Shelter. Trawyd y lloches gan fom, a lladdwyd y ddau. Yn eironig, ni ddioddefodd y cwtsh dan star unrhyw ddifrod.

Ar ddechrau'r rhyfel roedd eu plant, Margareta, 13, a David, wyth, wedi eu hanfon at berthnasau yng Nghymru ac, ar wahân i Nadolig 1939, wnaethon nhw ddim gweld eu rhieni byth wedyn. Claddwyd y rhieni ym mynwent Wandsworth ond coffawyd nhw ac eraill ar gofeb i'r rhai gollodd eu bywydau yn yr Ail Ryfel Byd yng Nghapel Cymraeg Clapham Junction, lle byddent yn addoli. O blith y rhai a goffawyd, roedd hanner y rhai a restrwyd wedi eu lladd gan fomiau'r gelyn.

Roedd gan frawd Evan Evans, sef John, fusnes yn 35 Conway Street, Fitzrovia, ac roedd gan ei chwaer Maria (Meia fel y câi ei galw) a'i gŵr, John, fusnes yn 13 Rugby Street, Holborn. Yn y cyfamser, fe wnaeth chwaer arall, Anne Evans, a'i gŵr, David, gadw busnes llaeth yn 58 Hernstal Road, West Hampstead. Fe wnaethon nhw oroesi'r rhyfel.

Ceir amryw o hanesion diddorol am deuluoedd yn ceisio byw bywyd normal yng nghanol y bomio. Gallai Ann Edwards gofio cwsmeriaid yn y siop yn ymuno â'i rhieni adeg cyrch bomio gan eu dilyn drwy allanfa argyfwng a grëwyd drwy dorri drwy'r wal i siop gwerthu tybaco'r drws nesaf. Cai'r allanfa

Evan and Mary Evans' shop in Clapham, with daughter
Margareta standing outside. The shop was destroyed in the
Blitz and Evan and Mary were killed.
Siop Evan a Mary Evans yn Clapham, gyda'u merch
Margareta tu allan i'r siop. Dinistriwyd y siop yn y Blitz a
lladdwyd Evan a Mary.

Tegid Phillips

Evan and Mary Evans' gravestone in Wandsworth cemetery
Beddfaen Evan a Mary Evans ym mynwent Wandsworth

Tegid Phillips

When the air-raid siren was heard, those in the two buildings would congregate in the tobacco shop. They'd sing and dance, trying to do their utmost to ignore what was happening outside and above them until the all clear was given.

To Peggy Beaven, the daughter of John and Margaret Jacob, who kept a dairy in Willesden, the war proved to be a blessing in disguise. She felt that the block system of allocating milk rounds saved her parents' business. It put an end to having to travel miles in order to deliver a pint or two. She also felt that food rationing had been of benefit, as it meant that every customer had to register with a particular shop. There were other improvements, too. Milk was delivered already bottled. Her parents also managed to buy a fridge, and to exchange the old milk pram for a light electric milk float.

The end of the Second World War saw social patterns and marketing processes change completely. Damage to London buildings was on a massive scale and, as noted, some businesses disappeared overnight. But the creation of zones changed the way of life of dairymen.

Bowen Williams' family, from New Barnet, experienced the milk trade during both world wars. At the end of the nineteenth century, Bowen's father, John Morgan Williams, left Llanrhystud when he was 17 years old to work for a wholesaler. Bowen's mother, the eldest of five children from Bronant, had left for London to work as a maid. They married at the beginning of the twentieth century and started a business in Stockwell.

ei chuddio gan ddarlun olew mawr. Pan ganai'r seiren i gyhoeddi cyrch bomio, byddai pawb yn y ddwy siop yn ymgasglu yn y siop dybaco. Yno, byddent yn ceisio anwybyddu'r peryglon y tu allan ac uwch eu pennau, drwy ganu a dawnsio nes i sgrech y seiren gyhoeddi ei bod hi'n ddiogel i ddod allan.

I Peggy Beaven, merch John a Margaret Jacob, oedd yn cadw llaethdy yn Willesden, bu'r rhyfel yn rhyw fath ar fendith. Yn ôl Peggy, fe wnaeth y cynllun bloc o ddyrannu rowndiau llaeth achub eu busnes. Golygodd ddiwedd ar orfod teithio milltiroedd er mwyn cyflenwi dim ond peint neu ddau. Teimlai hefyd i ddogni bwyd fod yn llesol, gan y gorfodai bob cwsmer i gofrestru mewn siop arbennig. Cafwyd gwelliannau eraill hefyd. Cyrhaeddai'r llaeth y siop wedi'i botelu eisoes. Llwyddodd ei rhieni hefyd i brynu oergell, ac i gyfnewid yr hen bram llaeth am gert drydan ysgafn.

Gwelwyd ar ddiwedd y rhyfel y patrymau cymdeithasol a'r prosesau marchnata yn newid yn llwyr. Buasai'r difrod i adeiladwaith Llundain yn anferth. Fel y nodwyd, diflannodd aml i fusnes dros nos. Ond arweiniodd y cynllun o greu parthau at newid llwyr ym mywyd llaethwyr.

Cafodd teulu Bowen Williams, New Barnet, brofiad o redeg busnes llaeth drwy'r ddau ryfel byd. Ar ddiwedd y bedwaredd ganrif ar bymtheg, gadawodd tad Bowen, sef John Morgan Williams, ei gartref yn Llanrhystud yn llanc 17 oed i weithio i fân-werthwr. Roedd mam Bowen, yr hynaf o bump o blant o Bronant, wedi gadael i fod yn

They worked throughout the First World War, experiencing the terror of the Zeppelin airships. From 1912 to 1921, milk was brought from Somerset in 17-gallon churns and sold directly to customers who brought their own jugs.

Bowen was born in 1920. The family moved back to Wales but, after 12 years, they returned to London because of the Depression. They took over Park Dairies in Hornsey, a business involving three milk rounds.

During the Second World War, his mother had to run the business with his eldest brother, who also worked in the ambulance service after time in the army. Bowen himself enlisted in the RAF and, at the completion of his service, returned to the family business. Bowen was in a position to be able to comment on conditions in the milk trade before and after the Second World War.

The zone plan and hardship of war resulted in the number of milk rounds being confined to two, from the pre-war number of seven. Matters did improve after the war and the number of rounds increased, with early morning rounds being restored. By then, milk arrived in bottles and the old hand-pushed carts had given way to electric trolleys. The family business was sold in 1985 to Lord Rayleigh's Farms Incorporated, bringing 53 years of dairying to an end.

Most dairies had been established well before the start of the Second World War. Of those dairymen who left as a result of the war, only a few returned to the trade in 1946.

forwyn yn Llundain. Priododd â John ar ddechrau'r ugeinfed ganrif gan gychwyn busnes yn Stockwell. Gweithiodd y ddau gydol y Rhyfel Mawr, gan fod yn dyst i arswyd y llongau awyr Zeppelin. O 1912 i 1921, cyrhaeddai'r llaeth o Wlad yr Haf mewn buddeiau mawr 17 galwyn a'i werthu'n uniongyrchol i gwsmeriaid oedd yn dod â'u jygiau gyda nhw.

Ganwyd Bowen yn 1920. Fe symudodd y teulu'n ôl i Gymru ond, ar ôl 12 mlynedd, dyma ddychwelyd i Lundain, hynny oherwydd y Dirwasgiad. Prynwyd Park Dairies yn Hornsey, busnes a oedd yn cynnwys tair rownd laeth.

Yn ystod yr Ail Ryfel Byd, disgynnodd y gwaith o redeg y busnes ar ysgwyddau'r fam, gyda chymorth y brawd hynaf, a weithiai hefyd i'r gwasanaeth ambiwlans yn dilyn cyfnod yn y fyddin. Listiodd Bowen ei hun yn yr Awyrlu ac, ar derfyn ei wasanaeth, dychwelodd i fusnes y teulu. Roedd mewn sefyllfa lle gallai gymharu'r busnes llaeth cyn ac ar ôl yr Ail Ryfel Byd.

Fe wnaeth y cynllun parthau, a chaledi cyfnod y rhyfel, arwain at gyfyngu nifer eu rowndiau llaeth i ddwy, lle gynt bu saith. Fe wnaeth y sefyllfa wella wedi'r rhyfel ac adferwyd y rowndiau boreol. Erbyn hyn cyrhaeddai'r llaeth mewn poteli, ac ildiodd yr hen gerti gwthio eu lle i'r trolis trydan. Gwerthwyd y busnes yn 1985 i gwmni ffermydd Arglwydd Rayleigh, gan ddod a 53 blynedd o werthu llaeth gan y teulu i ben.

Sefydlwyd y mwyafrif o'r llaethdai cyn yr Ail Ryfel Byd. O blith y llaethwyr a adawodd y busnes

Trefor and Mair Morgan from Bwlch-llan were exceptions. Having farmed in Cwmann under difficult circumstances, they decided to join the London milk trade and purchased a business in Portobello in 1962. The business consisted of a traditional dairy and shop, and it was bought via Welsh agent David Jones. They had two rounds daily. The early round was done by Idris Davies from Llannon, and Trefor himself took the second. Mair ran the shop by herself from 7 a.m. to 7 p.m. daily. Milk arrived in bottles from the large independent dairies – these were plain bottles without the company logo, therefore there was no danger of them going astray. Trefor and Mair stayed in business for seven years, returning to live in Aberystwyth afterwards.

An indication of the great change to come was experienced by Andrew Jones' family from Llandysul. They went to London in 1959, following a brother who had left for the metropolis ten years' earlier. But, rather than being content with merely

o ganlyniad i'r rhyfel, dim ond ychydig wnaeth ddychwelyd yn 1946.

Roedd Trefor a Mair Morgan o Fwlch-llan yn eithriadau. Ar ôl ffermio yng Nghwmann o dan amgylchiadau anodd, dyma benderfynu ymuno â'r fasnach laeth yn Llundain gan brynu busnes yn Portobello yn 1962. Roedd y busnes yn cynnwys llaethdy traddodiadol a siop, ac fe'i prynwyd drwy asiant o Gymro, David Jones. Roedd ganddynt ddwy rownd ddyddiol. Idris Davies o Lannon fyddai'n cyflenwi'r rownd gynnar, a Threfor ei hun yr ail rownd. Rhedai Mair y siop ar ei phen ei hun o saith y bore hyd saith yr hwyr yn ddyddiol. Cyrhaeddai'r llaeth oddi wrth y cwmnïau annibynnol, eisoes wedi'i botelu – rheiny'n boteli plaen heb unrhyw logo arnynt.

Golygai hynny na fyddai perygl iddynt fynd yn strae. Bu Trefor a Mair mewn busnes am saith mlynedd cyn dychwelyd i fyw yn Aberystwyth.

Arwydd o'r hyn oedd i ddod oedd yr hyn a ddigwyddodd i deulu Andrew Jones o Landysul. Aeth y teulu i

Trefor and Mair Morgan at their Portobello shop in the 1950s
Trefor a Mair Morgan yn eu siop yn Portobello yn y 1950au

Trefor & Mair Morgan

delivering milk to doorsteps, this family decided to branch out. They succeeded in securing the contract to supply milk to the Olympia exhibition centre in West Kensington, and were a precursor to such families as the Lewis, Jones and Morgan who nowadays supply hotels and businesses, as we shall see later.

The Second World War was a turning point for milk selling businesses in London. More and more dairymen and their families were forced to sell up to the large conglomerates. Many of these families then turned to work in the bed-and-breakfast business. These were located near the main railway stations, such as Euston, Victoria and Paddington.

One by one, the milk rounds were bought by large companies, leaving the smaller shops without an income from that line of work. Some owners resorted to selling snacks, such as sandwiches, to workers in nearby offices. Johnny Lewis from Aberaeron provides a good example. His grandfather, a lead miner from Cwmsymlog, east of Aberystwyth, opened a dairy in Blackfriars. The business was inherited by Johnny's father and later by Johnny himself in the 1950s. He had to sell the milk round to another Lewis from Llwyncelyn, and concentrated on selling sandwiches to passing trade and to bulk catering, although he still sold milk over the counter. He also became a professional boxer in the welterweight and light heavyweight divisions. Eventually, the dairy was sold to an Italian and ended up as a café.

One of the last traditional Welsh businesses

Lundain yn 1959, gan ddilyn brawd a oedd wedi ymfudo yno ddeng mlynedd yn gynharach. Ond, yn hytrach na bodloni ar gyflenwi llaeth o ddrws i ddrws, penderfynodd y teulu hwn arallgyfeirio. Llwyddwyd i sicrhau cytundeb i gyflenwi llaeth i ganolfan arddangos Olympia yn West Kensington, gan ragflaenu gwerthwyr diweddarach fel teuluoedd Lewis, Jones a'r Morganiaid, sydd heddiw'n cyflenwi gwestyau a busnesau yn unig, fel y gwelwn nes ymlaen.

Bu'r Ail Ryfel Byd yn drobwynt yn y fasnach gwerthu llaeth yn Llundain. Gorfodwyd mwy a mwy o laethwyr a'u teuluoedd i werthu eu busnesau i'r cwmnïau cyfunol mawr. Trodd nifer ohonynt at ddarparu gwely-a-brecwast. Lleolwyd y rhain gan mwyaf yng nghyffiniau gorsafoedd rheilffordd fel Euston, Victoria a Paddington.

O un i un, gwerthwyd y rowndiau llaeth i'r cwmnïau mawr, gan adael y siopau llai heb incwm o'r ffynonellau hynny. Trodd rhai perchnogion at werthu bwydydd ysgafn fel brechdanau i weithwyr mewn swyddfeydd cyfagos. Mae Johnny Lewis o Aberaeron yn nodweddiadol o'r arallgyfeirio hwn. Fe wnaeth ei dad-cu, mwynwr o Gwmsymlog, i'r dwyrain o Aberystwyth, agor llaethdy yn Blackfriars. Etifeddwyd y busnes gan dad Johnny, ac yn ddiweddarach gan Johnny ei hun yn y 1950au. Bu'n rhaid iddo werthu'r rownd laeth i Lewis arall o Lwyncelyn, gan ganolbwyntio ar werthu brechdanau a darparu gwasanaeth arlwyo, er ei fod yn dal i werthu llaeth dros y cownter. Trodd hefyd at focsio proffesiynol, gan ymladd yn y pwysau welter a gor-

was that of brother and sister D.R. and E.E. Daniel in Westminster. They started a dairy business in Morton Terrace in 1931, and stayed until 1995 before retiring to Wales like many other dairy folk. In a 5 January 1995 article in the *Western Mail*, they wrote of their last days in London. They described their working conditions – starting at 5 a.m. by bottling the milk and then working in the shop all day. Eventually, they gave up the milk round and only sold milk over the counter. They also sold bread, cereals and general groceries. Mr Daniel proudly described how he once prevented a burglary in his shop.

This business is an example of the small enterprises that survived despite the absorption of so many by the 'combines', the large companies

drwm ysgafn. Gwerthodd y busnes yn y diwedd i Eidalwr, a throwyd y siop yn gaffi.

Un o'r busnesau traddodiadol olaf oedd un D.R. ac E.E. Daniel yn Westminster. Fe wnaethon nhw'n gyntaf gymryd busnes yn Morton Terrace yn 1931, gan barhau yno tan 1995 cyn ymddeol a dod adre i Gymru fel y gwnaeth cynifer o laethwyr. Mewn erthygl yn y *Western Mail* ar 5 Ionawr 1995, soniasant am eu dyddiau olaf yn Llundain. Cafwyd disgrifiad o'u hamodau gwaith – cychwyn am bump o'r gloch y bore yn potelu'r llaeth ac yna gweithio yn y siop drwy'r dydd. Ymhen amser, fe roesant y gorau i'r rownd a gwerthu llaeth dros y cownter. Byddent hefyd yn gwerthu bara, grawnfwyd a nwyddau cyffredinol. Disgrifiodd Mr Daniel sut y llwyddodd unwaith i atal lladrad yn ei siop.

D.R. and E.E. Daniels in their Westminster shop
D.R. ac E.E. Daniels yn eu siop yn Westminster

Margaret Thomas

Their shop blacked out during the Second World War
Eu siop yn dywyll yn ystod yr Ail Ryfel Byd

Margaret Thomas

such as the Express Dairies, the United Dairies and Co-operative Dairies. Those worked in opposition to small, family-run businesses. The pride in having a 'non combine' identity was displayed on the barrow of Megan Lloyd's family business early in the twentieth century.

★

The bombing and resultant rebuilding had a devastating effect on the dairies. Very few now remain to remind us of their existence. However, three businesses managed to survive the upheaval of war.

The Lewis family business was established in 1928 by Lewis Lewis and his wife Gwladys from Pennant. Their son and daughter-in-law, Glyn and Iris, continued running the business as a traditional dairy until they sold the milk rounds. They retained the shop and began delivering milk to restaurants and hotels. The shop closed seven years ago and the business nowadays concentrates on delivering milk to city centre restaurants – a fleet of vans operate out of Emma Street, Bethnal

Mae'r busnes hwn yn enghraifft dda o'r mentrau bach a oroesodd er gwaethaf cymaint o fentrau tebyg yn cael eu llyncu gan gwmnïau mwy fel Express Dairies, yr United Dairies a'r Co-operative Dairies. Gweithiai'r rhain yn erbyn y cwmnïau bach teuluol. Arddangosid y balchder o beidio â bod yn un o'r cwmniau 'combine', fel y'i gelwid hwynt, ar gert laeth teulu Megan Lloyd yn eu busnes yn gynnar yn yr ugeinfed ganrif.

★

Cafodd y bomio, ynghyd â'r ailadeiladu a'i dilynodd, effaith ddinistriol ar y llaethdai. Erbyn hyn, ychydig iawn sy'n aros i'n hatgoffa iddynt erioed fodoli. Er hynny, llwyddodd tri busnes yn arbennig i oroesi'r anhrefn a achoswyd gan y rhyfel.

Sefydlwyd busnes teulu Lewis yn 1928 gan Lewis Lewis a'i wraig, Gwladys, o Bennant. Parhawyd y fenter gan eu mab a'u merch yng nghyfraith, Glyn ac Iris, fel busnes llaeth traddodiadol nes gwerthu'r rowndiau. Cadwyd y siop a dechreuwyd cyflenwi llaeth i dai bwyta a gwestai. Caeodd y siop saith mlynedd

John and Edward Lewis of Lewis's Milk Supplies
John ac Edward Lewis o Lewis's Milk Supplies

Iris Lewis

Green, where the main office is situated. It is run by John and Edward Lewis, grandsons of the founders.

Morgan's Dairy was established by Morris Evan Morgan in 1894 and – as in the case of the Lewis brothers – it continues as an independent milk company. In 1947, it was bought by Mair and Ieuan Morgan and is nowadays owned by their sons Gareth and Geraint. They still deliver milk to the door in an area around their centre of operations in Fulham, but their business is mainly wholesale to clients that include restaurants, caterers and offices. They also supply on-line deliveries.

The third business to survive is that of Jones Brothers. The business was established in Stoney Lane by Henry Jones and his wife Sarah Anne who left Borth, near Aberystwyth, in 1877. Following their demise – we have already referred to Sarah's

yn ôl ac mae'r busnes bellach yn canolbwyntio ar gyflenwi llaeth i dai bwyta canol y ddinas. Mae fflyd o faniau'n cludo cynnyrch allan o'r brif swyddfa yn Emma Street, Bethnal Green. Yn rhedeg y cyfan mae John ac Edward Lewis, wyrion y sefydlwyr.

Sefydlwyd Morgan's Dairy gan Morris Evan Morgan yn 1894 ac – fel yn hanes y brodyr Lewis – mae'n parhau yn gwmni llaeth annibynnol. Yn 1947, fe'i prynwyd gan Mair ac Ieuan Morgan a bellach mae yn nwylo'u meibion, Gareth a Geraint. Maent yn parhau i gyflenwi llaeth i garreg y drws yn yr ardal o gwmpas eu canolfan yn Fulham, ond busnes manwerthu'n bennaf sydd ganddyn nhw bellach, gan werthu i gleientiaid sy'n cadw tai bwyta, yn arlwyo, neu'n gweithio mewn swyddfeydd. Maent hefyd yn cyflenwi ar-lein.

Y trydydd busnes i oroesi yw un y Brodyr

A fleet of Morgan's Dairy vans

Gareth & Geraint Morgan

Fflyd o faniau Morgan's Dairy

return to be buried in Llanfihangel Genau'r-glyn – the business was inherited by their two sons. During the Second World War their sisters took over the business while the brothers served in the armed forces. After the war, the Stoney Lane dairy was demolished and new premises selling dairy products opened in Middlesex Street. Delivery to private houses ceased, and the business is now wholesale only. It

Jones Brothers shop in the City of London
Siop Jones Brothers yng nghanol Llundain

Christine Boudier

is in the hands of the fourth generation now, Trefor, Catherine and Henry Jones, with a fifth generation awaiting its turn.

Meanwhile, a few dairy premises remain. Although their function has changed, conservation policies have ensured that at least one is preserved. In Amwell Street one finds Lloyd & Son Dairy. The shop's interior is typical of what would have been seen in the 1950s. One feature common to many such shops is a pair of Castlemartin cow horns, an echo of the drovers of the past.

And in Camden, J. Evans' old dairy at 35 Conway Street, on the corner with Warren Street, remains with its original tiling and rails still in place. The last Welsh owner of the shop was Mrs Evans,

Jones. Sefydlwyd y busnes yn Stoney Lane gan Henry Jones a'i wraig, Sarah Anne, a adawodd y Borth, ger Aberystwyth, yn 1877. Yn dilyn eu marwolaeth – cyfeiriwyd eisoes at ddychweliad corff Sarah i'w gladdu yn Llanfihangel Genau'r-glyn – etifeddwyd y busnes gan eu dau fab. Yn ystod yr Ail Ryfel Byd fe wnaeth eu chwiorydd gymryd at redeg y busnes tra bod eu brodyr yn gwasanaethu yn y lluoedd arfog. Wedi'r rhyfel, dymchwelwyd llaethdy Stoney Lane ac agorwyd safle newydd yn gwerthu cynnyrch llaeth yn Middlesex Street. Rhoddwyd y gorau i gyflenwi llaeth i dai preifat, a busnes manwerthu yn unig ydyw bellach. Erbyn hyn, mae'r fenter yn nwylo'r bedwaredd genhedlaeth, Trefor, Catherine a Henry Jones, gyda phumed cenhedlaeth yn disgwyl eu tro.

Yn y cyfamser, dim ond ychydig o safleoedd llaethdai sydd ar ôl. Er i'w swyddogaeth newid, sicrhaodd polisïau cadwraeth fod o leiaf un yn aros. Yn Amwell Street ceir llaethdy Lloyd a'i Fab. Mae'r tu mewn yn nodweddiadol o'r hyn y gellid disgwyl ei weld yn y 1950au. Un nodwedd o'r hen siopau

who retired in 2000. Nowadays, a Turkish family runs a business there. The building dates from around 1793. Plaques in the shop remind one of the days when it was opened as a dairy, in around 1916. The entrance to the 'Mews' today leads to where the cattle and their keepers would have been housed. Today it's a Grade II listed building. To adopt Dafydd Iwan's words: 'WE'RE STILL HERE!'

hyn oedd pâr o gyrn buwch Castellmartin, adlais o borthmyn yr oes a fu.

Yn Camden, saif hen laethdy J. Evans o hyd yn 35 Conway Street, ar gornel Warren Street, gyda'i waith teils a'i reiliau gwreiddiol yn dal yn eu lle. Perchennog Cymreig olaf y siop oedd Mrs Evans, a ymddeolodd yn 2000. Heddiw, teulu o Dwrciaid sy'n rhedeg busnes yno. Mae'r adeilad yn dyddio'n ôl i 1793. Mae placiau yn y siop yn atgoffa rhywun o'r dyddiau pan fodolai fel llaethdy, tua 1916. Mae'r fynedfa i'r 'Mews' heddiw yn arwain at y fan lle byddai'r gwartheg a'u ceidwaid yn llochesu gynt. Heddiw mae'n adeilad cofrestredig Gradd II. I adleisio geiriau Dafydd Iwan: 'RŶN NI YMA O HYD!'

Then and Now – premises which have changed their use
Bryd hynny ac yn awr – adeiladau sydd wedi newid eu defnydd

French's Dairy / Llaethdy French

French's Dairy, 13 Rugby Street, Holborn, in 1947. John Davies with his wife Meia, daughter Enfys, and a colleague.
Llaethdy French, 13 Rugby Street, Holborn, yn 1947. John Davies gyda'i wraig Meia, merch Enfys, a chyd-weithiwr.

Maggie Owen

13 Rugby Street is now a jewellery shop, but still retains its original dairy plaques
Siop gemwaith yw 13 Rugby Street yn awr, ond gwelir placiau y llaethdy gwreiddiol o hyd

Leighton Morris, photographer

J. Evans, 35 Conway Street

J. Evans' dairy is now a Turkish café

Mae llaethdy J. Evans yn gaffi Twrcaidd erbyn hyn

Leighton Morris, photographer

It still retains its original dairy plaques

Leighton Morris, photographer

Mae placiau'r llaethdy gwreiddiol yno o hyd

Lloyd's Dairy / Llaethdy Lloyd

The interior in 1957 when it was still a dairy. Note the Castlemartin horns.
Tu mewn yn 1957 pan oedd yn llaethdy o hyd. Gweler y cyrn Castlemartin.

A street view in 1973   Golwg o'r stryd yn 1973

As it is today, a barber's shop. However, it still retains its original dairy notices.
Fel y mae heddiw, yn siop farbwr. Serch hynny, cadwyd arwyddion gwreiddiol y llaethdy.

Leighton Morris, photographer

9 Final Thoughts
Sylw neu Ddau

A timeline can be drawn when recording the history of the milk trade in London. It follows the economic and social history of a small area of Wales.

The drovers provided London with cattle bred on Welsh pastures, while dairy cattle keepers provided milk for the growing population of the city. That trade was ultimately adopted and developed, by and large, by a population of dairymen mostly from Cardiganshire. Later, economic pressures led to their demise, yet some dairies survive to this day in the hands of people who are proud of their roots and origins.

One or two comments can be offered. When two or three members of old Cardi families get together, the conversation often turns to a network of family connections. Many of them will have an involvement with the London Welsh milk trade. The conversation may turn to asking what chapel or church was frequented – the determination to raise their children in a Welsh atmosphere in London, with Sunday school an influential centre being of major importance. In some instances the desire to return to Wales proves so strong that

Gellir tynnu llinell amser wrth gofnodi hanes y fasnach laeth yn Llundain. Mae'n dilyn hanes economaidd a chymdeithasol ardal fechan yng Nghymru.

Cyflenwodd y porthmyn i Lundain frid o wartheg a fagwyd ar borfeydd Cymreig, tra gwnaeth y ceidwaid gwartheg ddarparu llaeth ar gyfer poblogaeth gynyddol y ddinas. Mabwysiadwyd y fasnach yn ddiweddarach a'i datblygu, i bob pwrpas, gan boblogaeth o laethwyr, y mwyafrif o Sir Aberteifi. Yn ddiweddarach, arweiniodd pwysau economaidd at eu diddymiad. Er hynny, deil rhai llaethdai i fodoli hyd heddiw, yn nwylo pobl sy'n ymhyfrydu yn eu gwreiddiau a'u tarddiad.

Gellir cynnig un neu ddau o sylwadau. Pan fydd dau neu dri aelod o hen deuluoedd o Gardis yn cyfarfod, bydd y sgwrs yn troi'n aml at y rhwydwaith o gysylltiadau teuluol. Bydd amryw wedi bod yn ymwneud â'r fasnach laeth yn Llundain. Fe all y bydd y sgwrs yn troi at holi pa gapel neu eglwys a fynychwyd – y penderfyniad i godi eu plant mewn awyrgylch Gymraeg yn Llundain, gyda'r Ysgol Sul yn ganolfan ddylanwadol ac o'r pwysigrwydd mwyaf.

families return home when the children are very small.

Trefor and Mair Morgan, as previously mentioned, were among the few who ventured into the milk trade after the Second World War. But, they saw for themselves the future impact of the supermarkets and the vast changes in the nature of the business. The large conglomerations swallowed the smaller establishments, with those who had previously been involved in selling milk and shop goods turning to open bed-and-breakfast premises or returning to the old country.

Trefor and Mair farmed in Wales and sold milk in London within the same decade, so their comparison of occupations and conditions are valid. When I asked Trefor which of the two occupations, in his opinion, was the hardest, he answered without any hesitation: 'Selling milk – there was no respite at weekends, neither was there between seasons.' But 'home' always meant Wales – a place to retire to and a place that would appreciate contributions to good causes.

The milkmen have disappeared one by one. The London Welsh population is now largely professional. Their lives have followed the general trend; with the influence of the places of worship declining.

The generation that followed the dairymen has not been as limited in its choice of occupation. Among them we find representatives of the professions: doctors, solicitors, engineers and teachers. They have succeeded by adapting the

Mewn rhai enghreifftiau fe brofodd yr awydd i ddychwelyd i Gymru mor gryf fel y dychwelodd rhai teuluoedd pan oedd y plant yn ifanc iawn.

Roedd Trefor a Mair Morgan, fel y nodwyd eisoes, ymhlith yr ychydig a fentrodd i'r fasnach laeth wedi'r Ail Ryfel Byd. Ond rhagwelodd y ddau effaith yr archfarchnadoedd a'r newidiadau enfawr yn natur y busnes. Fe wnaeth y cwmnïau cyfunol mawr lyncu'r busnesau bach. Gorfodwyd y rheiny a fu gynt yn cadw siopau llaeth a gwahanol nwyddau i droi at gychwyn safleoedd gwely-a-brecwast neu fynd adre i'r hen wlad.

Fe wnaeth Trefor a Mair ffermio yng Nghymru a gwerthu llaeth yn Llundain o fewn yr un degawd. Mae eu cymhariaeth o'r ddau broffesiwn felly'n ddilys. Pan wnes i ofyn barn Trefor ar ba un o'r ddau broffesiwn oedd galetaf, atebodd heb unrhyw betruster: 'Gwerthu llaeth – doedd dim seibiant dros y penwythnosau, nac ychwaith rhwng tymhorau.' Ond roedd 'adre', meddai, bob amser yn golygu Cymru – lle i ymddeol iddo a lle a wnâi werthfawrogi cyfraniadau at achosion da.

Diflannodd y llaethwyr o un i un. Mae presenoldeb y Cymry yn Llundain bellach yn un proffesiynol gan mwyaf. Dilynodd eu bywyd y tueddiad cyffredinol; pylodd dylanwad yr addoldai.

Ni fu'r genhedlaeth a ddilynodd y llaethwyr yn brin o ddewis swyddi. Yn eu plith cawn gynrychiolwyr y proffesiynau: meddygon, twrneiod, peirianwyr ac athrawon. Fe lwyddasant i addasu'r cadernid a'r deallusrwydd a etifeddwyd ganddynt oddi wrth eu cyndadau ar gyfer sicrhau

strength and intelligence derived from their ancestors to secure a life in a broader society, while of course continuing to be proud of their lineage in the milk trade.

Footnote:

An interesting parallel could be said to exist between the sequence of agricultural poverty, drovers, cattle, and the development of the London Welsh milk industry with that of Liverpool terrace house builders in the nineteenth century. Richard Owens, originally from Caernarfonshire, moved to Liverpool in the mid 1840s to work as a carpenter, eventually progressing to be an architect. The slate quarries of his native land provided the raw materials for the burgeoning housing development of the city. He was active in recruiting what became known as the 'Welsh Builder' in Merseyside. A number of his commissions were Liverpool Nonconformist chapels, their membership providing yet another similarity to the London scene.

bywyd yn y gymdeithas ehangach tra oeddent, ar yr un pryd, yn teimlo'n hynod falch o'u llinach yn y fasnach laeth.

Ôl-nodyn:

Gellid mynnu fod yna debygrwydd yn bodoli rhwng y dilyniant o dlodi amaethyddol, porthmyn, gwartheg a datblygiad diwydiant llaeth y Cymry yn Llundain ag adeiladwyr tai yn Lerpwl yn y bedwaredd ganrif ar bymtheg. Fe wnaeth Richard Owens, yn wreiddiol o Sir Gaernarfon, symud i Lerpwl yn y 1840au i weithio'n saer coed, gan fynd ymlaen i fod yn bensaer. Fe wnaeth chwareli llechi ei henfro ddarparu'r deunydd crai ar gyfer datblygiad llewyrchus y ddinas honno. Bu'n weithgar trwy recriwtio gweithwyr a elwid yn 'Welsh Builders' ar lannau Mersi. Ymhlith ei wahanol gomisiynau roedd capeli anghydffurfiol Lerpwl, gyda'u haelodaeth yn cymharu ffafriol â'r sefyllfa yn Llundain.

10 Appendices
Atodiadau

Old Drovers' Ballad
by Ap Lewis (David Evan Davies)

Wales and her tales are so close to my heart,
Her valleys have nourished great men of renown,
Among those who today lie under the clay
We must name the drovers of old Llanycrwys.

Fat cattle and stout,
Fat cattle and stout,
Much fabled their story,
Those men of Llancrwys.

Ffaldybrenin's old fair is forgotten of late,
And soon many others will share the same fate
Like the old London Road and shouts of 'troo-hey!'
The train came along bringing English this way.

The lads of Llangurig aren't mentioned today,
The Anglesey drovers have gone the same way,
Tregaron has lost all its jockeys as well,
Whatever the reason, there's no-one can tell.

To make up their wages, the servants of old
Would venture to journey to London, we're told;
The cobbler, the tailor and weaver, they say,
Would go every autumn to bolster their pay.

The fashions are changing so quickly, but then,
The same can be said of the ways of all men,
The hemp rope and pickaxe today have no use
Like the old shoeing prong, the nails and the cues.

Hen Borthmyn
gan Ap Lewis (David Evan Davies)

Mae Cymru a'i helynt yn annwyl i mi
Ei chymoedd feithrinodd enwogion o fri,
Ymhlith y rhai hynny sy heddiw tan gŵys
Myn hanes gofnodi hen borthmyn Llan-crwys.

Da dewrion a dwys,
Da dewrion a dwys,
Difyrrus eu hanes
Oedd porthmyn Llan-crwys.

Mae Ffair Ffaldybrenin yn ango ers tro,
A darfod yn gyflym mae ffeiriau y fro,
Does sôn am Ffordd Lloegr yn awr, na'r 'trw-hê' –
Y trên â'u diddymodd, daeth Sais yn eu lle.

Am fechgyn Llangurig does nemor ddim sôn,
Bron darfod bob copa mae porthmyn sir Fôn,
Fe gollodd Tregaron ei jocys yn llwyr,
Pa beth yw y rheswm, oes undyn a ŵyr?

Wrth neud eu cyflogau roedd gweision y plwy
Yn hawlio, i Loegr, ryw siwrne neu ddwy;
Y crydd gyda'r teiliwr a'r gwehydd fai'n ca'l
Siwrneion bob hydre i chwyddo eu tâl.

Cyfnewid mae ffasiwn yn gyflym o hyd,
Cyfnewid, ran hynny, mae pobol y byd;
Y rhaff rawn a'r bicas sy'n awr heb un iws,
A'r fforch at bedoli, yr hoelion a'r ciws.

The drovers would set off with healthy red cheeks
To follow the fairs around February's first weeks,
And thence all year long, they roamed here and there
With their buying and selling while the trading was fair.

From the Pembrokeshire fairs, cows all fat and gross,
Their horns mostly measured a full yard across,
From Narberth, Treletert and Haverfordwest,
From Crymych, Maenclochog and Whitland, the best.

From Llanarth and Lampeter, Talsarn and Ffair Rhos,
From Lledrod, Llanddalis, in rows upon rows,
Llanybydder, Penuwch and Cross Inn, what a sight
Some blacks and some blues, and one or two whites.

From the fairs of Carmarthen, fine cows in a flow,
And one or two barrens from further below,
From Newcastle Emlyn and Cynwil, in throng,
To the Vale of the Tywi, they all came along.

With the cows herded up, their number complete,
Blacksmiths would shoe every hoof quick and neat,
Then the drove with new vigour would lithely depart,
The guide with foreboding, the hauliers with heart.

The guide, as a rule, was in charge of the crew,
And he, as the foreman, would pay what was due
For pasture and toll fees all along the way,
And this he would do without any delay.

The hauliers themselves could be drovers one day
Should they manage to borrow on top of their pay;
And many an old nag, its usefulness gone,
Would feel like a colt ere the journey was done.

Through the town of Llandovery, Ludlow and Wye,
Bidding Wales a last, sad goodbye,
The roads now are wider, there's pasture about,
The hauliers relax and the cattle grow stout.

Cychwynnai y porthmyn yn writgoch ac iach
I ddilyn y ffeiriau, tua dechre Mis Bach;
Ac yna trwy'r flwyddyn, ar hyd ac ar led,
Yn prynu a gwerthu tra mynd ar y trêd.

O ffeiriau sir Benfro, da mawrion i gyd,
A'u cyrnau gan fwyaf yn llathed o hyd;
O Hwlffordd, Treletert, a Narberth, rhai braf,
O Grymych, Maenclochog a Thŷ-Gwyn-ar-Daf.

O Lannarth, o Lambed, Ffair-rhos a Thal-sarn,
O Ledrod, Llandalis, y delent yn garn,
O ffeiriau Llan'bydder, Penu-wch a Chross Inn,
Da duon, da gleision, ac ambell un gwyn.

O ffeiriau Caerfyrddin, da perton ac ir,
Ac ambell f'ewynnog o waelod y sir;
Dôi da Castellnewydd a Chynwyl i'r lan
At dda Dyffryn Tywi i gyd i'r un man.

Nôl cael at ei gilydd y nifer yn llawn,
A'r gofiaid bedoli pob ewin yn iawn,
Cychwynnai y fintai yn hwylus eu bron
Y 'guide' yn bryderus, a'r haliers yn llon.

Roedd nifer o haliers dan ofal y 'guide',
A hwn oedd yn trefnu y cyfan, gan wneud
Yr oll o'r taliadau am gaeau a tholl
A chyfrif amdanynt yn gyflawn heb goll.

Yr haliers rai troeon yn borthmyn yr aent
Os benthyg peth arian yn rhywle a gaent;
A llawer hen geffyl rôl ffaelu'n ei waith
Ddôi'n ebol lled hoyw cyn terfyn y daith.

Drwy dref Llanymddyfri, dros Lwydlo a'r Ŵy,
Ymadael â Chymru i ddychwelyd byth mwy,
Mae ffyrdd yn ymledu a'r borfa'n brasáu,
Yr haliers yn llaesu, a'r da yn tewhau.

Long ago, when young Rhys was a haulier of note,
While crossing the river, he fell from the boat
As it cossed in mid-stream, but he landed just aft
Holding on to a calf's tail from Twm Bach's old craft.

The drovers set off just as morning approached
To the fairs on the roof of the famous Big Coach
Through Hereford, Ledbury and 'lands of the hay'
To Kent or Northampton, when came the fair day.

If business was good, the bidding would flow,
Firstly the fat cows, then the yearlings would go,
And after the payment and the cows sent away,
Full pockets and joy marked the end of the day.

In amongst all the heiffers in the heat of the flow
Would wander a steer – a yearling or so –
And sometimes, it's said, a switch would be planned –
There were many who couldn't decipher the brand.

It then was a race to reach home at full pace
Morning or night on two legs – what a race!
There was tea and strong ale – but better refrain
From mentioning saddles abandoned – such pain!

While crossing the river, mocked was the weaver
For coming back home with a halfpence left over,
'To each land its money,' said Will, what a giver!
While tossing his ha'penny back over the river.

One day, as they reached Hetty's Cottage in force,
She shouted out loudly all redfaced and hoarse:
'I've run out of beer, every drop has gone flat
When I can have more, only Heaven knows that.'

'Ah, well! muttered William, 'she was pretty low
When I last passed this way just a few days ago,
I mentioned to Dafydd, son of Teimoth the shop
That dead she would be without having a drop.'

Un tro pan oedd Rhysyn yn halier i'w dad,
Fe syrthiodd yn sydyn dros ymyl y bad
I ganol yr afon, ond glaniodd yn iach
Wrth gynffon yr eidon yng nghafan Twm Bach.

Cychwynnai y porthmyn cyn toriad y wawr
I'r ffeiriau yn Lloegr ar ben y 'Coach Mawr',
Drwy Henffordd a Ledbury a 'thiroedd y gwair'
I Gent neu Northampton, 'nôl fel byddai'r ffair.

Os digon o mofyn, fe werthid yn rhwydd
Dda mawrion yn gynta, ac yna rhai blwydd,
Rôl talu amdanynt a'u danfon yn iawn,
Roedd pob un yn llawen a'i logell yn llawn.

I blith yr aneirod ym merw y ffair
Aeth ambell i fustach – un dwyflwydd neu dair –
A dwedid fod weithiau gyfnewid yn bod –
Roedd llawer yn methu adnabod y nod.

Am y cynta' i fynd adre yn awr fyddai'r gamp
Yn hwyr ac yn fore ar ddwytroed – yn dramp.
Ceid te a pheth licer, ond peidiwch â sôn,
Cyfrwyau a ffrwyni, neu ddillad o'r pôn.

Tra'n croesi yr afon i'r gwëydd rhoddwyd sen
Am ddychwel i Gymru a dimau dros ben.
'I bob gwlad ei harian,' medd William, bid siŵr,
Gan daflu y ddimau yn ôl dros y dŵr.

Wrth ddod at Dŷ Hetti yn fore rhyw ddydd,
Fe'i clywsent hi'n gweiddi yn rhuddgoch a rhydd:
'Does gen i ddim diod, darfyddodd yn llwyr,
A phryd câ'i beth eto, y mowredd a ŵyr.'

'O, wel,' ebe William, 'yr oedd hi'n go wan
Pan o'n i'n mynd heibio y ffordd hyn i'r lan,
Mi wedes wrth Dafydd, mab Teimoth y go'
Ma darfod y neithe'i os na cheise'i dro.'

At the end of a fair, when they all came together	Ar ddiwedd y ffeiriau pan ddaethent ynghyd
To note their accounts safe and dry from the weather,	I wneud y cyfrifon dan gronglwyd fawr glyd,
All the tales of the journey they'd try to recount,	Ceid adrodd helyntion am oriau'n ddi-ball –
Each trying to better the other's account.	Pob un ar ei orau i drechu y llall.
At the end of the tale, it's a pleasure to say	Ar derfyn yr hanes, dymunol im' yw
That memories of these men remain to this day;	Fod coffa amdanynt hyd heddiw yn fyw;
And that the virtues they held in times that were good	A bod y rhinweddau oedd eiddo hwynthwy
Live on in the folk of today's neighbourhood.	Fyw eto ym mywyd trigolion y plwy.

★

Tomos Phillips Ochorbryn	Roedd Tomos Phillips Ochorbryn
Was quite a man for bargains;	Yn ŵr go dynn am fargen;
And Jones Ro-wen, while buying cows	A Jones Ro-wen wrth brynu da
Earned himself many sovereigns;	Enillodd lawer sofren;
For myriad cows for lower fees,	Am ddaoedd mân a phrisoedd is –
Ben Lewis Cwmcelynen.	Ben Lewis Cwmcelynen.
We mention Davies, Troedybryn	Rhown enw Davies Troed-y-bryn
Down here as a drover,	I lawr fan hyn fel porthmon,
And William Davies, once of Llwyn	A William Davies gynt o'r Llwyn
And both his sons, so gentle;	A dau o'i fwynaidd feibion;
And Price Werndigaid spent much time	Bu Price Werndigaid gyda hwy
Walking with them through England.	Yn tramwy gwlad y Saeson.
Nathaniel Edwards – famous man	Nathaniel Edwards – enwog un,
And sons, all full of vigour;	A'i fechgyn yn eu helfen,
Mister Morgan of Blaentwrch	Mistir Morgans o Flaen-twrch
And his guide from Bwlch-y-gilwen;	A'i 'guide' o Fwlch-y-gilwen;
And the Shopkeeper tying tight	A Gŵr y Siop gylymai'n dynn
The chain around the tree-trunk.	Y gadwyn am y goeden.
Dafydd Harries Blaen-y-clawdd	Roedd Dafydd Harries Blaen-y-clawdd
Was easy in a bargain;	Yn borthmon hawdd i 'daro',
And John Walters Esgercrwys	A John Walters Esger-crwys
Was deep in drover dealing;	Fu'n borthmon dwys yn delo,
And Joseph Jones, much loved was he,	A Joseph Jones, un annwyl oedd –
Remembered with great feeling.	Gan luoedd gaiff ei gofio.

Lewis Lewis Pantycrug
Was a very placid dealer;
The man from Brynmawr sent a host
Of cattle on to England;
And he from Godre Rhos was keen
As was he from Brynaerau-Gleision.

Daniel Davies of Tynant
Quite often went to England;
Howell Jones and he of Dolwen
Both became very wealthy;
And Tomos Blaen-cwm-pedol was
For many years a dealer.

Shoers renowned for a fair price
Were Isaac Rees and sons;
While Davy the Smith and Jack the Ram
Cared not a fig for anyone;
But none was better in the trade
Than the smiths of Ffaldybrenin.

We hear no more of droving by ear
Not hear of list to order,
No sounds of clinking from the shoes
That walked each summer to England;
No more we see the rush and haste
For nails from Rhys the Nailer.

Where now is Barnet of renown
And Naseby and West Haddin,
Or Harley Bush and Harley Row
And Ingaston and Maldin?
The fairs have gone, their fame and fun,
The drovers' era's vanished.

Caed Lewis Lewis Pant-y-crug
Yn ddeler diddig ddigon,
Gŵr Bryn-mawr ddanfonodd lu
O dda i wlad y Saeson;
Roedd Godre Rhos yn brynwr ta'r
A gŵr Brynarau-Gleision.

Bu Daniel Davies o Dŷ-nant
Do, droeon bant yn Lloeger,
Daeth Howell Jones a gŵr Ddôl-wen
Yn berchen arian lawer,
A Tomos Blaencwmpedol fu
Am flwyddi lu yn ddeler.

Pedolwyr gwych am isel bris
Oedd Isaac Rees a'i fechgyn;
Tra Dafi'r go a Jaci'r Ram
Na hidient fawr am undyn;
Ond nid oedd gwell rhai yn y trêd
Na gofiaid Ffaldybrenin.

Ni chlywir mwy am borthmyn clust
Na chwaith am 'list to order',
Na chlinc y ciws ar draed y da
Fai'n mynd bob ha' i Loeger;
Ni welir mwy y ffrwst a'r brys
Am hoelion Rhys y Nailer.

Pa le mae Barnet fawr ei bri
A Naseby a West Haddin,
Neu Harley Bush a Harley Row
Ac Ingaston a Maldin?
Y ffeiriau aeth, eu meth a'u moes,
Darfyddodd oes y porthmyn.

An example of the charges incurred by the drover David Jonathan from Dihewyd in droving cattle from Cardiganshire to London in 1839.

Enghraifft o gostau'r porthmon David Jonathan o Ddihewyd am gerdded gwartheg o Sir Aberteifi i Lundain yn 1839.

Jonathan Accounts (1839)	£	s.	d.
Cwmdulas House		5	0
Abergwesyn Tavern		15	0
Boy drive the beast		2	0
Newbridge Tavern			6
Llandrindod grass		13	6
Smith, tavern			6
Smith, grass		17	0
Maesyfed gate		1	6
Pay John for shoeing	1	1	0
Kington gate		3	0
Kington grass		18	0
Half-the-road gate		3	0
Llanllern gate		2	6
Westinton grass	1	0	0
Westinton grass		5	9
Westinton gate		3	0
Bromyard gate		3	6
Bontwillt gate		2	3
Bontwillt tavern		17	3
Worcester gate		5	0
Worcester tavern			6
Worcester tavern		2	6
Wilbercastle tavern		18	0
Wilvercastle gate		2	9
Stratford grass		14	6
Stratford tavern		3	0
Stratford gate		2	6
Warwick tavern		18	3
Southam tavern		18	0
Warwick gate		2	6
Windmill tavern		18	0
Windmill gate		2	0
Daventry grass		14	6
Daventry tavern		3	7
Daventry gate		5	0
Northampton tavern		18	0
Northampton gate		2	6
Wellingboro' gate		2	6
Wellingboro' gate		2	6
Wellingboro' tavern		13	6
William Wells tavern		8	6
? gate		2	6
Elstow tavern	1	19	0
Elstow tavern	1	10	6
Man mind beasts		1	6
Egin tavern		16	6
Egin gate		1	6
Hertford tavern		2	6
Hertford gate		2	6
Stansted tavern		13	3
Ongar grass	1	2	0
Ongar tavern		5	0
Chelmsford	1	0	0
Other expenses at fair and return home	2	0	4
	26	9	5

Advice to Drovers
by Vicar Prichard (1549–1644)

If you are a drover, deal honestly,
Pay a fair price for what you get;
Keep your word, do not break pormises;
Better than gold in a purse is credit.

Do not try to take advantage of the poor,
Do not greed for over profit;
Do not huckster with arch thieves,
Nothing of theirs is of value.

Beware of buying much on credit,
Do not take people at their word;
Buying on credit makes a drover
Leave the country and flee to Ireland.

Beware of cheating on your bargainer,
God will judge you for deceiving;
If you flee beyond to Ireland
God will avenge a dealer's cheating.

Do not shield the ones that cheat
All they collect, so say the Scriptures;
Cheating will not turn to gain
But will vanish through a sieve.

Do not get drunk while you are droving,
Wine will drive a drover to begging,
If the drover is a drunkard,
All his stock will buy his beer.

Deal honestly and save your soul;
Do not steal goods from the simple;
Even if you hide in the Low Centres,
God's revenge will overpower you.

Rhys Prichard, *Canwyll y Cymry* (1807 edition)
Carmarthen, 1907, pp.148–9

Cyngor i'r Porthmyn
gan y Ficer Prichard (1549–1644)

Os d'wyt borthmon dela'n onest,
Tâl yn gywir am a gefaist;
Cadw d'air, na thor addewid;
Gwell nag aur mewn côd yw credid.

Na chais ddala'r tlawd wrth angen,
Na thrachwanta ormod fargen:
Na fargeinia â charn lladron,
Ni ddaw rhad o ddim a feddon.

Gochel brynu mawr yn echwyn,
Pawb ar air a werth yn 'sgymun;
Prynu'n echwyn a wna i borthmon
Ado'r wlad a mynd i'r Werddon.

Gochel dwyllo dy fargeinwyr,
Duw sydd Farnwr ar y twyllwyr;
Pe dihengit tu hwnt i'r Werddon
Duw fyn ddial twyll y porthmon.

Byth ni rostia un o'r twyllwyr,
'Rhyn a heliant, medd y 'Sgrythur;
Ni ddaw twyll i neb yn ennill,
Fe red ymaith fel trwy ridyll.

Gochel feddwi wrth borthmona,
Gwin hel borthmon i gardota,
Os y porthmon a fydd meddw,
Fe a'r holl stoc i brynu cwrw.

Dela'n union, carca d'enaid;
Na ddiflanna â da gwirioniaid;
Pe diflannit i'r Low Cwntres,
Dial Duw a fyn d'orddiwes.

Rhys Prichard, *Canwyll y Cymry* (arg. 1807)
Caerfyrddin, 1907, tt.148–9

11 Acknowledgements
Cydnabyddiaeth

This book would not have seen the light of day had it not been for the people listed here – people who gave of their time, who invited me into their homes, visited me, communicated by letter, email and phone, who loaned me photographs to scan and generally convinced me that it was a project that needed doing. My grateful thanks to all. I sincerely apologise for any inadvertent omissions.

Ni fyddai'r gyfrol hon wedi gweld golau dydd oni bai am y rhai a restrir yma – pobl a roddodd o'u hamser, a'm gwahoddodd i'w cartrefi, ymweld â mi, a chysylltu trwy lythyron, e-byst a ffôn; a fenthycodd ffotograffau imi i'w sganio, gan fy mherswadio fod hwn yn brosiect gwerth ymwneud ag ef. Diolchaf o waelod calon i bawb ohonoch. Ymddiheuraf yn ddilys am unrhyw enw a adewais allan.

Rhiannon Abbiss

Peggy Beaven, London (Llundain)
Iola Bilson
Mary Bott, Aberporth
Christine Boudier, London (Llundain)
Carys Briddon, Tre'r-ddôl
Eileen Brigshaw, Aberarth
Anna Bruton, London Welsh Family History Society (Cymdeithas Hanes Teuluol Cymry Llundain)

Olive Corner, Porthcawl

Eilir Ann Daniels, Cricieth
Nest Mary Daniels (née Lewis), Llandeilo
Alun Eirug Davies, Aberystwyth
Betty Davies, Aberporth
David Watkin Davies, Knutsford

Eleri Davies, Aberystwyth
Elgan Davies, Newcastle Emlyn (Castellnewydd Emlyn)
Emrys Davies, Brynaman
G. Davies, Brentwood
Gareth Davies, Ealing Green
John Davies, Llanrhystud
Rod & Rosie Davies, Llanfihangel-ar-Arth
Roger Davies, Llanwrtyd
Russell Davies
Teifi Davies, Sarnau

Anne Edwards, Watford
William Edwards
Helen Ellis, Porthmadog
Tegwen Epstein, New York (Efrog Newydd)
Aerona Evans
Betty Evans, Ty'n Celyn

Elizabeth Evans
Evan and Carol Evans, Tal-y-bont
Goronwy Evans, Lampeter (Llambed)
Gwyn Evans
Ifor Evans, Machynlleth
Jane Evans
Margaret Evans, London (Llundain)
Megan Evans, Dulwich
Rhiannon Evans, Tregaron
Richard Evans

Cledwyn Fychan, Llanddeiniol

Betty Griffiths, Aberystwyth
Blodwen Griffiths, Abergwili
Mair Griffiths, Llanddewibrefi
Rhidian Griffiths, Aberystwyth
Heather Grosse

Richard and Bethan Hartnup, Bow Street
Siw Hartson, Capel Seion, Ealing Green
Emyr Humphreys, Tregaron
Margaret Humphreys, Machynlleth

Andrew James, Llandysul
Glyn James, Blaenplwyf
Mair James, Llangeitho
Gwenllian Jenkins, Llanfabon, Caerffili
Kitty Jenkins, Lledrod
Aled Jones, Cilcennin
Andrew & Pat Jones, Cwmann
Aneurin Jones, Lampeter (Llambed)
Ann Jones, Bronant
Bryn Jones, Llantwit Major (Llanilltud Fawr)
Edwin Jones, Cross Inn
Eluned Jones, Pinner
Emrys Jones, Aberaeron
Evan Jones, Bethania
Evan Jones, Cardiff (Caerdydd)
Evan Jones, Llanddewibrefi

Helen Jones, Aberaeron
Henry Jones, London (Llundain)
Iwan Jones, Lampeter (Llambed)
Jane Jones, Machynlleth
John Jones, Swansea (Abertawe)
John Richard-Jones, Llanwrtyd
Jon Meirion Jones, Llangrannog
Lloyd Jones, Talgarreg
Mary L. Jones, Brynaman
Oriel Jones, Llanfihangel-ar-Arth
Sian Jones, Chiswick

Emrys Lewis, Brynaman
Gareth Lewis, Cross Inn, New Quay (Ceinewydd)
Iris Lewis, Llanrhystud
Jennie Lewis, Barnet
John Lewis, Aberaeron
John Lewis, London (Llundain)
Rhiannon Lewis, Abergavenny (Y Fenni)
Evana Lloyd, Aberaeron
Huw Lloyd, Abergele
Ifor & Myfanwy Lloyd, Pennant
John Lloyd, Aberystwyth
Lewis Lloyd, London (Llundain)
Megan Lloyd, Aberystwyth
Trefor Lloyd-Jones, Amersham

Gwen Manley, Tal-y-bont
Dai Meredith, Pontrhydfendigaid
Audrey Morgan, Aberaeron
Bryn Morgan
Dai Morgan, Borth
Evan Morgan, Cardiff (Caerdydd)
Gareth & Geraint Morgan, London (Llundain)
Tom & Bethan Morgan, Aberaeron
Trefor & Mair Morgan, Aberystwyth
Tudor Morgan

Anne Owen

Ieuan Parry, Blaenplwyf
Janet Parry Jones, Cardiff (Caerdydd)
John & Jennie Parry-Williams, Blaenplwyf
Tegid Phillips, Denbigh (Dinbych)
Gwyn Pickering, London (Llundain)
Jo Pleshakov, Vancouver
Maldwyn Pugh, Amersham

Bethan Rees-Whybrow, Chipperfield
Diane Rogers
Dee Sawyer, Aberaeron
Dilys Scott, Weymouth
Margaret Sharp, Aberystwyth
Richard & Jois Snelson, Denbigh

Aneurin Thomas, Ffostrasol

Ann Thomas, Watford
Annabelle Thomas, Llanwrtyd
Caroline Thomas, Pontyberem
David Thomas, Talgarreg
Elizabeth Thomas, London (Llundain)
Hazel Thomas, Aberystwyth
Hywel & Elinor Thomas, London (Llundain)
Margaret Thomas, Aberarth
Eirlys Tomsett, Pinner

Owen Watkin, Aberystwyth
David & Margaret Wells, Ontario
Bowen Williams, New Barnet
Jeannette Williams
Nigel Williams, London (Llundain)
Nigel Winfield, Blaenafon

A special thank you to Margaret Jenkins, Wembley, for suggesting many useful connections.

I am indebted to the following institutions:
The British Library
Ceredigion Archives
Ceredigion Library (Aberaeron branch)
Kensington Central Library
The KitKat Restaurant, Toronto
MERL, University of Reading
Farmer and Stockbreeder
The London Welsh Family History Society
The National Library of Wales
'The Welsh Builder in Liverpool', Dr Gareth Carr's lecture at the Festival of Welsh Builders, 7 June 2014.

A sincere thank you to Lefi Gruffudd, Eirian Jones and Alan Thomas and the team at Y Lolfa.

An equally sincere thanks to Lyn Ebenezer for his endless patience and enthusiasm without which this project would have suffered an early death. Thanks also for translating, including his translation of the drover ballads.

Diolch yn arbennig i Margaret Jenkins, Wembley, am awgrymu amryw o gysylltiadau defnyddiol.

Rwyf yn ddyledus i'r sefydliadau canlynol:
Y Llyfrgell Brydeinig
Archifau Ceredigion
Llyfrgell Ceredigion (Cangen Aberaeron)
Kensington Central Library
The KitKat Restaurant, Toronto
MERL, University of Reading
Farmer and Stockbreeder
Cymdeithas Hanes Teuluol Cymry Llundain
Llyfrgell Genedlaethol Cymru
'The Welsh Builder in Liverpool', darlith y Dr Gareth Carr yn 'The Festival of Welsh Builders', 7 June 2014.

Diolch yn arbennig i Lefi Gruffudd, Eirian Jones ac Alan Thomas a'r tîm yn y Lolfa.

Diolch didwyll hefyd i Lyn Ebenezer am ei amynedd diddiwedd a'i frwdfrydedd. Hebddo byddwn wedi rhoi'r gorau i'r syniad ar ei enedigaeth. Diolch iddo hefyd am gyfieithu, gan gynnwys baledi'r porthmyn, i'r Saesneg.

12 Principal Sources
Prif Ffynonellau

Aberdare Leader, 22 January (Ionawr) 1870.

Aberystwyth Observer, 9 June (Mehefin) 1904.

Atkins, P.J., 'London's intra-urban milk supply circa 1790–1914', *Transactions of the Institute of British Geographers*, New Series 2, 1977.

Booth, Charles, *Life and Labour of the Poor in London 1896–1903 Vol. 1*, London, 1904.

Cambrian News, 24 April (Ebrill) 1987.

Carmarthenshire Historian, Vol. 1, 1961.

Colyer, Richard J., 'Welsh Cattle Drovers in the Nineteenth Century', *National Library of Wales Journal*, (I) 1972, Winter Vol. XVII/4; (II) 1974, Summer Vol. XVIII/3; and (III) 1975, Summer Vol. XIX/1.

Colyer, Richard J., *The Welsh Cattle Drovers*, Cardiff, 1976.

County Observer and Monmouthshire Central Advertiser, 4 March (Mawrth) 1876.

Davies, Jane, 'Hanes Porthmon', *Y Barcud*, 7, 1976.

Dickens, Charles, *Oliver Twist*, London, 1837.

Edwards, Huw, *City Mission: The Story of London's Welsh Chapels*, Talybont, 2014.

Ellis, T.I., *Crwydro Llundain*, Llandybie, 1971.

Evans, Daniel (Daniel Ddu o Geredigion), *Gwinllan y Bardd*, 1831.

Evans, Idris, *Hard Road to London*, 2009.

Farmers' Magazine, 1856.

Francis-Jones, Gwyneth, *Cows, Cardis and Cockneys*, Y Borth, 1984

Gloucester Journal, 4 August (Awst) 1897.

Griffiths, Gwyn, 'The Land of Milk and Honey', *Western Mail*, 1988.

Hughes, Marjorie, 'Llundain a Llanfihangel-y-Creuddyn', capelygarn.org/uploads/atgofion2.pdf, pp.(tt.)11–16.

James, E.O., *The Carmarthen Historian*, 1, 1961.

Jenkins, Dan, *Cerddi Ysgol Llanycrwys*, 1934.

Jenkins, R.T., *Hanes Cymru yn y Ddeunawfed Ganrif*, Caerdydd, 1928.

Jenkins, R.T., *Y Ffordd yng Nghymru*, Wrecsam, 1932.

Jones, Emrys (ed.), *The Welsh in London 1500–2000*, Cardiff, 2001.

Jones, Evan, *Cerdded Hen Ffeiriau*, Cymdeithas Lyfrau Ceredigion, Aberystwyth, 1972.

Jones, Jon M., *Morwyr y Cilie*, Cyhoeddiadau Barddas, 2002.

Leech, Alan, *Dan Jenkins,* Talybont, 2011.

Linnard, William, 'Merched y Gerddi yn Llundain ac yng Nghymru', *Ceredigion*, cyf. 9, rhif 3 (1982), pp.(tt.)260–3.

Prichard, Rhys, *Canwyll y Cymry*, 1659.

Rhys, Manon, *Y Palmant Aur: Siglo'r Crud*, Llandysul, 1998.

Rhys, Manon, *Y Palmant Aur: Rhannu'r Gwely*, Llandysul, 1999.

Rhys, Manon, *Y Palmant Aur: Cwilt Rhacs*, Llandysul, 1999.

Roberts, Glyn, *I Take This City*, Jarrolds, 1933.

Roberts, Gomer M., *Y Ddinas Gadarn (Hanes Eglwys Jewin, Llundain)*, Llundain, 1974.

Roberts, Gomer M., *Dafydd Jones o Gaeo*, Aberystwyth, 1948.

The Star, 1937.

Taylor, David, 'London's Milk Supply 1850–1900',
    Agricultural History, Vol. 45 No. 1, January (Ionawr) 1971.

Thomas, Dylan, *Under Milk Wood*, London, 1959.

Welsh Gazette, 1 October (Hydref) 1908.

Welsh Gazette, 1 March (Mawrth) 1928.

Welsh National Bazaar in Aid of the London C.M. Churches
    report, 1912.

Wetham, E.H., 'The London Welsh Milk Trade, 1860–
    1900', *Economic History Review*, 1964.

Williams, Llywelyn, *Hanes Eglwys y Tabernacl King's Cross
    1847–1947*, Llundain, 1947.

Williams-Davies, John, 'Merched y Gerddi: A Seasonal
    Migration of Female Labour from rural Wales', *Folk Life:
    Journal of Ethnological Studies*, Vol. 15, 1977.

Williams-Davies, John, 'Merched y Gerddi: mudwyr
    tymhorol o Geredigion', *Ceredigion*, cyf. 8, rhif 3 (1978),
    pp.(tt.)291–303.

Also from Y Lolfa / Hefyd o'r Lolfa:

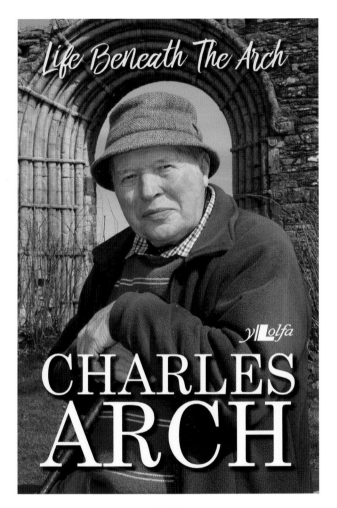

£9.99

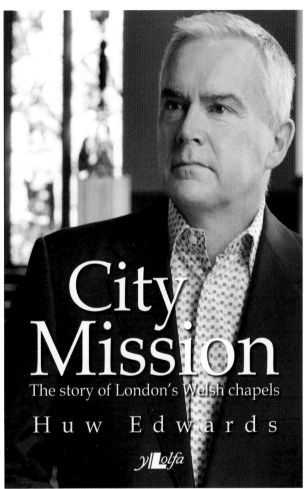

£14.95
£24.95 (hb)

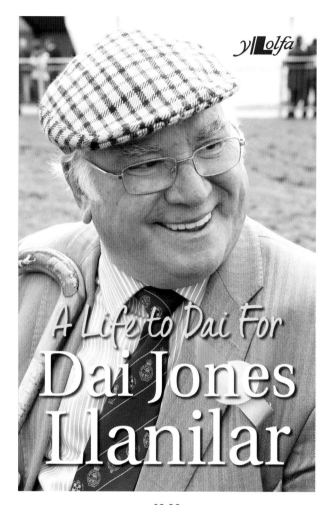

A Life to Dai For
Dai Jones Llanilar

£9.99

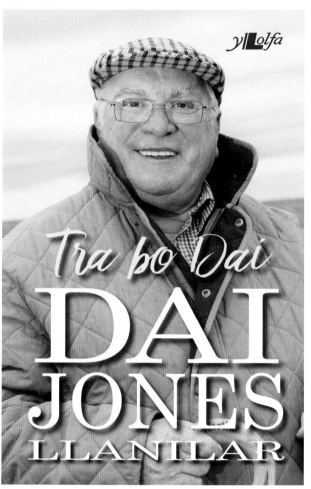

Tra bo Dai
DAI JONES LLANILAR

£9.99

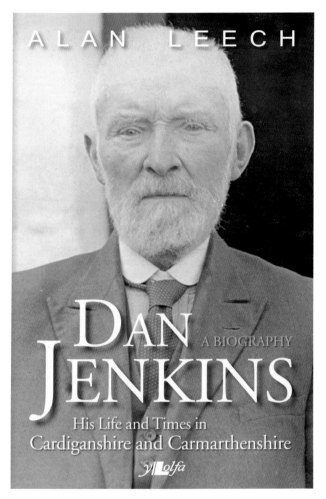

£9.95

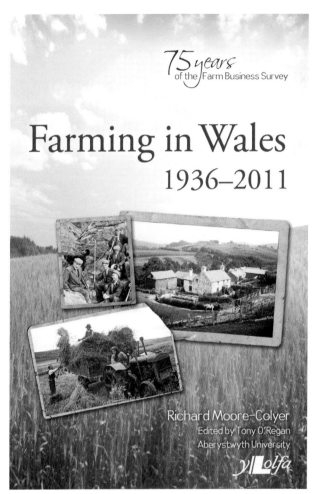

£9.95

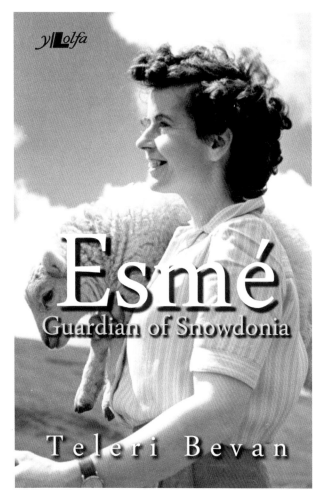

£9.95

£8.95

For a full list of books currently in print, send now for your free copy of our new full-colour catalogue. Or simply surf into our website

www.ylolfa.com

for secure on-line ordering.

TALYBONT CEREDIGION CYMRU SY24 5HE
e-mail ylolfa@ylolfa.com
website www.ylolfa.com
phone 01970 832 304
fax 832 782

Printed by Y Lolfa
Ask for a quote

Am restr gyflawn o lyfrau'r Lolfa, mynnwch gopi am ddim o'n catalog neu hwyliwch i mewn i'n gwefan

www.ylolfa.com

lle gallwch archebu llyfrau ar-lein.

TALYBONT CEREDIGION CYMRU SY24 5HE
ebost ylolfa@ylolfa.com
gwefan www.ylolfa.com
ffôn 01970 832 304
ffacs 832 782

Argraffwyd gan Y Lolfa
Holwch am bris